NÓS

TERRENCE REAL

NÓS

Como criar **conexões** mais **profundas** e **fortalecer** seus **relacionamentos**

prefácio de Bruce Springsteen

tradução de Elisa Nazarian

Copyright © 2022 Terry Real
Copyright do prefácio © 2022 Bruce Springsteen
Copyright © 2023 Editora Vestígio

Título original: *Us: Getting Past You & Me to Build a More Loving Relationship*

Todos os direitos reservados pela Editora Vestígio. Nenhuma parte desta publicação poderá ser reproduzida, seja por meios mecânicos, eletrônicos, seja via cópia xerográfica, sem a autorização prévia da Editora.

Embora este seja um trabalho de não ficção, os indivíduos descritos neste livro são composições de muitas pessoas com as quais o autor trabalhou ao longo dos anos. Qualquer semelhança com qualquer pessoa viva ou morta é inteiramente acidental e coincidente.

DIREÇÃO EDITORIAL
Arnaud Vin

CAPA E PROJETO GRÁFICO
Diogo Droschi

EDITORA RESPONSÁVEL
Bia Nunes de Sousa

DIAGRAMAÇÃO
Christiane Morais de Oliveira

REVISÃO
Claudia Vilas Gomes
Samira Vilela

Dados Internacionais de Catalogação na Publicação (CIP)
Câmara Brasileira do Livro, SP, Brasil

Real, Terrence
  Nós : como criar conexões mais profundas e fortalecer seus relacionamentos / Terrence Real ; tradução Elisa Nazarian ; prefácio Bruce Springsteen. -- 1. ed. -- São Paulo : Vestígio, 2023.

  Bibliografia

  Título original: Us : Getting Past You & Me to Build a More Loving Relationship.
  ISBN 978-85-54126-87-2

  1. Casais - Psicologia 2. Conflito interpessoal 3. Relacionamento - Homem-mulher 4. Pessoas casadas - Psicologia I. Springsteen, Bruce. II. Título.

23-145333   CDD-306.7

Índices para catálogo sistemático:
1. Amor : Relacionamentos homem-mulher : Sociologia 306.7
Aline Graziele Benitez - Bibliotecária - CRB-1/3129

A **VESTÍGIO** É UMA EDITORA DO **GRUPO AUTÊNTICA**

São Paulo
Av. Paulista, 2.073 . Conjunto Nacional
Horsa I . Sala 309 . Bela Vista
01311-940 . São Paulo . SP
Tel.: (55 11) 3034 4468

Belo Horizonte
Rua Carlos Turner, 420
Silveira . 31140-520
Belo Horizonte . MG
Tel.: (55 31) 3465 4500

www.editoravestigio.com.br
SAC: atendimentoleitor@grupoautentica.com.br

*Para minha querida família, Belinda, Justin e Alexander.
Vocês são a luz no meu firmamento.*

*E em memória do Grande Apreciador, um dos melhores
companheiros do mundo, Rich Simon.*

Prefácio, por Bruce Springsteen 9

1. Qual das suas versões aparece no seu relacionamento? 13
2. O mito do individual 29
3. Como o *nós* desaparece e o *você e eu* assume 55
4. O individualista em casa 77
5. Comece a pensar como uma dupla 97
6. Não se pode amar lá do alto ou lá de baixo 121
7. Suas fantasias se estilhaçaram, seu relacionamento
real pode começar 145
8. Intimidade intensa, poder suave 169
9. Deixando um futuro melhor para nossos filhos 195
10. Tornando-se completo 221

Epílogo: Luz interrompida 243
Agradecimentos 251
Notas 253
Referências 267

PREFÁCIO

> "Este mundo não nos pertence.
> Pertencemos um ao outro."
> Terrence Real

No início dos meus 30 anos, me dei conta de que, do jeito que as coisas andavam, jamais teria o que queria. Uma vida plena, um lar, ser uma pessoa plena, ter uma companhia e um lugar numa comunidade de vizinhos e amigos, tudo isso parecia estar fora do meu alcance. Eu não tinha a perspicácia, a coragem ou a habilidade para fazer acontecer uma vida real. Era um dos músicos de maior sucesso do planeta, mas trabalho é trabalho, vida é vida, e não são a mesma coisa. Ainda mais frustrante, o que me fazia ser bom no meu trabalho – minha tolerância tranquila e certa avidez pelo isolamento da criatividade, minha capacidade de ficar à vontade para me conectar de modo profundo comigo mesmo e transferir toda a minha energia para o trabalho durante dias, semanas, anos – condenou minha vida pessoal ao fracasso. Eu levava uma existência solitária, mas que parecia segura. Então, aos 32 anos, me deparei com um impasse emocional e percebi que estava perdido numa floresta escura, em grande parte cultivada por mim mesmo, sem um mapa. Assim, tiveram início quarenta anos de tentativas para encontrar meu caminho em meio a árvores sombreadas até o rio de uma vida sustentável.

Com ajuda, no começo da maturidade, me dei conta de que estava sujeito a um legado passado de geração a geração na minha família ítalo-irlandesa. Uma transmissão lenta e persistente de doença mental e disfunção se manifestou na minha vida como uma depressão profunda e recorrente e uma paralisia emocional. Tinha medo de expor minha vida íntima a qualquer um, sem contar os 20 mil estranhos no palco mais próximo. A democracia do olho no olho, do verdadeiro amor adulto, provocava medo e insegurança no fundo do meu coração. Enquanto isso, sentia o relógio da minha vida assinalar as coisas que queria fazer e o que queria me tornar.

Então, como transformar tal legado? Como se rompe a cadeia do trauma e da doença, cujo preço é agravado a cada geração seguinte? Como Terry diz: "A patologia familiar é como um incêndio na mata, derruba tudo o que existe à frente até que alguém enfrente as chamas". Aos poucos, comecei a enfrentar aquelas chamas, sobretudo porque não podia suportar a ideia de falhar com meus próprios filhos, minha família, da maneira que sentia que outros tinham falhado comigo. E, no fim das contas, o modo como honramos nossos pais e seus esforços é prosseguindo com suas benesses e fazendo o possível para não transmitir suas dificuldades e seus defeitos para nossos próprios filhos. Os pecados dos nossos filhos devem ser deles mesmos. Apenas através do empenho na transformação é que nossos familiares, aqueles que vieram antes de nós, deixarão de ser os fantasmas que nos assombram e passarão a ser os ancestrais que amamos e de quem precisamos para andar ao nosso lado. Trabalhar um tantinho disso levou um longo tempo na minha vida, e ainda hoje é um trabalho diário. Meus filhos terão muito trabalho a ser feito por eles mesmos, mas todos nós temos o que aprender para conquistar nossa própria maturidade.

Sob um ponto de vista mais amplo, o preço que pagamos como sociedade pelo nosso individualismo e patriarcalismo tóxicos é nosso permanente distanciamento uns dos outros. Se não consigo me conectar com você, não consigo me conectar conosco. Seja por racismos, diferenças de classe, seja por qualquer das inúmeras pragas sociais, o custo é sempre o mesmo: um sistema fragmentado e disfuncional que nos impede de reconhecer o outro e de nos importar com ele, mesmo que façamos isso com um coração imperfeito, mas pleno. Terry escreve com amor e generosidade, inteligência e força, e seu livro é lindo e importante, em especial no momento que estamos vivendo, porque nos ajuda na condução de um caminho para uma sociedade mais forte e nobre no que se refere a amor, justiça e respeito. Terry estabeleceu um processo pelo qual podemos começar a entender nosso lugar na nossa família e na sociedade.

Fiz muito esforço e tive sorte. Com o passar dos anos, encontrei alguns guias muito bons em meio àquela floresta escura a caminho daquele rio de vida. Para mim e minha esposa, Patti, Terrence Real tem sido um desses guias, e este livro é um mapa através daquelas árvores.

Cuidem-se e sigam em frente,
Bruce Springsteen

1
QUAL DAS SUAS VERSÕES APARECE NO SEU RELACIONAMENTO?

Você já se sentiu como se fosse um passageiro involuntário nas suas próprias interações? Você diz consigo mesmo, uma dúzia de vezes, que dessa vez não vai perder o controle com seu filho, colega, familiar ou cônjuge, mas no calor do momento, ai, ai, ai, lá vai: a grosseria, a voz alterada, a enxurrada de coisas que você pensa "de verdade".

Talvez você não seja do tipo explosivo. Em vez de atacar, você se fecha, ou por estar desgostoso (*Não preciso disto!*) ou sobrecarregado (*Não posso lidar com isto!*), ou os dois ao mesmo tempo.

Talvez você não seja agressivo nem retraído. Talvez, em grande parte, você seja moderado, equilibrado e sensível – só que seu companheiro não é.

Bem-vindo à humanidade.

O que você deseja, no fim das contas, é que o entendam ou que ao menos o deixem em paz. Mas as rédeas foram arrancadas das suas mãos, e você se vê galopando para a beira de um despenhadeiro. Às vezes, você vê tudo acontecer, sabendo que está errado, sabendo que não quer fazer isso. Em outros momentos, abandona suas boas intenções, pula nas costas do cavalo e puxa as rédeas ainda com mais força. Grita mais alto. Se fecha de um jeito ainda mais impenetrável.

Mais cedo ou mais tarde – em alguns minutos, horas, dias, até semanas –, você volta a si. E aí é hora de reparar os danos. Ou simplesmente de varrer tudo para debaixo do tapete e seguir em frente. Até acontecer de novo.

Você não se cansa disso tudo? Não se arrepende? Aposto que não é assim que quer viver, e você vive se prometendo que dessa vez será diferente, ou *os outros* estarão diferentes. E de fato as coisas ficam bem por um tempo, talvez até por um bom tempo – até que o outro se afaste com frieza e sem amor, ou até que seja desrespeitoso e volte a tomar liberdade. Você só quer que te compreendam, você tem o direito, você *precisa* que te ouçam! Ou talvez você só queira que não te perturbem. Por que não podem apenas aceitar como você é? É um relacionamento, não um curso de autoaperfeiçoamento permanente!

Dizem que, no mundo, existem dois tipos de casais: aqueles que brigam e aqueles que se distanciam.[1] Eu acrescentaria um terceiro: aqueles que fazem as duas coisas. Um critica, enquanto o outro se fecha.

Especializei-me em relacionamentos há muito tempo. Já dei palestras e workshops sobre relacionamentos superlativos em empresas, para o público em geral e também para psicoterapeutas por todo o mundo. Por mais de três décadas, milhares de profissionais em saúde pública e coaches corporativos praticaram um modelo de terapia que criei chamado Terapia de Vida Relacional, e inúmeros indivíduos e casais se beneficiaram disso.

Se você se vê, com frequência, brigando com seu companheiro, se sente que ninguém te ouve, ou se sente frustrado, menosprezado ou demasiado controlado, excluído, isolado e solitário, ou apenas maltratado, este livro oferece uma maneira supernova de se relacionar. De mudar a forma como você se vê em relação ao seu companheiro para que sua vida não seja nem um deserto, nem uma batalha. Neste livro, peço que você faça algo bem revolucionário, algo que exigirá mudar algumas partes fundamentais da sua identidade – para muitos de vocês, para começo de conversa, exigirá mudar até o que pensam sobre si mesmos como ser humano.

E prometo que valerá a pena – na verdade, é a única maneira de acabar com o embate. Muitos casais têm uma briga atrás da outra, sem resolver grande coisa, ou um ou os dois recuam e começam a viver "sozinhos juntos". Aqui você aprenderá como se reconectar, primeiro consigo mesmo, com seus sentimentos, suas necessidades e seus desejos, porque os ótimos relacionamentos começam com seu relacionamento consigo mesmo. Depois, você aprenderá as habilidades de uma *tecnologia de relacionamento* sofisticada e prática criada para ensinar como obter mais do que você quer no seu relacionamento com os outros, como ir além daquelas árvores sombreadas até o rio sustentável da vida.

Não será fácil, como imagino que já saiba. Porque, se estiver lendo este livro, é provável que tenha experiência em primeira mão com uma verdade básica: os relacionamentos podem ser um inferno. No combate íntimo dos relacionamentos pessoais, perdemos com frequência, em maior ou menor escala, repetidas vezes. Esquecemos que a pessoa que estamos trucidando ou isolando é aquela com quem mais nos importamos. Olhamos para nosso companheiro pelo lado errado de um telescópio, e ele parece lamentável, opressivo ou ambos. É aí que alguém como eu entra. Tenho orientado casais, colegas de trabalho e líderes empresariais e sociais em grande parte da minha carreira. Sou um sujeito da reviravolta. As pessoas me procuram quando estão à beira do desastre, quando ninguém até então foi capaz de ajudar. Sou um terapeuta de casal especialista em psicologia masculina, questões de gênero, traumas e poder.

A Terapia de Vida Relacional é conhecida por produzir de forma rápida uma mudança profunda e permanente nos indivíduos e nos seus relacionamentos. Ela ensina homens, mulheres e pessoas não binárias a viver, com qualidade, uma vida relacional de conexão radicalmente honesta, destemidamente assertiva e entusiasmada com eles mesmos e com aqueles que amam. Os terapeutas de vida relacional quebram muitas das regras que aprendemos na faculdade. Por exemplo, não somos neutros. Quando se trata de responsabilidade, nem todos os problemas são uma divisão igual meio a meio.

Tomamos partido. E não nos escondemos atrás de uma máscara de profissionalismo. Fazemos questão de sermos pessoas reais, compartilhando, quando for o caso, nossa própria jornada em direção à completude e à intimidade.[2]

Este livro é um convite, o mesmo convite que eu e outros terapeutas de vida relacional oferecemos aos nossos clientes todos os dias. É um convite para de fato dominar um conjunto sofisticado de habilidades, uma tecnologia. É custoso, não vou mentir, mas, depois que você aprende, ele tem o poder de fazer você e seu companheiro chegarem a um nível de proximidade, confiança, solidez e alegria que deixa as normas da nossa cultura no chinelo. Você gostaria de ser ouvido? E também conseguir satisfazer a necessidade do outro de ser ouvido? Gostaria de se lembrar que, mesmo no calor do momento, ou em momentos de distanciamento, vocês estão do mesmo lado?

LEMBRANDO O AMOR

Antes que você afie sua língua, antes que se feche ainda mais, me deixe lembrar que você ama essa pessoa. E é aí que está o problema, meu amigo e minha amiga. Você se lembra, de verdade, naquele momento acalorado, quando o medo ou a raiva justificada correm pelas suas veias, que você ama essa pessoa? Você se lembra disso quando seu corpo se fecha, e, por mais que tente, mal consegue soltar uma ou duas palavras? A resposta seria, se você for bem honesto consigo mesmo, não. No auge da discussão, a ternura entre vocês, a sensação de serem um time que enfrenta o mundo junto, a sensação de *nós*, fica quase impossível de localizar.

A boa notícia é que o amor continua ali. A má notícia é que ele foi guardado em partes do seu cérebro, corpo e sistema nervoso que, naqueles rápidos momentos, você já não ocupa. Seu sistema endócrino está em alerta máximo, bombeando estimulantes na sua corrente sanguínea. Seu sistema nervoso autônomo – bem abaixo da sua consciência – está em luta ou fuga, estimulando-o ou fechando-o. As funções mais importantes do seu cérebro (o córtex pré-frontal, as rédeas) foram desligadas por completo, enquanto as partes mais primitivas (o sistema límbico, em especial as amídalas)[3] assumiram o controle em definitivo.

Nessas horas, o cérebro está num estado em que o córtex pré-frontal não está nem conectado à estrutura subcortical, nem a acalmando. Sem esse lenitivo e essa conexão, perdemos uma pausa entre o que sentimos e o que fazemos. Essas partes mais primitivas do nosso corpo e cérebro se preocupam apenas com nossa sobrevivência pessoal; elas não têm interesse em manter a vulnerabilidade da intimidade. O *nós* desaparece e dá lugar ao *você* e *eu*, adversários num mundo frio do *eu ganho, você perde*.[4]

Nós é a base da proximidade. *Você e eu* é a base da disputa adversária. *Você e eu* é ótimo quando estiver confrontando um tigre, mas nem tanto quando estiver confrontando seu cônjuge, patrão ou filho. Nesses momentos tensos, o que dificulta muito manter a cabeça fria é cerca de um milhão de anos de evolução, além de outra força poderosa: trauma. O trauma aciona o modo de sobrevivência, em que você fecha os punhos para lutar ou trava os maxilares como uma fortaleza. E, quanto mais traumas você sofreu quando criança, mais convincente se torna o *você e eu*.[5]

Se você estiver pensando, *Puxa, eu não tive tantos traumas na infância*, minha resposta é *Talvez*. Falaremos sobre isso depois. Mas, antes que se decida, por que não esperar para ver o que tenho a dizer sobre trauma infantil? Porque às vezes não é preciso muito. Dependendo do seu temperamento e de um elenco de outras variáveis, algo mínimo pode bastar para produzir fissuras que duram toda uma vida.

QUAL É SEU TRAUMA?

Quando estou trabalhando com um casal, tenho uma questão importante em mente. Não é *Quais são os fatores estressantes?*. Os fatores estressantes, como pandemia, problemas com dinheiro, desejos sexuais incompatíveis, filhos e sogros, são pontos importantes, mas um casal que esteja se dando bem pode lidar com uma quantidade razoável de estresse. A questão crítica em que penso não é nem *Qual é a dinâmica, a coreografia entre vocês?*. Ela também é importante, mas não é a mais essencial. A pergunta central que me faço durante uma sessão de terapia é apenas esta: *Estou falando com qual parte sua?*.

Estou falando com sua parte madura, aquela presente no aqui e agora? É a que chamo de *Adulto Sensato*. É a parte que se preocupa com o *nós*. Ou estou falando com sua parte acionada, com sua consciência antagônica *você e eu*? Essa parte vê as coisas pelo prisma do passado. Acredito não ser sobre reação exagerada. O que acontece é apenas que a pessoa pode estar reagindo a algo que já não está na sua frente. Uma das bênçãos que os casais se concedem é o simples e curativo dom da presença. Mas, para estar presente para seu companheiro, você mesmo precisa estar no presente, e não saturado com seu passado.

A expressão *memória do trauma* é de fato um equívoco. Você não recorda o trauma, você o revive. O veterano de guerra que escuta o escapamento de um carro e, de repente, gira como se estivesse agarrando um rifle não está pensando: *Agora, estou caminhando pela rua me lembrando da guerra*. Naquele instante, o veterano retorna à guerra de forma visceral. O passado se sobrepõe ao presente, confundindo a mente de modo substancial.[6] Quando nosso trauma é acionado, podemos fisicamente pular para o modo luta ou fuga. Face a um choque avassalador – infidelidade, por exemplo –, vi pacientes arfarem e correrem para a porta antes de caírem em si no meu vestíbulo.

Mas a maioria de nós não revive a experiência do próprio trauma. Em vez disso, encenamos a estratégia de enfrentamento que desenvolvemos para lidar com aquilo. Se alguém passou por abandono emocional durante a infância, pode se tornar um sedutor irresistível na vida adulta, especialista em conseguir a atenção dos outros. Ou se a sua vida sofria muitas intromissões quando criança, talvez agora se mantenha atrás de muros; preferindo manter as pessoas do lado de fora. Falo desse nosso aspecto de compensação como a Criança Adaptável.[7]

Uma das minhas grandes mentoras, Pia Mellody, falou da Criança Adaptável como uma "criança em roupa de adulto".[8] É uma versão infantil de um adulto, aquela que você improvisa, na falta de uma parentalidade saudável. Eis aqui um gráfico detalhando os traços da Criança Adaptável em relação ao Adulto Sensato[9]:

CRIANÇA ADAPTÁVEL	ADULTO SENSATO
Preto e Branco	Matizado
Perfeccionista	Realista
Intransigente	Compassiva
Rigorosa	Flexível
Severa	Calorosa
Rígida	Dócil
Convicta	Humilde
Rígida fisicamente	Relaxada fisicamente

Gostaria que você notasse algumas coisas enquanto olha para esse gráfico. Acima de tudo, está vendo como a Criança Adaptável é tensa, convicta e preto no branco? Uma das minhas clientes disse que sua Criança Adaptável era como um pequeno fundamentalista vivendo dentro dela. Isso faz contraponto com a flexibilidade, humildade e apreciação de nuances, características do Adulto Sensato – qualidades que você também pode reconhecer, pela literatura sobre desenvolvimento adulto, como associadas à maturidade emocional.[10]

NÃO HÁ VALOR REDENTOR NA SEVERIDADE

Vamos olhar com mais atenção apenas uma das características imaturas predominantes na nossa Criança Adaptável: severidade. Digo aos meus clientes que, se eles saírem das sessões só com esse conceito específico, o dinheiro da terapia terá sido bem empregado. Aqui está: *Não há qualquer valor redentor na severidade*. A severidade não faz nada que qualquer firmeza amorosa não faça melhor.

Uma vez tive um cliente, de cerca de 70 anos, que era um sósia de Clint Eastwood, e que de fato era um fazendeiro do Wyoming. Revi com ele, em detalhes, que não havia nada de valor na severidade, e ele começou a chorar. Lágrimas insignificantes, sobretudo *à la* Clint Eastwood, mas mesmo assim lágrimas. Disse a ele:

— Você deve estar pensando em como tem sido duro consigo mesmo todos esses anos.

— Não — ele me corrigiu. — Estou pensando no prejuízo que causei aos meus filhos.

CONHECENDO SUA CRIANÇA ADAPTÁVEL

Agora, só porque uma parte da sua Criança Adaptável é rígida, isso não significa que por fora ela sempre seja agressiva. Você pode ter uma Criança Adaptável extremamente amável, que goste de agradar as pessoas. Sua Criança Adaptável pode tender à superioridade, pode tender à inferioridade, ou pode oscilar de um lado a outro, mas seja ela mais dominadora, seja ela mais arredia, reagirá de maneira muito parecida sempre que for provocada. Essa reação de ponto de ajuste, esse *modus operandi* relacional é sua *postura relacional*, aquilo que faz sempre que está estressada.

Considere Dan, por exemplo. Dan tinha uma postura relacional muito clara e específica, a trajetória desgastada de sua Criança Adaptável. E ela estava a um passo de lhe custar seu casamento.

Dan e Júlia: um mentiroso cede

— Eu minto — Dan me conta, de modo categórico, nos minutos iniciais da nossa primeira sessão.

Júlia, sua esposa, esclarece:

– Sobre tudo, importante ou não. Pergunte ao Dan que tipo de sapatos ele está usando, e ele vai dizer que são tênis.

Engraçadinha, penso, mas ela não está brincando. Eles estão aqui para uma intervenção de dois dias no relacionamento. Passaremos dois dias inteiros juntos e no fim decidiremos se conseguem entrar nos eixos ou se devem se divorciar. A última chance para casais no limite.

Dan é um sujeito amável; mas não lhe peça uma resposta direta. Ele ama a esposa e de modo geral é uma pessoa bem-intencionada. Então, por que alguém, no seu juízo perfeito, não conseguiria parar de mentir, como acontece com ele? Porque, pela minha hipótese, Dan não está no seu juízo perfeito. Não que eu ache que ele seja louco, apenas que vive a vida com sua consciência do *você e eu*, sua Criança Adaptável, enquanto acredita de forma errada ser um Adulto Sensato, capaz de apreciar o *nós*. E a cultura, como um todo, recompensa a Criança Adaptável de Dan. Ele não é bobo de mentir no trabalho, mas se mata para agradar seus superiores. Trabalha oitenta horas por semana e tem sido promovido na empresa de tecnologia para a qual trabalha.

Como muitos clientes que encontro, Dan tem uma Criança Adaptável que faz dele um grande sucesso no mundo, mas também ameaça devastar sua vida pessoal. Isso porque a cultura, em geral, se alimenta dessa criança e é com frequência ameaçada por adultos maduros. Nossa sociedade espelha as características da Criança Adaptável – preto e branco, rígida, perfeccionista, irrealista e inclemente. Essa é a cultura do individualismo, sobre a qual terei muito a dizer no capítulo 2.

Dan, branco, 30 e tantos anos, me conta que mente para "ficar longe de problemas", olhando de soslaio para Júlia, que é preta e tem mais ou menos a mesma idade. *Talvez*, penso, *mas pode ser mais do que isso*. Enquanto trabalhamos juntos, Dan me mostrará como ele lida consigo mesmo, sua postura relacional.

– Foi a Júlia quem te trouxe para a terapia? – pergunto a Dan a certa altura.

– Não é bem que ela me *trouxe*, mas com certeza sugeriu de maneira enfática – responde.

– Você tentou parar de mentir por conta própria?

– Bom, eu *tentei*, é claro, mas o que de fato você quer dizer com *tentar*?

– Você se esforçou por um bom tempo?

– Não posso dizer que me *esforcei* por si...

Depois de três ou quatro enrolações, começo a sentir como se pudesse dizer que o céu é azul e Dan me dirá que é água-marinha. Ele é o tipo de sujeito que abre a janela num temporal, recolhe a mão ensopada e diz: "Parece que está chovendo".[11]

Como terapeuta de casal, tenho três fontes de informação: o que os casais relatam sobre si mesmos e sobre o outro, como se comportam à minha frente e como me sinto ao testemunhar o comportamento deles.

Quando alguém diz que faz alguma coisa (como mentir) e depois faz uma versão disso bem na minha frente (como se evadir), tenho uma boa ideia de que a pessoa é tal como foi descrita. Assim, Dan é um evasor campeão, vive da sua Criança Adaptável. O Adulto Sensato dentro de nós não é um mentiroso crônico. Sabendo disso, minha próxima pergunta é: a que a Criança Adaptável de Dan se adaptou? Como Dan foi distorcido para ter a sua atual postura relacional de evasão?

"Mostre-me a impressão digital do polegar e te direi sobre o polegar", digo aos meus alunos. Se Dan é faixa preta em evitamento, aprendeu isso em algum lugar. As probabilidades são de que, durante a infância, tenha se espelhado em alguém escorregadio; ou, ao contrário, aprendeu a arte da evasão como reação a algum cuidador ou cuidadora especialista na arte do controle.

– Dan – tento uma conjetura educada –, quem tentou te controlar quando criança?

Ele reflete sobre a pergunta. – Meu pai, não. Ele era passivo, mal estava presente.

– Era sua mãe quem cantava de galo? – tento.

Ele ri. – Com mão de ferro.

— E te dominava...?

— Bom, veja bem, fui um bom ator — ele responde.

— O que isso quer dizer?

— Eu era um bom menino. Um bom atleta, boas notas, igreja aos domingos. — Ele sorri, se divertindo. — Eu tinha uma boa imagem.

— E o que havia por trás da boa imagem?

De novo, o sorriso rasgado. — Bom, acho que era uma imagem um pouco borrada.

— Como é?

— Ah, nada grave. Garotas, um pouco de bebida, até um pouco de fumo, cocaína. Mas ela nunca soube.

— Você mantinha tudo na surdina — arrisco.

— Claro. O que você não vê, o coração não sente.

Seu lema, penso. *Daria para estampar essa frase na camiseta dele.*

— Na surdina — repito. — Como seu pai.

— Claro — ele reconhece. — Percebo isso.

— Então, o que aconteceria se alguém contrariasse sua mãe?

— Ah — ele sacode a cabeça. — Isso não acontecia. Ela era muito rigorosa, muito religiosa. Católica.

— Você nunca viu alguém contrariá-la?

— Ninguém se atrevia — responde, categórico.

Recosto e olho fixo para ele. Júlia fica ao lado do marido, imóvel como uma pedra.

— Então, você aprendeu — conto a ele.

— Aprendi o quê?

— A se defender. A sobreviver de maneira psicológica.

Todo terapeuta de Vida Relacional sabe que deve sempre ser respeitoso com a inteligência extraordinária da Criança Adaptável. Mentir para sua mãe rígida e autoritária era o que Dan precisava fazer para preservar seu senso de identidade e autonomia. Se, quando criança, teve que escolher entre se omitir, como seu pai, e aceitar sozinho sua mãe dominadora, não escolheu nem um nem outro.

— Dei a César o que era de César — ele me diz.

— E pegou para você o que era seu.

Dan sorri, nem um pouco ofendido.

— Em segredo — digo a ele.

Em segredo — esse é o problema que Dan enfrenta hoje. Na sua vida particular, ele ainda gasta dinheiro, flerta, sai para beber um pouco com os amigos — em segredo. Mas, como dizemos na Terapia da Vida Relacional, "adaptável ontem, inadaptável hoje". A estratégia que mantinha Dan são e o preservava quando criança está prestes a naufragar seu casamento. Está na hora de Dan se dar conta de que Júlia não é sua mãe controladora e severa — e que ele já não é aquele garotinho que a desafiava em segredo. Está na hora de Dan assumir sua identidade de Adulto Sensato, sua parte que pode resistir à enxurrada de sentimentos infantis que o inundam sempre que vê Júlia como exigente, sua parte enraizada não no passado, mas no presente, não o sistema límbico, mas seu córtex pré-frontal. Está na hora de ajudá-lo a abandonar o *você e eu* e aceitar o *nós*.

Uma das características reveladoras da Criança Adaptável *você e eu* é ser uma reação automática, instintiva. É uma descarga elétrica, uma reação visceral que sobe dos pés à cabeça como uma onda passando pelo corpo. Cito-a como nossa primeira conscientização e divido-a em três reações: lutar, fugir ou consertar. Todos nós sabemos como é uma luta. Quanto a fugir, apenas um lembrete de que uma pessoa pode se sentar a centímetros de distância da outra e ainda assim fugir — ela apenas faz isso no seu íntimo. Chamamos esse comportamento de *obstruir*. Por fim, a reação instintiva de consertar não é igual a um desejo maduro e refletido de trabalhar o relacionamento. Os consertadores da Criança Adaptável são impulsionados por uma necessidade ansiosa e motivadora de acabar com a tensão de alguém o mais rápido possível. Seu lema é "Fico nervoso até você não ficar mais".

Dan não é nem um lutador nem um consertador. É um fugitivo; foge pela mentira, pela omissão e pela evasão. Agora, no nosso trabalho conjunto, fica claro para ele que a conformidade e a resistência passiva não são suas duas únicas possibilidades. Isso podia ser verdade quando encarava a mãe, mas não no seu casamento com Júlia, uma pessoa com recursos, como bondade e compreensão, algo que faltava à mãe dele. E Dan agora tem recursos que não tinha quando garotinho, como a capacidade de confrontar sua esposa, de lhe dizer a verdade e aguentar as consequências. Chamo isso de *permitir que as coisas ruins aconteçam*.

Um dia, quando nossa terapia já tinha cerca de dois meses, Dan e Júlia entraram no meu consultório de mãos dadas e com um sorriso largo.

– Vocês dois parecem felizes – comento.
– Estamos – Dan responde.
– Tivemos um progresso – acrescenta Júlia.
– Ótimo. Tem uma história aí. Me contem.
– Não poderia ser mais simples – eles me dizem. – Aconteceu no último fim de semana – Dan relata. – Júlia me mandou ao supermercado com uma lista de algumas coisas. Verdade seja dita, voltei com *quase* tudo. – Os dois se entreolham. – Ela perguntou: "Cadê o maldito leite?". – Dan se inclina à frente, olhando para mim. – E eu te digo, cara, cada músculo do meu corpo queria dizer "Não tinha", mas, em vez disso, respirei fundo e disse apenas: "Esqueci". – Ele se vira para a esposa e diz: – E a Júlia caiu no choro na mesma hora.

– Disse a ele que fazia vinte e cinco anos que esperava por aquele momento – ela conta.

A VERDADEIRA TAREFA DOS RELACIONAMENTOS: IR ALÉM DO AUTOMÁTICO

Minha esposa, Belinda Berman, é terapeuta de família e tem um nome para o momento vivenciado por Dan. Ela chama de *heroísmo relacional* – aquele instante em que cada músculo e cada nervo no seu corpo berram para fazer o velho conhecido, mas, através de uma conscientização cultivada, insight, disciplina e graça, você se desprende do caminho conhecido e escolhe se colocar em outra trilha. Você muda da reação automática e instintiva, da sua consciência *você e eu*, sua Criança Adaptável, para algo novo, mais relacional, mais conectado, mais maduro. Você invoca sua conscientização não acionada, *nós*, seu Adulto Sensato.

O grande mestre espiritual Jiddu Krishnamurti disse uma vez que a verdadeira liberação é a libertação das nossas reações automáticas.[12] Em nossa cultura, nosso relacionamento com relacionamentos tende a ser passivo. Obtemos o que obtemos e então reagimos a isso. A maioria de nós tenta conseguir mais daquilo que queremos dos nossos companheiros, reclamando quando eles não entendem. Esse vem a ser praticamente o pior esquema de modificação comportamental de que já ouvi falar.

Essa abordagem reativa a relacionamentos é sobretudo individualista. Perdemos nossa consciência do *nós*, uma apreciação pelo todo, e mudamos para a do *você e eu*. Saímos do nosso Adulto Sensato e vamos para partes da nossa Criança Adaptável. A parte mais madura do nosso cérebro, baseada no presente, o córtex pré-frontal, perde conexão com o cérebro rápido mais antigo, o sistema límbico subcortical. Sem essa conexão, você perde a pausa entre o que sente e o que faz.

Mas minha mensagem é que, nas nossas reações, não somos simples passageiros. Com tempo, treinamento e prática, podemos mudar nossas reações. Podemos passar de indivíduos reativos a companheiros proativos que, em colaboração com o outro, moldam com intenção a transação entre si. Essa prática cotidiana é a *mindfulness relacional* – parar por um breve momento e nos centrar, observando, como em todas as formas de meditação mindfulness, os pensamentos, os sentimentos, os impulsos que sobrevêm e escolhendo algo diferente.

Nos relacionamentos pessoais, a urgência é sua inimiga, e a respiração, sua amiga.[13] A respiração pode alterar seus batimentos cardíacos e seu pensamento.[14] No dia fatídico de Dan, ele buscou uma parte diferente de si mesmo que não fosse a costumeira. Sua expectativa negativa, fruto da infância – de que Júlia seria dura com ele –, foi contradita. A neurobiologia dá a isso o nome de *reconsolidação da memória*; em psicologia chamamos de *experiência emocional corretiva*.[15] A expectativa temerosa de Dan foi invertida pela reação amável da esposa.

A outra palavra para isso é *cura*. E, sim, nos nossos relacionamentos, podemos curar um ao outro – mas não da maneira que costumamos pensar, não controlando os outros, obtendo deles o que nos faltou quando crianças. Em vez disso, podemos curar chegando a um acordo com partes que ignoramos em nós mesmos. Antes de podermos oferecer experiências emocionais corretivas uns aos outros, precisamos aprender como tratar das nossas partes imaturas, da nossa própria reatividade, da nossa evitação, da nossa frustração de longa data. Precisamos dominar a arte de mindfulness relacional e retomar as rédeas.

Todo mundo ouve que relacionamentos exigem trabalho, mas poucos de nós ouviram o que a natureza desse trabalho requer. O verdadeiro trabalho dos relacionamentos não é de vez em quando nem mesmo diário, é minuto a minuto. Aqui e agora, neste momento acionado, que caminho vou tomar? Em vez de ser anulado pela sua história, você pode parar, fazer uma pausa e escolher. Moisés desceu da montanha e viu que seu povo estava adorando deuses falsos. Que deuses falsos você vem adorando nos últimos tempos? Dinheiro? Status? Segurança? Moisés prestou atenção na cena e disse: "Existe um caminho para a vida, existe um caminho para a morte. Escolham a vida!" (Dt 30, 19). Ao que digo: "Existe um caminho para o *nós*, para a integração, a conexão, a completude. E existe um caminho para o *você e eu*, trauma, escassez, egoísmo. Escolham a conexão". Mas, naqueles tensos momentos de escolha, é preciso saber como proceder. O cavalo galopante da reatividade pode puxá-lo como uma lei incansável da natureza, até você aparecer para mudá-lo.

Naqueles momentos de escolha, o que se segue é uma jornada em direção à maestria, da reatividade à responsabilidade.[16] Mas entrar nessa jornada tem um custo. Embarcar nesse caminho requer que abandonemos muitos conceitos valorizados do mundo e de nós mesmos como indivíduos, começando com a noção de que somos, de fato, antes de tudo, indivíduos.

2
O MITO DO INDIVIDUAL

Por séculos, a cultura ocidental tem sido dominada pela ideia do individual. E o que poderia fazer mais sentido? Eu existo. Eu, Terry, este indivíduo debruçado sobre o laptop e diferente dos outros. Sou uma entidade limitada pelo perímetro do meu corpo. Na verdade, a própria palavra *individual* vem do termo "indivisível".[1] E eu termino com a minha pele. Será mesmo?

Confinado no meu corpo, encontra-se meu cérebro. É ali que também reside minha mente? Qual é o formato dela, e será que termina com meu corpo? O grande antropólogo Gregory Bateson deu o exemplo de um cego andando pela rua, usando um bastão. Com certeza o bastão e a informação que ele produzia, argumentou Bateson, eram parte da mente do cego.[2]

O famoso filósofo e cientista cognitivo Thomas Metzinger começou sua exploração da natureza da consciência recontando o conhecido experimento da "mão falsa", que recriou usando a si mesmo como objeto. Eis como ele o descreveu:

> O sujeito observa uma mão de borracha sobre a mesa à frente, com a própria mão correspondente escondida da vista por uma cortina. A mão visível, de borracha, e a mão escondida do sujeito

eram, então, alisadas ao mesmo tempo por um sensor... Depois de certo tempo (no meu caso, de sessenta a noventa segundos), surge a famosa ilusão da mão de borracha. De repente, a pessoa sente a mão de borracha como se fosse a sua e sente os repetidos afagos nessa mão de borracha. Além disso, sente um "braço virtual" completo, ou seja, uma ligação do ombro até a mão falsa na mesa à sua frente.[3]

Talvez a consciência do filósofo terminasse na ponta dos seus dedos, mas de quais dedos: os verdadeiros ou os de borracha? A ciência cognitiva nos ensina que aquilo que pensamos sobre nós mesmos não vem de uma experiência direta, mas de uma colagem de sensações e imagens – autorrepresentações, imagens que temos de nós mesmos. De modo semelhante, sentimos o mundo não de forma direta, mas, sim, à medida que é filtrado por meio do que nosso conhecimento acumulou.[4] Reconhecemos uma cadeira por causa da sua "cadeirice". Ela cabe numa categoria que já sabemos qual é. Sem esse conhecimento cultural, veríamos o mundo como um bebê recém-nascido, com luz, sombra, formas e cheiros que chegam até nós com pouca ou nenhuma definição.[5]

Sob esse aspecto, somos todos um pouco narcisistas. Nenhum de nós se vê com clareza e por completo – nossas autopercepções são filtradas pelo que nosso conhecimento já adquiriu. A maioria de nós pensa sobre si mesmo como um corpo, um self físico. Mas essa própria imagem é uma construção da nossa mente. A ciência cognitiva revela que aquilo que chamamos de nossa individualidade é, na verdade, uma tapeçaria mutável de autorrepresentações, imagens.[6] E a boa notícia é que como vemos a nós mesmos e como vemos o mundo pode mudar de forma rápida e dramática e, com respaldo, permanente.

Os psicólogos costumavam pensar que, depois de desenvolvida a personalidade, era muito difícil transformá-la. Deduziram que uma vez que uma via neural se estabelecia no cérebro, ela não mudava mais. A descoberta da neuroplasticidade mudou tudo isso.[7] Acabamos percebendo que as redes neurais costumeiras podem se abrir e se re-formar – ou seja, absorver nova informação e se reestruturar. A frase sempre citada é "Neurônios que disparam juntos se conectam".[8] Ou como dizem os neurobiólogos: "Estados passam a ser traços".[9] Em psicoterapia, a neuroplasticidade é hoje o X da questão.[10] Na minha prática, tenho visto que abrir as vias neurais pode levar a uma mudança profunda, a traços e comportamento supernovos, às vezes em questão de minutos.

"ISSO ME PARALISARIA."

Ernesto, latino, 56 anos, era um colérico. Não fisicamente, ainda bem, mas gritava, humilhava, era abusivo com as palavras e dizia coisas desagradáveis. – A coisa vem para mim muito rápido – ele me conta, passados três quartos de uma consulta de noventa minutos com ele e a esposa, Maddy, também latina, e alguns anos mais jovem. Ernesto soa como muitos clientes abusivos que atendi ao longo dos anos.

Depois de divagar por quase uma hora, enfim lhe faço uma pergunta que vai direto ao ponto: – Quem lhe ensinou a ser desagradável e ruim?

– Você quer dizer da minha família? – ele gagueja. – Bom, minha mãe morreu quando eu tinha 8 anos, e meu pai se casou de novo. É, acho que foi a minha madrasta.

– Como ela era?

Ernesto sorri, sacode a cabeça. – Ah, ela era a mais malvada, pior, a mais horrível...

– Então, é ela – digo.

– É.

– Ela te ensinou a ser assim desagradável?

– É, acho que sim.

– E como é perceber isso? – Tento captar seu olhar, enquanto ele fita o chão. Sentado em frente a ele, consigo sentir sua vergonha, ver o calor no seu rosto. – Ernesto? – pergunto baixinho.

Ele não fala.

– Onde você está agora? – pergunto depois de um tempo. – O que está havendo?

– Ah, estou constrangido – diz, sem sorrir. – Por alguém me ver da maneira que a vejo – ele sacode a cabeça, olhando além de mim.

Eu me pergunto o que ele está vendo, lembrando.

– Me sinto mortificado – ele conta.

– Esse constrangimento é o que chamamos de culpa saudável, ou remorso. Se você tivesse sentido isso antes, isso teria te impedido. Faz sentido?

Ele concorda com a cabeça baixa.

– Você tem uma foto da sua madrasta?

– O que, comigo? Não.

– Consegue uma?

– Sim, claro.

– Ótimo. Olha o que quero que faça. Pode se enfurecer com sua esposa, não posso impedir. Mas na próxima vez em que estiver prestes a explodir, antes que isso aconteça, quero que pegue a fotografia da sua madrasta, olhe no olho dela e diga: "Sei que estou prestes a causar dano. Mas, neste momento, ser como você é mais importante para mim do que a minha esposa". Diga isso e depois vá em frente e se enfureça, se for preciso.

Ernesto levanta a cabeça de uma vez e olha para mim. – Isso não é verdade. Isso me paralisaria. Ela não é mais importante do que a minha esposa – ele fica calado, estende a mão e coloca-a no colo de Maddy com a palma virada para cima.

Ela pega na mão dele, e eles se olham. Isso foi há quase quatorze anos. Desde então, Ernesto não tem se enfurecido.

Os neurobiólogos dizem que são necessárias duas coisas para destravar e abrir uma via neural. A primeira é que o implícito precisa virar explícito. Às vezes precisamos de ajuda para enxergar o que não vemos. Mas temos de estar abertos ao feedback. A segunda é que é preciso dar um passo para trás, perceber a discrepância, tipo "Ah, não, não tenho certeza se quero mesmo continuar fazendo isso".[11]

Na minha conversa com Ernesto, ajudei-o a tornar o implícito explícito, colocando em palavras sua reprodução do comportamento da madrasta. Ernesto recuou. Depois disso, segundo pesquisa atual, ele teve cerca de cinco horas para assimilar um novo aprendizado e começar a forjar uma nova via neural: "Ah, minha nossa, não vou reproduzir o horror em que cresci".

Nesse momento de recuo, Ernesto despertou para o *nós*. Estava gritando com a mulher que ele *amava*! Com a minha ajuda, ele se deslocou do hemisfério esquerdo para os dois hemisférios. Foi levado pela relacionalidade do cérebro direito,[12] mas a sensatez prática do esquerdo também colaborou. Com a minha ajuda, ele se lembrou do todo, do relacionamento do qual fazia parte. Esse é o nosso estado ideal em relacionamentos.

Ernesto mudou da sua Criança Adaptável – sua parte imatura que absorvia a fúria da madrasta e a descontava nos outros – para um Adulto Sensato. Pegou emprestado meu córtex pré-frontal até acordar o dele próprio. Simplificando, pegou meu cérebro emprestado. O tempo todo fazemos isso um pelo outro. Pesquisas recentes indicam com clareza que não somos indivíduos emparedados, autônomos. Nosso cérebro humano – na verdade, o cérebro da maioria dos mamíferos – é projetado para corregulação.

O CÉREBRO RELACIONAL

A neurobiologia interpessoal é o estudo de como o cérebro e o sistema nervoso central se formam através dos nossos relacionamentos na infância, e como esses relacionamentos impactam a neurobiologia da vida íntima dos adultos.[13] O que estamos descobrindo é que a mente se forma por meio de um contexto social. Casais regulam o sistema nervoso um do outro, os níveis de cortisol (hormônio do estresse) e as respostas imunológicas. Relacionamentos seguros levam a um aumento de imunidade e menos enfermidades, sem falar em números mais baixos de depressão e ansiedade e mais relatos de um bem-estar generalizado. Relacionamentos inseguros estressam a pessoa e podem deixá-la doente.[14]

Estudos mostram o que, por intuição, a maioria dos pais sabe que o desenvolvimento neurológico de bebês e crianças pequenas depende de uma interação social amorosa e estimulante.[15] Desde as primeiras semanas de vida, os bebês buscam e provocam conexão. Os pais proporcionam o que um psicanalista chamou de *um ambiente acolhedor suficientemente bom* para a criança.[16] Uma criança pequena cai da bicicleta e olha para a expressão do seu cuidador para verificar a gravidade do arranhado. Os pais acalmam os filhos rotineiramente, dando a eles perspectivas – *a dor não vai durar para sempre* – e modulação emocional. Segundo um pioneiro dos estudos observacionais de bebês, Ed Tronick, "os pesquisadores de desenvolvimento infantil usam o termo *neuroarquitetos* para descrever cuidadores de bebês.[17] Os primeiros relacionamentos de um bebê determinam a natureza de suas conexões; literalmente constroem o cérebro".

Todos os dias, no meu consultório, vejo o que acontece com pessoas que, quando crianças, não receberam ajuda para modular suas emoções. Em geral, ficam separadas de suas emoções. Sem a ajuda auxiliar do sistema nervoso de um adulto, elas achavam (e ainda acham) suas emoções, e com frequência as dos outros, avassaladoras.

"Eu confiava em mim mesmo."

Paul, branco, 48 anos, cruza o tornozelo sobre o joelho e batuca os dedos, distraído, na perna horizontal. Sua esposa, Cheryl, também caucasiana, 55 anos, tinha chegado ao seu limite. Ele é bem fechado, muito pouco íntimo. Ela precisa de mais. No entanto, Paul me garante que teve uma infância normal e feliz. Diz que ninguém gritava com ele, nem batia ou o oprimia. Já ouvi isso antes, e nesse começo da sessão é difícil saber se Paul cresceu numa casa sem amor ou apenas silenciosa.

— Quem você procurava para receber consolo ou tranquilizá-lo quando se machucava ou estava assustado? – começo.

— Ora – ele devaneia –, não me lembro de procurar ninguém. Eu contava comigo mesmo.

– A partir de que idade?
– Como é?
– Quantos anos você tinha quando aprendeu a cuidar de si mesmo?
– Não sei. Desde sempre.
– Certo. Você fechou a porta para os sentimentos há tanto tempo que não se lembra, mas você não nasceu assim. É provável que em algum momento, mais longe do que sua memória alcança, você tenha procurado seus pais, sim, uma ou duas vezes, em busca de consolo. A reação deles levou-o a concluir que era má ideia depender deles emocionalmente.

Paul se remexe na cadeira, escutando.

– Sem ninguém ali para ajudar a modular seus sentimentos, você fez algo muito inteligente, enquanto garotinho. Você os desligou. Fechou a porta para eles.

Paul é o típico esquiva do amor, alguém que, no jargão psicológico atual, seria classificado como tendo um estilo de apego indiferente e evasivo. Ele vive entre muros por ter crescido numa família na qual todos viviam entre muros, então, sem problemas, certo? Para ele, é normal proteger as emoções. E se ele vivesse sozinho, tudo bem, mas ele tem uma esposa e um bando de filhos, todos precisando dele. O problema para Paul é que nós humanos não podemos ser cirúrgicos com nossos sentimentos. Se liberamos um sentimento, todos os outros vêm. Cheryl está batendo com força à porta do coração de Paul, mas abrir a porta para ela significa reabrir a porta que ele fechou com firmeza quando criança. Rotineiramente, ele está sujeito a emoções, mas não tem as ferramentas para identificá-las.

– Você abandonou seus sentimentos – digo numa sessão posterior. – Mas eles nunca o abandonaram, apenas foram se infiltrando o tempo todo. Você só precisa de ajuda para se conectar a eles e nomeá-los.

Preciso ensinar a Paul como ter emoções. Ele precisa disso para compartilhá-las com a esposa. Ela confessa mais tarde, nessa sessão, que há algum tempo vem se sentindo entediada com o casamento. Paul precisa compartilhar sua vida emocional com Cheryl, e também precisa se interessar pela vida emocional dela. Tudo isso requer ajuda porque, quando criança, Paul caiu da bicicleta, os adultos ignoraram ou olharam para ele sem expressão.

Explico a Paul sobre abuso passivo, negligência emocional. O problema não é que exista algo ali que não deveria haver (como energia sexual ou raiva); o problema é que as coisas que deveriam estar lá não estão: orientação, conforto, compartilhamento. Existem mais casos de crianças retiradas de casa por negligência do que por abuso e violência. Se você quiser ver com clareza o que acontece com bebês e crianças pequenas quando não há conexão, assista no YouTube a qualquer experimento de "rosto imóvel" do Dr. Ed Tronick.[18]

— Aqui está o que você vê — digo a Paul, recomendando a ele um vídeo de Tronick. — A vinheta gravada começa ótima. Você vê a mãe com uma criança pequena no colo, de 1 ano e meio, talvez 2. O menino segura um brontossauro de brinquedo, o bicho dá comida para a mãe, e a mãe come a comida imaginária oferecida pelo brinquedo. Mãe e filho murmuram juntos. Então, de repente, a mãe vira a cabeça de lado e fica imóvel. Nada hostil, nenhuma pista para a criança, apenas um rosto imóvel sem expressão nenhuma. Dois minutos. É esse o tempo que dura a coisa toda.

— São dois minutos excruciantes de assistir. No início, o menino tem comportamentos cada vez mais desesperados e provocativos. Balbucia e murmura, mostrando o dinossauro para a mãe, tentando fazê-la comer de novo, interagir. Quando nada funciona, a criança passa para um "comportamento de protesto". Grita, urra, arqueia as costas. Por fim, o menininho descompensa. Começa a se balançar, chora, cai baba da sua boca, enquanto ele bate, repetidas vezes, a parte de trás da cabeça no corpo da mãe.

— Dois minutos — digo a Paul. — E quantos minutos você acha que suportou?

Quando pequeno, Paul deixou de ter a sincronicidade. Quando interage seguidamente com uma criança, o cuidador provoca uma forte reação biológica, seja aliviando o sofrimento, seja causando prazer. A conexão enche a criança de oxitocina e de uma cascata dos opioides endógenos próprios do corpo, garantindo a conexão. Tudo isso parece ótimo, mas, como o Dr. Tronick sempre alerta, os verdadeiros relacionamentos são confusos. Entre o cuidador e a criança circula uma repetição sem fim de harmonia, desarmonia e reparação.

Além disso, é difícil a conexão ser um caminho de mão única. Num dos vídeos do Dr. Tronick, um bebê faz birra, arqueia as costas e chora. Exausta, a mãe fica frustrada e olha fixo para o bebê que tem nos braços. Por instinto, o pequeno levanta os bracinhos em frente da cabeça, para se proteger do rosto zangado da mãe. A sequência toda dura trinta e cinco segundos. Assim como o sistema nervoso dos bebês reage aos seus pais, as crianças também regulam o sistema nervoso dos pais, como a maioria dos que estão atentos poderia lhe contar. E, como dizem, você é tão feliz quanto seu filho menos feliz.

Não são apenas pais humanos e seus filhos que demonstram tal sincronicidade neural. Muitos animais diferentes demonstram isso com outros membros da sua espécie. Se você injetar uma substância irritante na pata de um camundongo, por exemplo, ele a lamberá para aliviar um pouco seu desconforto. Quanto mais potente a irritação, mais vigorosa será a lambida. Trata-se de uma transação simples, certo? É, até você mostrar a esse camundongo um segundo camundongo através de um acrílico, que também recebeu a mesma substância na pata. De praxe, o primeiro camundongo sincronizará sua lambida com a do segundo camundongo. Se o primeiro lamber menos, o segundo sente menos dor. Se o segundo estiver sofrendo muito, o primeiro aumentará as lambidas. A intensidade da dor do primeiro camundongo é determinada pela intensidade da dor que ele vê no seu companheiro.[19]

Digno de nota: essa reação só funciona se os dois camundongos se conhecerem. Se eles não forem companheiros de gaiola, o resultado é imprevisível. Além disso, a lambida em sincronicidade é mais previsível e mais espelhada se os dois camundongos forem um casal. Parece que *Sinto sua dor* está associado a *Sinto você por inteiro*. Quanto mais próximo o relacionamento, mais forte a imitação. Seria empatia do camundongo? Amor do camundongo?

*

Tem saído mais e mais literatura sobre a natureza interpessoal do nosso cérebro e sistema nervoso.[20] Somos indivíduos independentes? Sim, de certa maneira, mas, ao mesmo tempo, somos profundamente interdependentes, neurologicamente entrelaçados. Somos indivíduos, sim, mas cujo sangue vital é a conexão. Como coloca o neurobiólogo Dan Siegel: "O cérebro é um órgão social, e nossos relacionamentos com os outros não são um luxo, mas um nutriente essencial para nossa sobrevivência".[21] Somos indivíduos cuja própria existência é fundamentada no pertencimento.

No início da década de 1950, pediram ao psiquiatra René Spitz que verificasse vários orfanatos com um índice excepcionalmente alto de morte de bebês sob os cuidados daqueles locais.[22] Nos horários certos, os pequenos eram alimentados, suas fraldas eram trocadas, eles eram enfaixados com os cueiros e postos para arrotar. Mas Spitz descobriu que ninguém jamais falava ou brincava com eles, nem os provocava. Em resumo, eles nunca estabeleciam uma sincronia emocional com um adulto. O nome oficial para o que acontecia foi *síndrome de falha de desenvolvimento*. Em linguagem clara, aqueles bebês morriam de solidão.

Nosso sistema nervoso não foi planejado para se autorregular. Todos nós filtramos nosso senso de estabilidade e bem-estar através da nossa interação com os outros. E, no entanto, a cultura do individualismo satura nossa sociedade. A ideia de um individualista independente inflexível é uma história cultural que tem pouco a ver com a verdade.

Se quiser ver como é uma pessoa que foi totalmente removida da interação relacional, examine o cérebro de alguém que sofreu um confinamento solitário prolongado na prisão.

Em 19 de junho de 2012, Craig Haney, professor de psicologia na Universidade da Califórnia, Santa Cruz, declarou ao Subcomitê Judiciário do Senado sobre a Constituição, os Direitos Civis e os Direitos Humanos dos Estados Unidos: "As condições de confinamento [para os 80 mil detentos dos Estados Unidos, que com frequência sofrem longos períodos de prisão em solitária] são demasiado severas para atender a qualquer tipo de propósito penal".[23] Para alguns prisioneiros, elas podem precipitar um declínio para a loucura. O *APA Monitor* prosseguiu, relatando:

> O ex-prisioneiro Anthony Graves, que passou dezoito anos no corredor da morte, incluindo dez preso em solitária, por um assassinato que não cometeu, enfatizou o argumento de Haney: "Eu via os sujeitos entrarem na prisão totalmente sãos, e em três anos eles já não viviam no mundo real". Um colega de prisão, Graves disse, "saía para o pátio de lazer, se despia e urinava em cima dele mesmo. Pegava suas fezes e esfregava-as no rosto".

Veja, é um indivíduo totalmente autônomo! Privados de todo contato social, deterioramos até a ponto da loucura.

Estão surgindo novas pesquisas que examinam os limites entre nós, como o estado emocional de um parceiro, com frequência não verbalizado, até inconsciente, afeta o estado emocional do outro.[24] Das várias descrições que surgem do nosso cérebro social, para mim a mais simples e elegante é a conceituada Teoria da Linha de Base Social, de Lane Beckes e James A. Coan, dois pesquisadores da Universidade de Virgínia.[25]

Minha compreensão da Teoria da Linha de Base Social teve um prenúncio anos antes, durante um safári na Preservação de Vida Selvagem Serengeti. Eu e meu amigo, o experiente líder de safári Rick Thomson, saímos ao amanhecer para tentar observar um embate. Uma leoa parda estava abaixada no mato alto, quase escondida. Alguns metros além dela, havia um javali despreocupado focinhando o chão atrás de comida. Como em perfeita concordância, leoa e javali ergueram os olhos e em seguida saíram em louca disparada, a leoa perseguindo o javali. Depois de uma precipitação incrível, que durou apenas segundos, ambos os animais – de novo em aparente concordância – ficaram imóveis. A leoa se deitou e lambeu a pata distraidamente. O atrevido javali sacudiu a parte traseira, como se fizesse uma dancinha: *Ha, ha, ha, hoje não é o seu dia, leoa.*

Perguntei a Rick sobre a sincronicidade dos dois. O que fez ambos pararem no mesmo exato segundo? "Conservação de energia", ele explicou. "Essa é a lei da terra aqui. Esforçar-se o mínimo possível, preservando sua energia, ao mesmo tempo que ainda se mantém vivo. O que você presenciou", continuou, "foi o momento em que tanto a leoa quanto o javali perceberam que continuar na perseguição seria inútil – a leoa não alcançaria."

O termo usado pelos biólogos é "economia de ação", o princípio de economizar calorias, bem onipresente no reino animal.[26] Nem sempre o alimento é tão abundante.

Nosso cérebro queima combustível, uma boa quantidade pelo visto, e os estudos nos mostram com clareza que, de longe, a maior quantidade de energia recolhida no nosso cérebro é no córtex pré-frontal, aquelas funções de maior nível que são as últimas a se desenvolver no cérebro e que emergiram há pouco tempo na evolução humana. O córtex pré-frontal é um dispositivo inteligente, muito adaptável, calculista ao extremo, composto de bilhões de neurônios.[27] Trata-se do sistema central de que precisamos para as capacidades de uma ação intencional, deliberada, reflexiva do Adulto Sensato, mas tem um alto custo em termos energéticos.[28] Por décadas os cientistas já sabiam que o cérebro relega tarefas mais costumeiras (como a verificação da respiração e dos batimentos cardíacos) para partes menos reflexivas, mais automáticas, menos consumidoras de energia do sistema nervoso. Mas Beckes e Coan revisaram uma vasta série de estudos e deduziram que o córtex pré-frontal, altamente dispendioso de energia, não apenas transfere, por assim dizer, funções menos exigentes para outras partes do nosso sistema nervoso, como também faz um trabalho fabuloso de conservação de energia, transferindo as funções cerebrais de uma pessoa para o cérebro de outras.[29]

Uma pesquisa anterior demonstrou como as pessoas buscam outras para uma corregulação.[30] A Teoria da Linha de Base Social vai mais longe, afirmando que, independentemente da cultura, "a proximidade a recursos sociais é o pressuposto da linha de base do cérebro humano".[31] Nosso cérebro *deduz* que estejamos integrados a uma rede familiar vasta, interdependente, em que uma variedade do que poderiam ter sido tarefas neurais individuais são espalhadas e apropriadas pelo grupo. Peguemos um exemplo bastante simples. Eu cuido do fogo. Você fica de vigia em caso de ataque.

Estudos parecem indicar que as multitarefas são uma invenção de jovens executivos da cidade grande.[32] Na verdade, não cuidamos de duas tarefas diferentes ao mesmo tempo, embora digamos a nós mesmos que sim. De fato, mudamos nosso foco, alternando para lá e para cá entre as duas atividades, não fazendo nenhuma delas com a mesma qualidade que teríamos feito se tivéssemos cuidado de cada uma em separado.

Então, de volta ao fogo. Se estou cuidando dele e também prestando atenção para um ataque de animal selvagem, meu córtex pré-frontal está trabalhando em demasiado. Mas, se cuido do fogo e confio que meu companheiro de caverna cuidará de nós dois, meu córtex pré-frontal pode relaxar e se concentrar. E, de fato, foi essa a descoberta que desencadeou a teoria de Beckes e Coan. Os dois eram pesquisadores em processos neurológicos ligados à autorregulação. Começaram seu trabalho partindo do princípio de que, quando indivíduos entram num espaço social de interação, o córtex pré-frontal de funcionamento superior será acionado. Existem vários sinais sutis a serem lidos quando estamos com outras pessoas. Só que, para decepção inicial deles, o que descobriram foi que nosso córtex pré-frontal quase sempre desacelera e fica mais discreto quando interagimos com outras pessoas.[33]

Como seria possível explicar isso? Uma nova pesquisa mostrou que os seres humanos ajudam a regular emoções intensas uns nos outros, como raiva, medo e dor, mas Beckes e Coan foram mais longe. Seu insight revolucionário foi que, quando as pessoas interagem em meios sociais, não é tanto que o córtex pré-frontal delas trabalhe demasiado para lidar com sentimentos negativos nem mesmo que complementem uns aos outros. É que, para começo de conversa, o estresse emocional não ocorre com tanta intensidade.[34]

O compartilhamento da carga emocional e a eficiência da "mente grupal" deixa o córtex pré-frontal de cada indivíduo com bem menos trabalho a ser feito do que se estivesse por conta própria. Nem a autorregulação nem mesmo a corregulação humana têm muito motivo para ocorrer porque a segurança da "mente grupal" (*Vou acender um fogo enquanto você fica de olho nos ursos*) nos deixa com menos necessidade de regulagem. Nosso cérebro assume uma linha de base de competência social compartilhada. Aqui está o que dizem os autores:

> A proximidade social pode neutralizar grande parte dos custos associados ao córtex pré-frontal. Por exemplo, indivíduos que há pouco entraram num relacionamento romântico podem vir a confiar menos na própria atividade pessoal para regular seu comportamento, porque começarão a perceber o entorno como menos ameaçador, menos perigoso e menos difícil de lidar e porque seu companheiro interagirá no comportamento (ou seja, estenderá uma mão de apoio) que ajudará a alcançar efeitos regulatórios sem ser necessário se regular.

E, quanto mais íntimo o vínculo, maior o relaxamento. Quando uma pessoa passa por um procedimento médico penoso, segurar a mão de um estranho aumenta sua segurança e diminui a dor e a ansiedade. Segurar a mão de um amigo é mais potente, e segurar a mão de um ser amado é o melhor analgésico de todos.[35] Tudo isso levou Beckes e Coan, e muitos outros a partir daí, a questionar o bom senso de destacar o indivíduo como o elemento de estudo na psicologia humana.[36] Os trabalhosos processos de autorregulação parecem bem enérgicos e deselegantes à luz da ideia de que a conexão social alivia o estresse dos indivíduos interligados na hora de administrar as próprias necessidades.

Aqueles que entre nós estejam em relacionamentos pessoais de longa data podem, por instinto, entender isso como uma boa situação para ambos. Sim, nossa rica conexão social nos protege da barbárie que liberaríamos em nós mesmos num confinamento solitário, por exemplo. Sim, a conexão nos dá uma profunda sensação de comodidade. Mas também sabemos, por experiência, que poucas coisas podem nos provocar ou nos levar à loucura como acontece num relacionamento pessoal. O amor é como desentupir um ralo: depois de muito cutucar, acaba trazendo à superfície todo ferimento e fissura não curados que se alojaram no seu corpo. Nada estimula mais a mágoa que o amor. Como veremos, todos nós nos casamos com nossas questões pendentes. Sendo assim, nossas neurologias se entrelaçam, tanto negativa quanto positivamente.

O Adulto Sensato (o córtex pré-frontal conduzido pelo hemisfério direito do nosso cérebro) reconhece o todo e entende o quanto somos interdependentes. Mas, quando estamos sob pressão – e para alguns de nós isso acontece a maior parte do tempo –, a Criança Adaptável protetora se intromete e assume o controle. Mudamos para uma orientação do hemisfério esquerdo, que é singularmente lógico e instrumental (preocupado em realizar a tarefa à mão), e perdemos a perspectiva do nosso córtex pré-frontal, sendo levados pelo nosso sistema límbico, mais primitivo e mais emocional.

O que de fato nos causa problema é que a orientação do lado esquerdo do cérebro, da Criança Adaptável, corresponde à cultura de individualismo da nossa sociedade. Quando estamos "deslocados para a esquerda", ou seja, conduzidos pelo nosso hemisfério esquerdo, reina a lógica e a instrumentalidade.[37] A tarefa à mão prepondera sobre o relacionamento das pessoas que executam a tarefa. Isso é verdadeiro tanto para a Criança Adaptável em cada um de nós quanto para a sociedade em geral. Apenas há pouco o mundo corporativo acordou para um novo tipo de liderança, relacional, em oposição ao hierárquico.

Summit, um jovem freelancer de TI, estava passando por um período difícil no trabalho, apesar de ser muito inteligente e talentoso. O que o atormentava era seu costume de entregar mais do que lhe era pedido, mas mesmo assim perder chances ou não ser chamado de novo. Enquanto conversávamos sobre seu trabalho, notamos um padrão.

Summit começou a perceber que o que parecia ser sua força era, na verdade, sua grande fraqueza. Trabalhava até tarde, entregava um programa de software que era mais elegante, mais complexo e mais multifacetado do que haviam lhe pedido. Em vez de um Ford, entregava uma Lamborghini, mas não era uma Lamborghini que a pessoa queria. Assim, em vez do esperado elogio, Summit costumava ouvir: "Não dava para fazer mais simples?". Seu hemisfério esquerdo levou-o a escolher o produto e não a pessoa que o usaria. Sua Criança Adaptável projetava um produto quase perfeito, sem a orientação do Adulto Sensato, que teria escutado as necessidades do cliente e não as suas.

Como atendo, sobretudo, casos extremos, quase todos os que atendi passaram boa parte da vida usando partes do cérebro da Criança Adaptável. Eles pensam que são Adultos Sensatos, mas não são. Na maioria das vezes, o mundo recompensou-os muito bem. Como a Criança Adaptável reflete os valores culturais como um todo, quem vive fundamentalmente de suas parcelas da Criança Adaptável é, em geral, muito bem-sucedido no mundo financeiro e profissional. Por outro lado, a vida pessoal é uma bagunça.

Um princípio central do individualismo é que o self é diferente da natureza – ou, para ser mais preciso, o homem está *acima* da natureza. No começo, segundo o Gênese, Deus deu a Adão *domínio* sobre tudo o que andava, nadava ou rastejava sobre a Terra. Foi uma má ideia. Os antigos gregos tinham mais humildade. Para eles, considerar-se acima da natureza era húbris, de um orgulho arrogante e a origem de toda queda trágica de um herói.[38] No entanto, o domínio – a ilusória obrigatoriedade e o ilusório direito ao controle – é um pilar central da masculinidade tradicional e da cultura patriarcal. Hoje em dia, a maioria de nós não passa muito tempo lidando com as intempéries, mas você pode estar aplicando o conceito de domínio em sua esposa, seus filhos, seu próprio corpo, num colega de trabalho ou no mundo como um todo.

Essa ilusão de controle será o foco de qualquer programa hospitalar de manejo de estresse em que você pode acabar depois de ter um enfarte. Ela é retificada pelos Doze Passos dos Alcoólicos Anônimos, o princípio básico expresso na Oração da Serenidade. Nossa visão de mundo individualista, linear, newtoniana apresenta o homem como acima da natureza e capaz de manipulá-la e dobrá-la à sua vontade, da maneira que um cirurgião trabalha num corpo ou um mecânico se curva sobre um carro. Somos feitos à imagem de Deus, o Grande Relojoeiro, como colocou uma alegoria do Iluminismo.[39] Vivemos acima do sistema e trabalhamos sobre ele.

Se administrar o mundo é um componente central da masculinidade tradicional, gerenciar o administrador é um componente central do papel feminino tradicional – supervisionando, como dizem. Mas qualquer um que tenha trabalhado com problemas da chamada codependência sabe que a acomodação, embora explicitamente abnegada, também é, na verdade, uma forma de controle – tentar "não irritá-lo". Defino o comportamento codependente como o que ocorre quando alguém recua de um comportamento bem razoável – como contar a verdade – por medo da reação insensata do companheiro. Tanto a manipulação da natureza pela masculinidade tradicional quanto a manipulação dos homens pela feminilidade tradicional são tentativas de controle – como se um pudesse impor sua vontade sobre os outros ou sobre o mundo.

A consciência relacional, no entanto, é sinônimo de uma consciência ecológica. Ela corrige a ilusão de domínio e a substitui pelo conhecimento de que não estamos à parte e acima da natureza, e sim vivendo dentro dela como elementos. Isso é humildade ecológica. A única coisa na natureza que podemos controlar de modo direto é nós mesmos, e isso num dia bom. Vejo a mudança do orgulho para humildade como o mesmo que colocar o Sol, e não a Terra, no centro do sistema solar.

Quando nós, enquanto espécie, mudarmos de um modelo dominador da natureza para um que a festeja, perceberemos que a água em que descartamos o plástico é a água que bebemos, e o ar que poluímos é o ar que respiramos. Se conseguirmos sobreviver. A Covid-19 é a primeira experiência em que a natureza se volta contra nós numa escala planetária. Isso servirá de aviso? Duvido. Essa deflagração global será seguida por outras. Hoje, usamos máscaras faciais. Talvez amanhã sejam máscaras de gás. Nossas ações são tão autodestrutivas que estão no limite do suicídio. No entanto, persistimos.

Assim na Terra como no Céu. O mesmo drama de dominância, que agora está se desenrolando no nosso planeta, irrompe na nossa vida pessoal. Colocamo-nos à parte e acima em muitos relacionamentos. Tentamos controlar nossos companheiros, nossos filhos, nossos corpos, e até nossa maneira de pensar ("Não vou ser tão negativo"). Dê um passo atrás e verá que conduzir seus relacionamentos a partir de um lugar de poder e controle é loucura. Mesmo atento a isso, no minuto em que a temperatura emocional começa a subir, mais partes reativas do cérebro assumem, e esse é bem o modelo a que recorremos: "Estou certo e você está errada", "Você ganha e eu perco", "Posso deixar você entrar, ou posso me proteger".

De modo coletivo e pessoal, precisamos desesperadamente de um novo paradigma. A resposta relacional à pergunta "Quem está certo e quem está errado?" é "Que diferença faz?". A verdadeira pergunta é "Como nós, em dupla, vamos abordar o assunto de maneira que funcione para nós dois?". A princípio, a mudança de um pensamento individualista para um pensamento relacional pode parecer um idealismo ilusório, mas todos os dias vejo seu potencial transformador no meu consultório.

Eis aqui um exemplo bem comum.

Stan: você pode ter razão ou ficar casado

— Ele não escuta! — exclama Lucy, que é branca e tem 30 e poucos anos. Ela abre os braços enquanto se senta na beirada do sofá, como que me implorando.

— Não entendo ela — diz Stan, também branco, 43 anos. Afunda o rosto nas mãos, acossado, exausto, como que dizendo "Não importa o que eu faça...".

E então cá estou eu, observando, escutando. O casamento de Lucy e Stan está prestes a terminar. E por que motivo? Mal-entendido.

A semana anterior foi um desastre.

— Eram para ser dias revigorantes só para nós dois, em Cape — Lucy conta. — Estávamos os dois ansiosos por isso. Precisávamos disso. — Ela olha para as mãos. — Quase nem chegamos lá. Quase virei o carro e voltei para casa.

Então, o que aconteceu?

— Foi tão banal que daria para rir — diz. — Mas mesmo assim...

Mas *mesmo assim*, penso. Aquele velho e conhecido *mesmo assim*. Tão banal que daria para rir, mas mesmo assim... vale a pena assumir sua responsabilidade. A vida doméstica se desenvolve num pequeno palco cheio de emoções gigantescas.

— Então, o que aconteceu?

— A coisa toda é ridícula — Stan afirma, sacudindo uma perna, impaciente, irritado.

— Fomos em dois carros — Lucy interrompe-o, assumindo o controle. — Os dois estavam cheios de mantimentos, então eu não conseguia ver o lado de trás pelo retrovisor. Já estava nervosa. Não gosto de dirigir à noite. Pedi a Stan para seguir perto de mim, caso eu... eu... sei lá, me perdesse, pegasse uma saída errada, qualquer coisa.

— Ela queria que eu ficasse de olho nela — Stan me conta, para apressar a história. — Que foi o que eu fiz.

— O que você não fez — diz Lucy.

— Foi *isso* o que eu fiz. Veja — Stan se vira para mim, o árbitro. — Eu estava contornando o trânsito...

— Outro problema — Lucy intervém.

— Vamos nos manter no foco — digo a ela.

— Eu estava a cerca de dois carros à frente dela...

— Mas eu não conseguia vê-lo — Lucy interfere.

— Eu a via perfeitamente pelo retrovisor — Stan tem uma expressão atormentada.

Já estou percebendo aonde isso vai parar.

— Ela me ligou em pânico, fora de si. "Você disse que não ia me deixar!" Ela já estava aos gritos comigo.

— Ah, Stan — diz Lucy, como que dispensando uma criança.

– Querida, sinto muito, você não estava no seu juízo perfeito, você disse...

– Mas você me deixou! Depois de dizer...

– Você estava bem atrás de mim. Eu te disse a maldita marca do carro à sua frente. Eu estava lá, querida. Não havia necessidade de...

– Por que você não podia ficar para trás, assim...

– Tudo bem – interrompo. – Acho que entendi.

Stan e Lucy estão presos numa típica batalha de "quem está certo, quem está errado", dependendo das definições de cada um do que significa "estar presente". E os dois têm razão ao dizer que a discussão é trivial, mas então surge aquele irritante *mesmo assim*. *Mesmo assim* pode acabar com um casamento. *Mesmo assim* pode levar ao divórcio.

Para Lucy, "estar presente" significa estar bem ao lado dela. Para Stan, significa ficar de olho nela. Quem tem razão? Bom, para ser justo, é uma pergunta capciosa.

Peço aos casais com quem trabalho para engolirem algumas pílulas importantes e amargas. Aqui está a primeira: *Não existe espaço para realidade objetiva nos relacionamentos pessoais*. A realidade objetiva é ótima para pegar metrô a tempo, ou para desenvolver uma vacina importante, mas não serve para descobrir qual ponto de vista é "válido" numa relação interpessoal. Leva a batalhas de objetividade. Lucy está exagerando, ou Stan a está negligenciando? Essas discussões perduram por uma eternidade, como um cachorro correndo atrás do rabo. Não tem saída porque a suposição de fatos objetivos já está errada.

Nos relacionamentos pessoais, nunca se trata de um caso de duas pessoas chegarem a uma realidade verdadeira, mas, sim, de negociarem diferentes realidades subjetivas. Entre os dois, fico com Lucy – uma diferença entre Terapia de Vida Relacional e outras terapias. Nós escolhemos lados. Stan está correto em termos factuais, mas incorreto em termos relacionais. Stan prestou atenção em Lucy, como prometido, para ter certeza de que ela estava bem? Sim, sem dúvida. E, se fosse ele que tivesse feito o pedido, ele teria ficado bem. Mas Stan não está casado com Stan. Lucy queria o conforto de Stan ao seu lado, à sua vista. Ela não queria uma ajuda, mas a tranquilidade da sua companhia. Nesse caso – como em tantos outros parecidos, Lucy me garante –, Stan não "entendeu". Não entendeu porque não estava pensando em termos relacionais. Como inúmeros homens que atendo, Stan estava sendo *instrumental*. Seu foco estava na tarefa a ser feita, não nos sentimentos subjetivos da companheira. Estava prestando atenção nela, mas não estava correspondendo às suas necessidades emocionais.

A renomada linguista Deborah Tannen abordou essa questão no livro *Você simplesmente não me entende*, em que escreveu sobre a "fala relatorial" masculina versus a "fala relacional" feminina.[40] Do ponto de vista "objetivo", Stan estava certo. No entanto, ao mesmo tempo, estava completamente surdo em se tratando da experiência subjetiva da esposa. Pior, todas as vezes em que Lucy tentou contar a ele o que a incomodava, todas as vezes em que tentou preencher a lacuna entre eles, Stan só recuou com mais firmeza para sua preciosa correção.

– Vou explicar – tento ajudar Stan. – Vejamos se você não consegue mudar seu ponto de referência. Quando Lucy fala, você, Stan, tem duas orientações, dois pontos de referência que usa como termo de comparação. O primeiro é a realidade objetiva. Você prestou ou não prestou atenção nela como ela desejava? Ela tem ou não razão na análise que fez? Caso em que digo, meu amigo, "Boa sorte!". Se ela estava ou não estava; se fez ou não fez – sinto muito, Stan. Acho que ninguém dá a mínima. O que você está fazendo é aplicar o método científico no seu relacionamento. Isso não funciona.

– E o segundo ponto de referência, a julgar pela expressão do seu rosto, tem sido, bom... você. Você diz consigo mesmo: "Ai, tenho mesmo que escutar isto?".

Stan se remexe no sofá, mas não está relutando. Vou em frente.

– O que quero é que você mude seu referencial. Só experimente. Sinto lhe dizer que não se trata de exatidão, e com certeza não se trata de você ou do quanto você está chateado com tudo isso. Stan, se trata de Lucy, dos sentimentos dela, da realidade dela, da experiência subjetiva dela. Nesse momento, agora mesmo, reflita se prefere defender que está certo ou fazer as pazes com sua esposa e ajudá-la a se sentir melhor?

– O que isso quer dizer? – ele diz, hesitante, mas escutando.

– Aqui vai a frase de 10 mil dólares, Stan. Preparado?

Ele confirma com um gesto de cabeça. Viro-me para Lucy, fazendo o papel de Stan. A primeira coisa que faço é suavizar minha expressão, minha voz.

– Querida – digo com gentileza –, sinto muito você ter se sentido mal. Não foi minha intenção. Tem alguma coisa que eu possa dizer ou fazer neste momento que te ajudaria a se sentir melhor?

Depois, me viro para Stan.

– "Sinto muito você estar se sentindo mal" – repito. – "Tem algo que eu possa fazer para você se sentir melhor?" Carimbe isso na sua testa. Coloque no espelho em que você se barbeia de manhã.

Stan não diz nada, refletindo. Ao lado dele, Lucy chora.

– Se essas lágrimas pudessem falar – digo, olhando para ela –, o que elas diriam?

– É que... – ela começa, mas hesita. Não importa que ela esteja incapaz de se exprimir; sei por que está chorando. Arrastou o marido para três terapeutas antes de mim, e nenhum deles o havia enfrentado. Está chorando de alívio.

Mesmo à beira do divórcio, Stan não é um mau sujeito. O que ele defendeu com tanta veemência, o ponto sobre o qual ficou tão na defensiva, na verdade, estava certo – no mundo linear, individualista, newtoniano em que todos vivemos. Mas, para estar emocionalmente presente para a esposa, ele só precisa trocar sua costumeira visão de mundo por um paradigma bastante diferente. Sabe, minhas clientes não arrastam o companheiro até o consultório por quererem melhorar a comunicação – embora seja isso o que muitas dizem no início – ou para melhorar algumas transações comportamentais. Mulheres como Lucy trazem homens como Stan para que eu possa lhes ensinar a ser mais relacional.

O que Lucy quer é um Stan totalmente diferente. A maioria dos terapeutas de casal recua perante aspirações tão ousadas, mas na Terapia de Vida Relacional nós as acolhemos.

– Meu negócio é transplante de personalidade – conto a Lucy. Depois, me viro para Stan. – Quer experimentar?

– Como? – Stan parece alarmado.

– Olhe para sua esposa agora e diga algo que venha do coração – sorrio e digo a ele. Com um pouco de incentivo, ele concorda.

– Lucy – ele pega na mão dela. – Sinto muito, tá? Lamento que tenha se sentido tão abandonada naquele dia.

– E você lamenta não tê-la ouvido – acrescento.

– Lamento mesmo. De verdade. Gostaria de ter conseguido te escutar melhor – ele olha para o rosto lacrimoso da esposa.

– Quer um abraço do sujeito? – pergunto, e ela se joga para frente, chegando até ele. – Fiquem à vontade – digo, enquanto Stan a embala com delicadeza. – Levem o tempo que for preciso.

A lealdade bem-intencionada, mas equivocada de Stan, para "resolver as coisas", ou seja, determinar a realidade correta (que é claro que era a dele), privou os dois de momentos como o que estão tendo agora na minha sala, momentos de reparação. Em quase todos os casais que estão vivendo situações extremas, como Stan e Lucy, falta um mecanismo de correção. Eles acham importante não varrer as coisas para debaixo do tapete, estão empenhados em resolver as coisas. O problema é que seu modelo de resolução é chegar a um acordo, descobrir a resposta correta, estar na mesma sintonia. Trata-se de um desejo comum, profundo e compreensível. Por infelicidade, para a maioria dos cônjuges, a única versão correta da história é a própria – e o companheiro cabeça-dura acha que é a dele. O paradoxo é que a solução só vem quando os dois desistem desse sonho e entendem que não vão, de fato, ver tudo da mesma maneira.

E não é preciso. Vocês podem ter realidades diferentes, o que, por sua vez, pode desencadear um conjunto diverso de emoções para cada um. Quando Stan parou de se defender e passou a cuidar dos sentimentos feridos da esposa, ela se sentiu ouvida, o abismo entre eles foi transposto, e todos puderam voltar a respirar. Esse momento traz uma questão importante. A relacionalidade não significa que vocês estejam vendo as coisas com os mesmos olhos, tendo os mesmos pensamentos e sentindo as mesmas emoções; a relacionalidade não é uma forma de fusão sem limites. É bem o oposto – a relacionalidade exige um *eu*. Mas é um *eu* integrado num contexto maior. Ao reconhecer que Lucy poderia ter uma visão legítima da realidade diferente da dele, estou, na verdade, convidando Stan a ser mais diferenciado dela, não menos, só que diferenciado dentro daquele todo maior chamado casamento.

O que gostaria que reconhecêssemos é que mudar de um mundo individualista e linear para um mundo relacional pode ser nada menos que transformador.[41] Quando os clientes aprendem a pensar e agir relacionalmente, sua personalidade, seu nível de desenvolvimento emocional, evolui, com frequência de forma intensa. Eles passam a viver na maior parte no seu self de Adulto Sensato, conduzido pelo hemisfério direito e governado pelo córtex pré-frontal. Trocando em miúdos, quando aprendemos a pensar e agir de modo relacional, nós amadurecemos.

Steve: "Eu entendi, doutor?"

Steve, alto, negro, 40 e poucos anos, se descreve para mim no início do nosso trabalho como uma personalidade cinco estrelas. Informa que quatro estrelas não bastam para ele. E, de fato, ele parece ser um desses capitães do universo, com o mundo na palma da mão. Bonito, inteligente e atlético, frequentou todas as escolas certas, tem um trabalho importante na área financeira, já é rico pelos padrões da maioria das pessoas e na sua idade está a caminho de conseguir mais.

Ele tem gêmeos fraternos de 8 anos com uma frágil síndrome X, ambos com atrasos severos no desenvolvimento. São moleques adoráveis, de grande coração, bastante amados por todos – todos, exceto Steve. Constrangido e renitente, ele me confessa numa sessão que, embora jamais diria isso a qualquer pessoa que não fosse seu terapeuta, seu verdadeiro relacionamento com esses garotos é que os odeia. Eles são uma mancha no seu currículo perfeito, uma visita hostil de Deus. O que ele fez para merecer?

Ouvindo tudo isso, me ocorre que Steve e eu faríamos bem em trabalhar sua capacidade de empatia. E é o que fazemos. Durante semanas, ensino Steve a praticar o que, de modo um tanto irônico, chamo de *empatia corretiva*.

– Antes que você abra a boca – digo a ele –, quero que pare e pense. Pergunte a si mesmo: "Qual será o efeito do que estou prestes a dizer na pessoa com quem estou falando?".

Depois de cerca de três semanas fazendo esse exercício, Steve entra na minha sala só sorrisos.

– Doutor, a história de empatia – ele ergue o polegar – deu certo.

– Tudo bem. Tem uma história aqui. Me conte.

– No sábado passado, levei um dos meninos para um jogo de beisebol. Agora, não sei quanto a você, mas, quando levo meu filho para o Fenway Park, dou a ele todos os sorvetes, cachorros-quentes e balas que ele consegue aguentar. É uma festa!

Tenho dois filhos, então conheço bem o protocolo e digo isso a ele.

– Bom, a caminho de casa, o garotinho ficou enjoado – Steve continua e se vira para mim com urgência na voz. – Colocou a mão na boca, e Terry, minha nossa, ele estava segurando o próprio vômito porque estava com medo de mim. – Lágrimas brilham nos olhos de Steve. – Olhei para meu filho, para o medo nos olhos dele, e fiquei chocado. Fiquei chocado *comigo* mesmo e disse: "Querido, por favor, vomite, não se preocupe com o maldito carro, só vai...". – Steve se endireita. – E percebi tudo de imediato. Não tem a ver comigo. Não tem a ver com o maldito carro. É *ele*, tem a ver com *ele*! – Sorri, abalado, comovido. – Entendeu?

– Entendi – respondo.

Como terapeuta há mais de trinta anos, acredito piamente que Steve subiu a escada do desenvolvimento naquela tarde, quando voltava para casa de Fenway Park. Ao aprender a pensar de forma relacional, tornou-se um homem diferente e melhor. A desconexão nos adoece, enquanto a reconexão nos restabelece.

*

Aprender a pensar de modo relacional significa viver cada dia com a percepção de que seu relacionamento é sua biosfera emocional, é o ambiente em que vivemos e do qual dependemos. É claro que você pode escolher poluir sua biosfera *daqui* ao ter um rompante. Mas respirará aquela poluição *de lá* por meio de um afastamento do seu companheiro. Converso com os clientes não sobre altruísmo, mas, sim, sobre autointeresse esclarecedor.

– É do seu interesse – digo a eles – manter o outro feliz. Acima de tudo porque vocês se amam. Mas, mais premente do que isso, vocês têm que viver juntos, certo? Casal feliz, casa feliz.

Vocês têm um vínculo; não têm escapatória. E a ilusão de não ser afetado, antes de mais nada, não só é insensível, mas, às vezes, é bem perigosa. As pessoas que conhecemos e a quem amamos estão mesmo dentro de nós. Elas vigiam a aproximação de ursos enquanto cuido do fogo, colocam a mesa enquanto reúno as crianças. As pessoas que conhecemos e amamos provocam as maiores inseguranças e os ferimentos mais profundos dentro de nós e, ao mesmo tempo, proporcionam o maior conforto e alívio. Pensar em nós mesmos como indivíduos à parte ou acima disso é um engano. E acreditar nesse engano pode gerar consequências desastrosas. Para o bem e para o mal, na maneira como somos tratados e como tratamos os outros, nas próprias estruturas do nosso cérebro, não estamos sós.

3
COMO O *NÓS* DESAPARECE E O *VOCÊ E EU* ASSUME

Quando nossos relacionamentos pessoais acionam um trauma, nosso Adulto Sensato se desliga e nossa Criança Adaptável toma conta de nós. Sentimo-nos "dominados" e queremos recuar.[1] Quando as pessoas ficam inteiradas dessa parte da sua Criança Adaptável, em geral seu instinto primeiro é querer controlá-la, vê-la como ruim.

– Detesto estourar com as crianças! – Daniel, asiático e perto dos 30 anos, me conta numa das primeiras sessões. – Mantenho isso sob controle a maior parte do tempo, mas de vez em quando chega a um ponto em que – ele enche as bochechas – simplesmente estouro.

A Criança Adaptável não é uma força tóxica que precisa ser banida ou aniquilada. É uma parte jovem sua, que aprendeu a lidar com as coisas da melhor maneira possível à época. O que ela precisa é de ser cuidada, e, a essa altura, a única pessoa que pode fazer isso de maneira confiável é você. Existe um princípio espiritual que funciona aqui: para ir além de uma de suas partes, é preciso, primeiro, conhecê-la e, por fim, protegê-la.[2]

Quando encontro pela primeira vez a Criança Adaptável de alguém, ou seja, a versão particular daquela pessoa da conscientização *você e eu*, procuro entender suas origens. A Criança Adaptável de Daniel tem chiliques. É, ele grita com os filhos e com o marido.

E já atirou pratos, esmurrou a parede e despedaçou uma cadeira. A fúria é uma postura disfuncional de Daniel, sua maneira de estar no mundo, a posição que ele assume.

Enquanto escuto sua história com atenção, minha análise sobre sua atitude fica mais precisa. Quando provocado, ele se vê como a parte prejudicada. É uma vítima zangada profissional: do idiota na fila do caixa, com seu ritmo apático, que o fez se atrasar; do imbecil que o buscou no aeroporto e o fez esperar quinze minutos e mal falava inglês; da tampa do pote de maionese que não desenroscava de jeito nenhum. Daniel vive em um mundo que está contra ele. Mas, olha, ele vai em frente e não desiste.

Anjo vingador, Daniel tem doutorado naquilo que uma das minhas mentoras mais importantes, a grande pioneira em trauma e recuperação Pia Mellody, chamou de *agredir a partir da posição de vítima*.[3] Quando agredimos a partir da posição de vítima, nos sentimos como uma vítima, mas agimos como um agressor: "Você me agrediu, então tenho que agredir de volta duas vezes mais. E não sinto vergonha nem escrúpulos quanto ao que estou fazendo porque você me vitimou". E por aí vai. Cada geração age segundo suas mágoas, os pais legando uma versão dos próprios danos para os filhos. Podemos melhorar, mas precisamos nos liberar do nosso cérebro reativo, da nossa percepção *você e eu*, da nossa Criança Adaptável, esse filtro que tanto sombreia nosso mundo.

Pare por um momento e veja se consegue verbalizar *sua* atitude disfuncional. A não ser que você seja perfeito, é provável que tenha uma. Claro, deduzo que em 364 dias do ano você funcione no self do seu Adulto Sensato, no seu córtex pré-frontal, mas e naquele diazinho em que você está desligado, aonde tenderia ir? Sua atitude relacional disfuncional é o que sua Criança Adaptável fica repetindo, de forma não construtiva, nos relacionamentos: buscar, afastar, agradar, reclamar, controlar.

Se estiver tendo dificuldade em expressar sua atitude relacional, não tem problema: peça ajuda ao seu companheiro! Tenho certeza de que ele estará disposto a dar uma mão. Uma atitude disfuncional nunca lhe dará o que você quer. Buscas furiosas, por exemplo, são uma atitude disfuncional. Ficar bravo porque vocês estão distantes dificilmente levará a uma aproximação. A busca furiosa é um oximoro. Como digo aos meus clientes: "Tenho uma má notícia para você. A busca furiosa não é sedutora".

Se você parar por um momento, pode pensar em dezenas de atitudes disfuncionais. Mártir é uma delas, tirano é outra, vítima é ainda outra. Uma vez que você tenha identificado a sua atitude, tente descrevê-la com mais precisão. Pergunte: "Que tipo de vítima eu sou? Desamparada? Furiosa? Que tipo de tirano?". E assim por diante.

Uma vez que um terapeuta de Vida Relacional entende a atitude disfuncional de cada membro do casal, a pergunta seguinte é "De onde veio isso?". Pergunte-se sobre si mesmo e sobre o outro: ao que aquele garotinho ou aquela garotinha estava se adaptando? Depois de ter uma boa ideia de qual é sua atitude disfuncional repetitiva, aqui estão três perguntas a se fazer:

- Quem você viu agir assim?
- Quem agiu assim com você?
- Com quem você agiu dessa maneira sem que ninguém te impedisse?

Com frequência, essa última pergunta é a mais crítica. Ninguém na família de Daniel era colérico, exceto Daniel. Ele vem tendo acessos de raiva desde sempre, segundo sua lembrança.

– E como seus pais reagiam?

Ele dá de ombros.

– Não reagiam. Em geral, me davam o que eu queria.

– Motivo pelo qual você continua tendo chiliques aos 43 anos – observo.

Alguém me disse uma vez que as crianças são como gás: preenchem o volume do que quer que as contenha. Quando Daniel era jovem, não havia nada que o contivesse, então vivia transbordando no ambiente. Ainda fazia isso quando nos conhecemos. Ninguém diria que a Criança Adaptável de Daniel foi forjada por meio de trauma, mas eu sim, porque talvez eu tenha uma noção mais ampla do que constitui esse trauma. Daniel, por exemplo, foi objeto de *negligência psicológica falsamente empoderadora*.

Você deve se lembrar de que, no início, pedi aos leitores céticos que esperassem até conversarmos sobre a natureza do trauma para decidir se foram submetidos a algum. Bom, aqui está a prometida discussão.

TRAUMA RELACIONAL

Quando pensamos em trauma, tendemos a pensar no que o campo de recuperação de trauma com frequência chama de Grande Trauma, com T maiúsculo: acontecimentos catastróficos específicos que ameaçam a vida e a integridade física.[4] Um tsunami, um furacão, uma guerra. Na Terapia de Vida Relacional, somos sensíveis a Grandes Traumas e trabalhamos com eles, mas também estamos sintonizados com os "pequenos traumas" ou traumas relacionais. Não aquela vez em que você puxou a mamãe da beirada do terraço do 14º andar, mas as centenas de milhares de vezes em que ela lhe disse que você era um peso grande demais para suportar. É raro os psicoterapeutas se depararem com um acontecimento catastrófico único, como o caso de um incesto. Ao contrário, em geral é algo menor, mas não menos corrosivo, interações que acontecem dezenas de vezes por dia, todos os dias da sua infância.[5]

Joey e Linda: ninguém a quem contar

— Quando Joey fica agressivo, eu só... só quero ir embora — Linda me conta.

Estamos nós três sentados numa demonstração de entrevista de uma só sessão em uma sala cheia de terapeutas. Linda se descreveu para o grupo como indígena da nação Cherokee. Tem 33 anos.

– Agressivo? O que isso quer dizer? Como ele fica?

– Ele só quer falar no assunto – ela continua, ignorando a minha pergunta. – Mas minha reação é "Me deixe em paz!". Me tranco no quarto e ele fica batendo, gritando. Mas eu *sumi*.

– Você está atrás de uma parede – digo.

– De uma paredona – concorda.

– Tipo "Pode arrumar suas coisas, dar o fora, ser atropelado por um carro. Estou pouco ligando para o que você faça!". É isso?

– É isso mesmo.

– É uma parede considerável, essa que você levantou.

– É, é mesmo – ela diz. Suas costas estão retas, as mãos no colo, ela está olhando para o marido, Joey, um grande homem negro com um vasto cabelo afro amassado por um boné de couro.

Depois de um momento, pergunto a ela:

– E aí, como a coisa termina? Quando é que a parede desmorona?

– Quando é que a gente faz as pazes?

– É.

– Bom, quando Joey se acalma, quando ele muda o tom e sua linguagem corporal fica mais leve, então...

Olho para Joey, que é mais novo do que a esposa, tem 27 anos. Ele confirma a história de Linda. Sim, quando ele fica agressivo, ela puxa o carro. Mas o que ela não conta, segundo Joey, é que várias vezes ele fica agressivo *porque* ela já puxou o carro.

– Mas o que Linda está dizendo funciona? – pergunto, para que ele não se disperse. – Quando você se acalma e amolece, ela sai de trás da parede?

– É, funciona – ele diz. – Quando funciona, funciona.

– E quanto tempo até...

– Dois, três dias – ele conta, como se fosse normal.

Ficamos em silêncio por um longo minuto.

– Não sei, Joey – digo por fim. –, mas imagino que do outro lado da parede de Linda exista um garotinho dentro de você, e ele se sente muito só, abandonado e sobrecarregado.

Joey concorda com vigor.

– Bingo!

— Bingo – digo a ele, que desvia o rosto – Me conte o que...

E então, do nada, ele me interrompe e confessa algo em que quase nunca pensa, muito menos fala a respeito.

— Sabe, sofri abusos quando criança.

— Você quer dizer...

— Sexualmente. – Ele abaixa o olhar para os pés. – Pela minha tia.

— Você tinha...

— Sete anos. Ninguém sabia. Não contei a ninguém. – E esse homenzarrão começa a chorar. Cerra as mãos e chora apoiado nelas.

— Sinto muito, sinto muito mesmo. – Depois de um tempo, continuo. – Então, aquele garotinho em frente à porta de Linda...

— É como se não houvesse ninguém por perto – Joey me diz, ainda choroso. – Ninguém em casa, ninguém a quem contar, como se ninguém desse importância à minha história.

Perceba como Joey descreve seus sentimentos, quando Linda o isola: "Como se não houvesse ninguém a quem contar, como se ninguém desse importância à minha história". Sua criança interior sente a solidão que aquele menino de 7 anos deve ter sentido na própria família: se não tivesse se sentido tão sozinho, Joey teria contado a alguém a respeito da tia. E, de fato, depois ele descreve a mãe como dependente de remédios controlados, enquanto o pai ficava fora com uma sucessão de namoradas. Um terapeuta poderia, de maneira muito legítima, focar o incidente do abuso sexual – e isso precisaria mesmo ser tratado. Mas o que captou meu interesse foi a solidão daquele garotinho. Sofreu abuso da tia uma vez; seus pais o abandonaram 365 dias por ano. Isso é *trauma relacional*. Trauma infligido todos os dias na infância. Repare que, no relacionamento com Linda, o que é ativado em Joey não é a sensação de ser usado ou sufocado, sensação que associaria ao incesto da tia; é muito mais a sensação nociva de abandono.

Feridas de trauma relacional.

E fere de modo muito profundo e logo no início do desenvolvimento de alguém. Quando Joey ficava em frente à porta de

Linda, voltava a ter 7 anos, não relembrava sua emoção, passava a ser essa emoção.

O abandono é um estado do ego infantil.

– Adultos não são abandonados – digo a Joey. – Adultos são deixados, ou mesmo rejeitados. Mas sobrevivem. Ser abandonado significa: "Se você me deixar, morro". Crianças são abandonadas. Quando você tem aquele sentimento paralisante, desesperado, você já não está no seu self adulto, está num estado de ego infantil.

Joey quer que Linda se importe com aquele menino de 7 anos, magoado, zangado. Todos nós queremos isso. Todos nós queremos que o parceiro compareça e cuide com amor das nossas jovens feridas, mas as pessoas sempre falham em algum nível. Porque são humanas e, portanto, imperfeitas. Porque, no dia em que você mais precisa delas, estão com dor de dente e não podem ser incomodadas. Porque naquele momento perfeito, em que você vibra de desejo, elas comeram ou beberam demais e tudo o que querem é dormir. O difícil aqui é que a única pessoa com quem podemos contar com absoluta consistência em relação à nossa criança interior somos nós mesmos. E tudo bem. É o que basta. Desde que aprendamos a fazer isso.

Com a minha ajuda, no final da nossa sessão Joey se reencontra e conversa com aquele garotinho que vivia dentro dele. Chora por não ter conseguido protegê-lo na época, e o garotinho perdoa-o. Ele se compromete a, dali por diante, cuidar dessa sua parte vulnerável. "Você nunca mais vai precisar ficar sozinho", diz ao menino. E então esse homem grande e durão, com os olhos fechados, recolhe esse jovem self no colo, envolve-o nos braços e lamenta. "Tá tudo bem", murmura em meio às lágrimas. "Tudo bem."

A maturidade vem quando cuidamos da nossa criança interior e não a impomos aos outros para que cuidem dela.

A GRADE TRAUMÁTICA: QUATRO TIPOS DE DANOS

O abuso sexual de Joey é o que em geral pensamos como trauma: violação física e emocional. Mas esse é apenas um dos quatro tipos de trauma psicológico, e cada um deles causa seu próprio dano previsível e leva à sua própria adaptação particular.

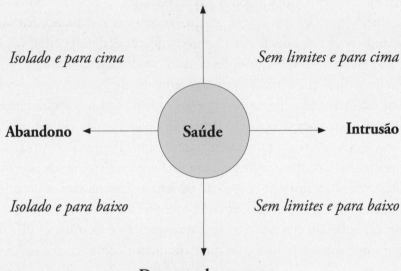

A Grade Traumática deveria ser vista como uma cruz.[6] A linha vertical representa a autoestima, de alta demais a baixa demais, e a linha horizontal representa limites, indo de limites fortes demais à esquerda a falta de limites à direita. Mais adiante falaremos disso.

O tipo de trauma que o pequeno Joey sofreu nas mãos da tia foi o que todos nós consideramos abusivo: comportamento intrusivo com violação de limites. Isso acontece muito, infelizmente, em famílias rigorosas. Mas você também pode se machucar com o oposto da intrusão, ao ser deixado sozinho. Por mais que a tia o tivesse ferido, foi o trauma da negligência diária que despertou a agressividade de Joey: "Como se não tivesse ninguém em casa. Como se ninguém desse importância à minha história". No relacionamento pessoal de Joey, o abandono superou a intrusão.

Aqui está um rápido exercício para você saber se fez parte de uma família de abandono. Uma boa parentalidade consiste em nutrir, orientar, dar limites.[7] Então, faça a si mesmo algumas perguntas:

- Seu intelecto foi estimulado?
- Havia discussões familiares à mesa de jantar?
- Você lia com alguém?
- Seu corpo foi alimentado? Abraços? Carinhos? Alguém fazia seu prato preferido só por você gostar dele?
- Seus pais conversavam com você sobre orientação sexual? Limites? Sua entrada na vida adulta foi valorizada, até mesmo comemorada?

E agora, o grande conjunto de perguntas no âmbito emocional:

- Sua família alimentou sua vida emocional? Eles mesmos tinham uma?
- Num estado de vulnerabilidade emocional, você tinha a quem recorrer?
- Seu pai ou sua mãe lhe ensinou sobre sentimentos, como expressá-los e como não os expressar? Ou você esteve por conta própria?

Muitas pessoas com esse tipo de trauma passivo, ou negligência, pensam que tiveram infâncias boas, mas então por que têm tanta dificuldade para expressar seus sentimentos?

Então, dois pontos. Um: o trauma relacional que se repete ou é contínuo pode ser tão danoso quanto o trauma catastrófico específico. É como água numa pedra. Dois: o trauma passivo pode causar, no mínimo, tanto dano quanto a violação intrusiva.

Se você olhar para a linha horizontal da Grade Traumática verá que o trauma pode ser intrusivo, sem limites, ou pode ser de abandono, de isolamento. Se olhar para a linha vertical, verá o espectro do poder. Saúde está no centro. As interações saudáveis fazem a criança não se sentir nem superior, nem inferior a ninguém. Isso é uma autoestima saudável. Quando pensamos em trauma na infância, pensamos sobretudo em interações vergonhosas, em palavras ou comportamentos que deixam a criança se sentir menor, impotente e desamparada. Esse *abuso desempoderador* deixa aqueles que o vivenciam num estado de vergonha a vida toda, a não ser que trabalhem por uma transformação.

Por outro lado, se você alçar seu filho a um estado de superioridade, dizemos que você o está *empoderando falsamente*.[8] Se ações desempoderadoras levam a problema posteriores de vergonha, o falso empoderamento leva a problemas de grandiosidade. Como se empodera falsamente uma criança? Transforme-a no herói da família, na estrela principal, ou lhe confidencie suas reclamações sobre seu cônjuge. Pergunto a clientes: "Quais são as nove palavras mais danosas?". A resposta: *Querido, você me entende mais do que seu pai*.

Quando um pai ou uma mãe exalta a criança e ao mesmo tempo a usa, chamamos isso de *emaranhado*.[9] A energia vai da criança para o genitor, em vez de ser o contrário, que é o que deveria acontecer.[10] A criança se torna a cuidadora do pai ou da mãe, fazendo com que se sinta especial mas também sugada. O incesto é o exemplo mais extremo: "Você é tão linda, não pude resistir". Asqueroso, certo? Esse sentimento de asco vem da combinação de intrusão sexual aliada a um falso empoderamento: "Você é tão especial que tive que molestá-la".

Não é preciso exaltar ativamente uma criança para prepará-la para a grandiosidade. Uma criança pode ser falsamente empoderada através da negligência, como acontece quando são criadas por grupos de colegas, em vez de adultos apropriados para orientá-las. As crianças precisam de limites. Sua tendência natural para serem grandiosas e egoístas precisa ser amenizada por um adulto.

Quando meu filho mais velho, Justin, tinha apenas 4 ou 5 anos, convidou um colega da escola para vir brincar em casa. Vindo de Boston, terra dos Bruins, time de hóquei, meu filho começou o encontro perguntando ao garoto, "Ei, quer jogar hóquei? Que tal um pouco de hóquei? Quer pegar um taco? Sair na rua? Acertar um disco?". Depois que seu colega foi embora, o jovem Justin veio para mim e perguntou: "Você acha que ele se divertiu?".

Olhei para o rosto do meu filho, que me fitava, respirei fundo, e disse não.

Justin ficou perplexo.

– Escute, querido – me lembro de dizer –, se quiser fazer só o que quer fazer, fique sozinho. No minuto em que você deixa alguém entrar no seu mundo, precisa, no mínimo, prestar atenção ao que o outro quer fazer.

E meu menino querido olhou para mim e disse, apenas: – Muito hóquei?

Agora, vinte anos depois, estou sentado com meu cliente Chris, de 40 anos e sua esposa, Linda. O casamento deles está por um fio. Chris levou Linda ao Caribe, por quatro dias, para um merecido descanso. Segundo Linda, os quatro dias decorreram assim: "Ei, quer fazer sexo? Quer dar uns amassos? Que tal um pouco de intimidade?".

Ela se divertiu? Ela responde: – Não.

E Chris, santa paciência, fica chocado.

O que eu, como terapeuta, faço com Chris? Fácil. Conto a ele a história de Justin.

– Aquilo que fiz com Justin naquele dia tem um nome – digo a ele. – Chama-se parentalidade. É o que você merecia e não teve. Isso é negligência, Chris. Negligência emocional. Agora, você precisa se arrastar até aqui e me pagar uma nota para baixar em você um chip de sensibilidade que deveria ter sido instalado quando você tinha 3, 4, 5 anos. Sinto muito.

Algumas interações nocivas são exemplos claros de desempoderamento (*Seu merdinha!*), enquanto outras são exemplos claros de falso empoderamento (*Você é a única coisa boa da minha vida!*). Mas a maioria dos traumas relacionais empoderam e desempoderam ao mesmo tempo.

Earl, um homem gay de quase 30 anos e muito estressado, tinha um pavio curto como o pai, que com frequência gritava com ele e humilhava-o quando criança. Seu comportamento desempoderava o pequeno Earl e fazia com que se sentisse pequeno e inútil. Mas, no mesmo momento, o pai dele lhe mandava outra mensagem: "Quando você crescer e ficar bravo, é assim que um homem bravo fica". O pai empoderava o filho falsamente, demonstrando um pensamento e um comportamento grandiosos.

Então, agora, passamos a pensar em quatro formas de trauma e não em uma. O trauma poderia ser:

- *Intrusivo e desempoderador,* por exemplo, ser xingado ou agredido;
- *Intrusivo e falsamente empoderador,* por exemplo, incesto, cuidados emocionais (ao controlar um genitor);
- *De abandono e desempoderador,* por exemplo, "você é inútil", bode expiatório;
- *De abandono e falsamente empoderador,* por exemplo, "você não precisa de nós", herói.

Você continua achando que escapou de todo trauma na sua família perfeita? Talvez. Ao longo de todas as épocas, existiram famílias amorosas. Talvez a sua seja uma família aberta, comunicativa, que compartilha vulnerabilidades e emoções, que quase não fala ou se comporta com desrespeito e se desculpa com rapidez. Talvez seja uma família na qual os problemas são postos para fora e, no fim das contas, os pais detenham um poder compassivo hierárquico. Uma família em que a reparação é bem vista, e todos são bem-vindos. Talvez você tenha vindo de uma família madura, com inteligência emocional. Se sim, você é uma pessoa de sorte, pois nossa sociedade não produz muitos grupos familiares tão qualificados.

Como escreveu Liev Tolstói: "Todas as famílias felizes são iguais; cada família infeliz é infeliz à sua própria maneira".[11] As particularidades das limitações e disfunções dos seus pais se tornaram o "ambiente acolhedor" imperfeito ao qual você se ajustou.[12] Esse ajuste, essa adaptação, é sua versão particular da conscientização *você e eu*, o carimbo no seu sistema límbico da sua singular Criança Adaptável.

Quase sempre, sua Criança Adaptável representa um amálgama, uma mistura das maneiras como você reagiu à intrusão ou negligência com que se deparou. É típico resistir à intrusão ou negligência, ao mesmo tempo que a internaliza: você assimila as maneiras disfuncionais com que você e o mundo eram vistos. Essas duas forças, *reação e modelação*, se combinam para forjar sua Criança Adaptável.

REAÇÃO

Em psicologia, assim como na física, toda ação provoca uma reação igual e contrária; me mostre a impressão digital do polegar, e eu lhe contarei sobre o polegar. A mãe de Tom era intrusiva, desrespeitava seus limites, sua privacidade, até a sacralidade do seu diário. Agora, Tom evita o amor, vive entre quatro paredes. A mãe de Janie a abandonava. Mãe durona e solteira, trabalhava muito e chegava em casa cansada demais para se preocupar, deixando a filha entregue aos seus próprios recursos emocionais. Agora, Janie se agarra ao seu novo namorado como a um bote salva-vidas.

Ao olhar de novo para a Grade Traumática, quero que repare numa coisa:

Falso empoderamento

Isolado e para cima   *Sem limites e para cima*

Abandono ← **Saúde** → **Intrusão**

Isolado e para baixo   *Sem limites e para baixo*

Desempoderamento

Repare que cada forma de trauma tende a evocar uma reação oposta da Criança Adaptável. Tom tinha uma mãe intrusiva (sem limites) e agora ele se autoprotege com paredes grossas. Ele não é intrusivo com a companheira e com os filhos, é o oposto, abandona. De maneira semelhante, Janie teve pais que se isolaram; agora é uma jovem carente e ansiosa, que muito provavelmente não é negligente, e sim o oposto: intrusiva e sufocante. *Em modo reativo, nossa Criança Adaptável tende a fazer o oposto do que experimentamos.* A intrusão cria paredes. O abandono cria intrusão. Essa é nossa resistência. É esse aspecto da nossa Criança Adaptável que é desafiador e não aceitará o que nos é oferecido.

Mas a reação é apenas metade da história.

MODELAÇÃO

Enquanto a reação ao trauma tende a resistir a ele, o segundo modo de formação da Criança Adaptável, *modelação*, tende a internalizá-lo.[13] Todos fazem as duas coisas. Sempre que um jovem se depara com um trauma, reage a ele e o repete. A modelação tem elementos de identificação com o agressor. Ao modelar, você não resiste aos costumes disfuncionais da sua família, você os revive. Você se vê como era visto, internaliza um mau comportamento como normal. Assim, o exibicionismo despudorado é passado de geração em geração, até que numa delas uma pessoa tenha a sorte e a coragem de deixá-lo de lado.

Como se transforma um legado? Como ajudar a próxima geração e lhe dar padrões melhores do que aqueles com os quais você cresceu? O trabalho a ser feito é neste momento, agora, aqui. Pare, respire. Na próxima vez em que as temperaturas emocionais subirem, pergunte a si mesmo: "Em que parte minha estou agora?". A Criança Adaptável é a quem voltamos quando somos provocados. É um estado imaturo do ego, paralisado mais ou menos na idade do dano (transgressor e/ou negligente). A maioria de nós entra e sai desses estados com bastante regularidade. A maioria dos clientes com quem trabalho tem alguma experiência com seu self Adulto Sensato, a parte deles que entende relacionamentos, *nós*. Mas há outros que não estão muito cientes do Adulto Sensato que possuem, logo que nos conhecemos. Com frequência, eles veem como virtudes as características extremas da sua Criança Adaptável.

Tire um tempinho para contemplar sua própria Criança Adaptável. Pense apenas no seu relacionamento pessoal atual, não na sua relação com colegas ou filhos, e não em como você era dez anos atrás, mas em como é agora, neste determinado relacionamento. Você tende a se conduzir numa posição de superioridade, grandiosa, única ou numa posição de inferioridade, envergonhada, de desvantagem? Sua Criança Adaptável tende a ser mais perseguidora ou mais esquiva? Você consegue verbalizar sua postura disfuncional prestativa e a do seu companheiro?

No meu livro *The New Rules of Marriage* [As novas regras do casamento], identifiquei cinco estratégias perdedoras às quais a parte de uma Criança Adaptável recorrerá com naturalidade[14]:

- Estar certa
- Controlar o outro
- Praticar autoexpressão desenfreada
- Retaliar o outro
- Afastar-se do outro

Tire um tempo para verbalizar seu próprio perfil de estratégia perdedora da Criança Adaptável. Depois, experimente fazer o mesmo em relação ao seu companheiro. Quando vocês estiverem de bom humor, pode ser uma boa brincadeira de salão. Compartilhem entre si o que pensam, depois comparem as observações. O quanto vocês conhecem um ao outro?

Uma coisa que distingue a Terapia de Vida Relacional das outras formas de terapia é a atenção dedicada à grandiosidade nos casais. Por bem mais de cinquenta anos, a psicoterapia tem lutado intensamente para ajudar pessoas a se livrarem dos seus sentimentos de inferioridade e vergonha. Mas e quanto ao outro transtorno de autoestima? Até agora, temos feito um péssimo trabalho para ajudar as pessoas a superar seu senso de superioridade e grandiosidade. A superioridade e a inferioridade são dois lados da mesma moeda, a maioria das pessoas tem os dois transtornos. Na nossa cultura, tendemos a ligar os dois, vendo a grandiosidade como uma defesa contra a vergonha. Todo valentão está, na verdade, ferido por dentro. Uma noção comum é achar que, se alguém ao menos conseguisse amar e curar o cerne da sua insegurança, seus pensamentos e atitudes pretensiosos diminuiriam por si sós. Boa sorte quanto a isso. Dois tipos de pessoas sustentam uma forte crença de que amar a criança ferida que há em si curará a grandiosidade de uma pessoa: são as mulheres codependentes e os psicoterapeutas.

Essa visão, a da cura da grandiosidade indo por baixo dela até a criança ferida, me lembra os milhares de alcoólicos antes dos Alcoólicos Anônimos que definhavam nos sofás dos psicanalistas, indo às raízes dos motivos de beberem. Uma das dádivas do AA é a libertação desse mito: "Sr. Jones, o senhor bebe porque é um alcoólico. Ponto. Assim, antes de examinar seus problemas, vamos lidar com sua bebedeira". De maneira semelhante, não quero que você vá por baixo dessa grandiosidade, por cima dela ou à volta dela: "Sr. Jones, o senhor tem problemas de grandiosidade. Vamos lidar com ela por si só". Estudos mostram que metade das pessoas classificadas como narcisistas são movidas por uma vergonha interna.[15] A outra metade apenas acha que é melhor do que todos os outros. Traços grandiosos de superioridade podem ser uma escapatória a sentimentos de inadequação, mas também podem ser, simplesmente, o legado de um falso empoderamento.

FALSO EMPODERAMENTO NÃO É UM FAVOR

Quando estava no primeiro ou segundo ano, levei para casa um boletim tão ruim que fiquei petrificado ao entregar ao meu pai raivoso e, às vezes, abusivo fisicamente. Eu já estava antecipando, na escola, meu sofrimento familiar. A reação do meu pai era sempre imprevisível.

Nessa ocasião, em vez de ficar furioso, ele riu, jogou o boletim no chão e comentou com arrogância: "É só porque você é muito inteligente. Aqueles idiotas não sabem o que fazer com você!". Lembro-me das suas palavras como se fosse ontem, porque passei a infância toda me baseando nelas. Durante o ensino médio, ia às aulas só de vez em quando e ficava contente de sair com uma nota C ou D. Depois do ensino médio, passei um ano numa faculdade comunitária local para conseguir notas boas o suficiente para ser admitido na universidade estadual. E até hoje lido com brechas na minha formação.

As palavras do meu pai não fizeram nenhum favor e, na verdade, esse tipo de *falso empoderamento é uma forma de abuso*. Sim, incesto é uma forma de abuso. Confidenciar ao seu filho sobre seu casamento decepcionante também é uma forma de abuso. E transformar uma criança no herói da família – a luz de quem todos os outros dependem – é uma forma de abuso.

Se você estiver lutando com problemas de grandiosidade, ou se alguém que você ama estiver, peço que aproveite este momento, agora, e abra um pouco seu coração. Pense em si mesmo ou no seu companheiro como a criança que vocês já foram. Ninguém pede para ser preparado para a grandiosidade, é algo que acontece através de um falso empoderamento, e em geral a pessoa assume isso usando como modelo um genitor grandioso. Lembre-se, pela reação resistimos à maneira como nossa família nos via; pela modelação, nós a internalizamos.

Enquanto estagiava como terapeuta familiar, aprendi sobre legados multigeracionais.[16] Os pioneiros da terapia familiar observaram a transmissão de problemas de uma geração a outra.[17] O bisavô era um alcoólico, a avó era uma alcoólica, a mãe se casou com um alcoólico, e daí por diante. Violência, fobias e adicção a sexo parecem percorrer famílias. No entanto, só quando conheci o trabalho de Pia Mellody foi que entendi o verdadeiro mecanismo dessas transmissões: *Legados multigeracionais são passados de uma geração para a próxima através do trauma*. Quando meu pai riu e disse que meus professores eram idiotas, estava passando sua grandiosidade para mim, quer eu quisesse ou não.[18] Quando me batia de cinto, eu ainda criança pequena, estava forçando sua própria depressão e vergonha para dentro de mim, me preparando – a não ser que me empenhasse em parar com aquilo – para me comportar como ele se comportava. Quando ele ficava furioso, me desempoderava como destinatário e, ao mesmo tempo, me empoderava falsamente através da modelação.

Freud considerava todos os sintomas neuróticos acordos entre a expressão e a repressão de impulsos ilícitos.[19] Eu considero nossa Criança Adaptável acordos entre a internalização do sistema familiar em que crescemos (modelação) e a resistência a ele (reação). As particularidades da sua Criança Adaptável, sua versão singular da conscientização *você e eu*, são de modo amplo uma resposta ao seu trauma particular. Seu emocional foi negligenciado por ser tão heroico e maravilhoso que não precisava de ajuda? (Você foi abandonado e falsamente empoderado.) Seu emocional foi abandonado por não merecer o tempo dos seus pais? "Querido, deixe eu só preparar este drinque, e aí eu te ouço." (Você foi abandonado e desempoderado.) Seu pai ou sua mãe alçou você para ser a garotinha do papai ou o marido substituto da mamãe, dizendo que você era para lá de especial? (Eram intrusivos e falsamente empoderadores.) Ou eles o repreendiam e controlavam? (Eram intrusivos e desempoderadores.) Você era tratado de uma maneira por um genitor e de outra maneira por outro? Você era a princesinha do papai (intrusivo e falsamente empoderador) e a pequena rival da mamãe (intrusivo e desempoderador)?

REAÇÃO E MODELAÇÃO: COMO ELAS FUNCIONAM JUNTAS

Muitas crianças se deparam com uma reação diferente de cada genitor. Nesses casos, a criança escolhe. Devo ser um martelo como o papai ou uma bigorna resignada como a mamãe? A maioria das crianças vai se *modelar* pelo genitor com o qual se identifica – com aquele a quem se sente mais próxima (nem sempre o genitor do mesmo sexo) – e *reagir* ao outro genitor em muitas maneiras iguais ao que faz o cônjuge desse genitor.

Quando menino, Ryan tinha uma mãe intrusiva e um pai passivo e reservado. Ele aprendeu a reagir às tentativas de controle da mãe, exercendo uma resistência passiva, igual fazia o pai. *Reagia* às intrusões da mãe *modelando* seu comportamento pelo do pai. Agora, adulto, por instinto ele "repele" as tentativas de proximidade da companheira, confundindo-as com intrusão. Vê a parceira pelas lentes de um emaranhado com a mãe e reage – quase sempre de maneira inconsciente – com as táticas do seu modelo, o pai. Em geral, esse duplo impacto forma os contornos da Criança Adaptável, resistência pela reação, internalização pela modelação.

Se vivêssemos sempre na conscientização *você e eu*, nos sairíamos bem no âmbito público, mas seríamos miseráveis nos nossos relacionamentos pessoais. Por sorte, vamos além disso. Desde o primeiro momento do meu encontro com um novo cliente, minha tarefa é chegar através da defensividade, da retidão, dos medos da Criança Adaptável, e me conectar com seu Adulto Sensato, despertar seu *nós*. O difícil aqui é que apenas nossa parte do Adulto Sensato quer ser íntima. Nossa Criança Adaptável sempre escolhe a autoproteção à vulnerabilidade de vínculo. Então, com qual parte sua estou falando nesse momento? Qual parte sua está lendo isto?

Digo aos meus clientes que, sempre que uma das suas crianças internas começa a dar problema, deveriam colocá-la no colo, envolvê-la nos braços, escutar com compaixão o que ela precisa dizer e *tirar as mãos grudentas dela do volante*. Ela não está dirigindo o ônibus; você está, o córtex pré-frontal, o Adulto Sensato.

Quando minha esposa, Belinda, vem até mim nervosa, pego minha Criança Adaptável, o pequeno Terry de 8 anos, e na minha imaginação coloco-o atrás de mim, do meu corpo, onde possa se agarrar na minha camisa. Faço um acordo com meu self mais novo. Digo a ele: "Pode ficar aí atrás, eu te protejo. Como o Superman enfrentando a explosão com sua capa aberta, vou enfrentar o impacto do nervosismo de Belinda". Assim, a mágoa e a raiva dela precisarão passar por mim, pelas minhas costas fortes, para chegar à minha Criança Adaptável. "Minha parte do acordo é: vou te proteger. Agora, aqui está sua parte: deixe-me lidar com Belinda. Não tente fazer isso, está bem? Você vai criar confusão. Posso lidar com ela melhor do que você."

Caso você ache a conversa imaginária com sua criança interna um pouco melada, por favor, lembre-se que uma criança imaginada, ou mesmo personificada, não é nada mais do que o estado traumatizado e reativo do ego, formado mais ou menos na idade que você tinha quando ocorreu o dano. É a personificação de seu ponto de desenvolvimento interrompido. O trauma não é lembrado com precisão, é revivido. Um homem adulto, cuja esposa está gritando, não se lembra do menino surrado de 11 anos que ele já foi; em vez disso, a gritaria reativa o trauma. Ensinar alguém a trabalhar com sua criança interior quando está acionada é um método útil, de fácil compreensão para lidar com seus estados ativados de trauma. Cultivar uma prática contínua de reconhecimento desses estados (dessa criança em nós), e trabalhar com eles, tem o poder de transformar indivíduos e seus relacionamentos.

Em alguns momentos, nossos companheiros estão de acordo e fazem sua parte do trabalho. Em outros, nos sentimos muito sozinhos ao fazer valer nossa maturidade conquistada com muito empenho. Nosso companheiro fica na dele, durante certo tempo, dominado por completo pela sua própria Criança Adaptável, sem demonstrar qualquer interesse em se conectar. Adoraria poder dizer que, nesses momentos dolorosos, procurar apoio social trará sabedoria e amparo, como aconteceria em algumas culturas tradicionais. Mas acho que nossa sociedade é bastante individualista e está mais suscetível a apoiar a Criança Adaptável do que qualquer impulso sensato para a intimidade.

A sociedade ocidental tem sido individualista há séculos, a começar com o início da Renascença. Aquela intensa inclinação para o individual, para longe dos relacionamentos, predomina na psicoterapia e, de fato, em todas as abordagens de crescimento pessoal e desenvolvimento. Desde os primórdios do movimento de crescimento pessoal, na década de 1970, o significado é de crescimento *pessoal*, não crescimento *relacional*. Até agora, na nossa discussão, focamos o contexto desenvolvimentista e familiar de danos e adaptação.

Vamos recuar por um momento e considerar nossa sociedade narcisista, individualista.[20] Quando, onde e como todos nós, no coletivo, demos as costas para a relacionalidade? Quando nós, como grupo, começamos a privilegiar as habilidades individualistas do nosso hemisfério esquerdo à sabedoria relacional intuitiva do nosso hemisfério direito? A ideia do individual – assim como qualquer outra ideia – tem um lugar, uma história. Ela oferece muitas dádivas, mas também muitos problemas. A imagem mítica do caubói que sai em cavalgada ao pôr do sol com nada além do seu revólver e seu cavalo pode ser linda à sua maneira, mas é bastante discordante, até atávica, na vida moderna.

Até aqui na nossa discussão, olhamos as forças familiares e de desenvolvimento que forjam a conscientização *você e eu*, nossa Criança Adaptável. Agora, vamos dar uma olhada na parte cultural para entender por que é tão difícil manter uma relacionalidade capacitada num mundo combativamente antirrelacional, inabilitado, individualista.

4
O INDIVIDUALISTA EM CASA

— Estamos empacados — Brit me diz, assim que começa nossa primeira sessão. Branca, 40 e poucos anos, tem a estrutura de um valentão musculoso e quadrado. Sua cabeça pende um pouco para frente, como se estivesse resistindo a um vento contrário. — Três terapeutas, e estamos mais infelizes do que nunca.

Seu marido, Jim, também branco, alto e bonito, se recosta na cadeira. Cruza as pernas longas, vestidas com elegância, parecendo em cada centímetro o privilegiado cavalheiro do estado da Carolina do Sul, que de fato é.

— Acabamos presos na mesma maldita espiral toda vez — ele diz. — É muito irritante.

— É um pesadelo — Brit acrescenta, aumentando a intensidade.

— Tudo bem. Me contem — digo.

— O que você prefere? — Brit pergunta com um sorriso largo e convidativo. — A teoria crítica de raça, ou prefere falar de fraldas?

— Porque é a mesma coisa, não? — suponho.

— Tudo é a mesma coisa — ela diz, exasperada.

Dou uma olhada em Jim, que escuta com atenção.

— Tudo bem, vamos começar pelas fraldas — digo a Brit.

— Ele não troca fraldas. Não toca nelas — diz.

— Bom, eu... — Jim começa, desviando os olhos.

— Você... — começo.

— Estou dizendo "nunca" — Brit responde por ele. — Nem uma vez. Nem mesmo quando a esposa estava doente, com uma maldita *febre*.

— Olhe, querida...

— Nem quando achamos que eu estava com Covid — ela segue em frente, aumentando a voz.

Jim fica com o rosto impassível.

— Como é escutar isso? — pergunto a ele, por fim.

— Bom, senhor, já escutei isso antes — responde.

— Essa não é bem uma resposta à minha pergunta — insisto.

Agora, ele se vira para mim, um olhar duro. — Já escutei isso antes — repete, enfatizando —, digamos que *muitas vezes*.

E começo a percebê-lo, como ele se defende — seu "jeitão", como diria meu pai. Quero bater nele. Conseguir algo diferente daquele rosto impassível, vagamente belicoso, resignado, uma rotina de coitadinho bem caluniado, em que ele parece ter tanta prática.

— Posso? — ele me pergunta, sem necessidade.

— Claro, vá em frente.

— Olhe — ele explica. — É, nós temos duas crianças pequenas, e elas podem ser cansativas, não há dúvida. Mas não somos desprovidos de recursos. Moramos numa casa grande. A Brit pode ter toda ajuda que uma pessoa poderia querer. Só não me peça...

— Esse homem doce e querido — Brit confidencia — simplesmente diz que não sabe lidar com bebês.

Jim sorri com timidez. — Eu não consigo me relacionar — ele me conta. — Quando eles forem mais velhos, tudo bem, mas agora... bebês. É provável que eu deixe um daqueles pivetes agitados cair e esmague ele.

— Nem um pouco provável, querido — ela o contradiz, embora sem convicção, como se já não esperasse ser ouvida e já passasse da época de se magoar com isso. — Jim é das antigas, um cara macho, um bom garoto. Não tem nada de conscientização nesse homem.

Jim bufa, divertido.

– Ele entrou nos dormitórios da Universidade Harvard carregando equipamento de pesca e um rifle. "Ninguém caça nem pesca por aqui?" – ela caçoa.

– Por que Harvard? – pergunto a Jim. – Eu teria imaginado Duke ou...

– Eu queria alargar meus horizontes – ele também apresenta um largo sorriso, embora sua expressão permaneça mais tensa do que a de Brit. – Ver como vive a outra metade. – Ele quase pisca, gesticulando com o polegar para cima, como se dissesse: "Sabe, aquela outra metade, lá do norte". Depois, se vira para a esposa, coloca a mão sobre sua perna, de maneira amigável, proprietária. – Em vez disso, trouxe comigo um pouco do norte – diz, ainda sorrindo.

Brit pega a deixa. – Você poderia pensar que isso é tensão entre republicanos e democratas – ela diz, sorrindo com tristeza para o marido –, mas, ah, caramba, na verdade tem mais a ver com os confederados.

– Como na teoria crítica de raça? – suponho.

– Ora, só não gosto que alguém fale mal dos Estados Unidos – Jim avisa.

– Ou seja – Brit interrompe –, qualquer um que se lembre de que escravizamos milhões de pessoas por centenas de anos...

– Não estou negando a história – Jim se controla de leve.

– ...e de que o racismo estrutural permeia praticamente tudo.

– É aí que vemos as coisas de um jeito um pouco diferente – ele diz.

E então, um tanto para minha decepção, os dois apenas param, o que é, sem dúvida, uma recriação do que eles fazem a sós. Ficamos os três sentados por alguns minutos constrangedores, num silêncio abrupto e pesado. Fico me perguntando o que fazer e decido perguntar: – É assim que acontece em casa?

Eles erguem os olhos.

– Vocês brigam assim e de repente param de falar? – pergunto.

– Cada um vai para o seu canto – Jim diz.

– E desprezamos um ao outro – Brit acrescenta, prestativa.

Nenhum deles olha para o outro, nem para mim, a propósito.

– Tenho o direito de ser tratado com civilidade – Jim resmunga, taciturno e ressentido, para ninguém em especial, algum júri invisível em alguma parte.

– E eu tenho o direito de me expressar. De que adianta se a gente não puder ser honesto um com o outro? – Brit devolve.

INDIVIDUALISMO: RESISTENTE E ROMÂNTICO

A força que deforma e até ameaça o casamento de Jim e Brit não é nada menos do que a cultura do individualismo. E não apenas o individualismo em si, mas duas versões distintas, e em alguns aspectos contraditórias, de individualismo. Jim é o que chamo de um *individualista inflexível*.[1] Seu tipo de individualismo vem direto da filosofia da era do Iluminismo, dos textos de Thomas Hobbes e John Locke, as mesmas raízes filosóficas da Revolução Norte-Americana e, logo depois dela, da Revolução Francesa. A doutrina do direito divino dos reis desapareceu para sempre e foi substituída pela ideia de um contrato social, em que o governo deveria servir as pessoas, e não o contrário. E, por *pessoas*, esses autores queriam dizer uma unidade que não havia existido em épocas anteriores – o indivíduo autônomo, autodeterminado.[2]

Uma pessoa. E não qualquer pessoa, mas uma nascida com certos "direitos inalienáveis". "Vida, liberdade, a busca da felicidade", esses e outros, como estão representados na Declaração de Independência dos Estados Unidos e na Declaração Francesa dos Direitos do Homem e dos Cidadãos. Em épocas anteriores, esses direitos, na verdade, a própria pessoalidade de alguém, não haviam sido dados.

Segundo um dos primeiros e maiores observadores da democracia moderna, o aristocrata francês Alexis de Tocqueville, "a aristocracia liga todos, do camponês ao rei, numa longa cadeia. A democracia quebra a cadeia e libera cada elo".[3] Uma vez que cada elo – quer dizer, cada "homem", uma vez que as mulheres não estavam incluídas nessas democracias – é livre, o que, de fato, está livre para fazer?⁴ Bom, ele está livre para seguir "seu próprio bem, à sua própria maneira". Mas guiado por qual princípio? Qual moralidade?

O Iluminismo varreu para longe a autoridade vinda da fé, introduzindo os novos deuses da razão, da ciência e do empirismo – e criou o indivíduo como uma unidade política, o individualista independente inflexível. Logo depois disso, uma segunda onda de individualismo surgiu na Alemanha e se espalhou pela Europa.⁵ Enquanto a maioria dos pensadores iluministas enfatizou o abstrato e o geral, esse novo movimento enfatizou o particular e o pessoal. O grupo conhecido como Classicistas de Weimar, conduzido pela figura imponente de Johann Wolfgang von Goethe, introduziu um novo tipo de individualismo que era emocional, em vez de racional; artístico, em vez de científico. Tinha início o período do individualista romântico.⁶ Eis Goethe: "Tudo que é vivo tende à cor, à individualidade, à especificidade, à efetividade e à opacidade. Tudo que é feito com vida tende ao conhecimento, à abstração, à generalidade".⁷

A estética romântica surgiu como um desafio do lado direito do cérebro à lógica implacável, inumana, do hemisfério esquerdo. Na França, em fábricas de cola, por exemplo, cavalos prestes a serem derretidos eram de fato dilacerados ainda vivos.⁸ Os gritos dos animais eram descartados como meras exalações de ar e gás dentro dos corpos retalhados. Talvez o mais cerebral de todos os filósofos modernos, René Descartes havia provado por meio da lógica que os humanos eram os únicos seres sensíveis, e, portanto, era impossível que esses animais estivessem mesmo sentindo alguma coisa.

Se o indivíduo iluminista *pensava*, o indivíduo romântico *sentia*. Um novo modelo ideal⁹ surgiu no romance de Goethe, em 1774, *Os sofrimentos do jovem Werther*, o homem de sentimento profundo, de *sensibilidade*.¹⁰ Individualistas inflexíveis, como Jim, acreditam no código do individualismo, na afirmação dos direitos inalienáveis da pessoa. No entanto, os individualistas românticos, como Brit, não são movidos pelo individualismo, e sim pela expressão singular da individualidade, considerando e manifestando o "talento" individual singular de uma pessoa.¹¹ Na linguagem atual, a pessoa que quer descobrir e expressar a própria "voz".¹²

*

O que tudo isso tem a ver com o dilema de Jim e Brit em relação a fraldas?

Enquanto os escuto, penso que, quando homens da geração do meu pai erguiam a bandeira "Não me relaciono com bebês", a grande maioria tinha passe livre. Mas há anos eu não ouvia um homem tentar usar essa desculpa para a falta de envolvimento. Fico pensando, poderia ser em parte regional: talvez a liberal Massachusetts não produza tantos bons garotos como a Carolina do Sul. Mas estou acostumado a trabalhar com clientes de todo canto. Quando Jim se recusou a ajudar sua necessitada companheira, estava se posicionando pelos seus direitos como indivíduo, tendo ou não exposto dessa maneira, retrocedendo para o que vivenciava como uma intrusão à sua liberdade de ser deixado em paz – como se atender às necessidades da sua família fosse uma imposição. De certo modo, no mundo de Jim, Brit tinha ocupado o lugar de um governo centralizador, enquanto ele se abrigava na ala mais radical do partido. E pode ser difícil conviver assim.

Depois, tem o problema da varanda. A casa de Jim e Brit, em Charleston, fica numa colina perto de um porto; na época de furacões, o imóvel sofre muito e há inúmeros rasgos nas telas das janelas. Brit pediu a Jim para cuidar disso. Jim, que é habilidoso, poderia consertar os buracos, mas em vez disso prefere esperar a chegada da sua encomenda de aço de alta qualidade e assim poder entelar de novo toda a sala de uma vez só. É evidente que ele não se importa de esperar. Parece que os mosquitos não o afetam nem é claro, o fato de sua esposa estar coberta de picadas e arranhões vermelhos. Como as telas da varanda não oferecem proteção para insetos, Brit pediu a Jim que, até que ele conserte o local, entre e saia da casa apenas pela porta lateral, longe dali. Ele prometeu atender a esse pedido, mas "simplesmente esquece" – sempre.

Decido que está na hora de mergulhar na infância de Jim. E tenho uma suspeita. Se fosse um filme, chamaria de "Jim faz o que bem entende".

– Jim, você tem alguma teoria sobre por que diz à sua esposa que vai fazer uma coisa, como tirar os sapatos ou apenas usar a porta lateral, e depois isso desaparece da sua cabeça? Você é um homem inteligente. O que acontece?

Ele dá de ombros, não muito motivado. Sua displicência comigo ecoa a descrição de Brit do seu estilo em casa: uma espécie de negligência paternal benigna, uma rejeição calorosa, de bom coração, aérea.

Naquele momento, se eu não estivesse presente, Brit teria ido atrás dele, tentando arrancar uma resposta. Ela ainda não entende que não se consegue que uma pessoa se abra atacando-a. Brit é o exemplo de pessoa que, quando fica zangada, não para de reclamar. Ela foi vítima da terceira estratégia perdedora: autoexpressão desenfreada. "Hoje você fez isso. Uma semana atrás, você fez a mesma maldita coisa. No ano passado, você fez uma de doer. Estou magoada. Estou arrasada. Você sempre... Você nunca..."[13]

Penso que ambos são grandiosos à sua própria maneira, ele de modo passivo, ela de forma mais aberta. Minha esposa costuma dizer: "Tome cuidado com homens 'simpáticos' que têm esposas 'irritantes'. Eles são de doer". Gritar, berrar, dizer palavrões, culpar e envergonhar são todas violações relacionais, mas também é violação se comprometer e nunca cumprir, como Jim faz. Esse é um padrão comum para muitos casais héteros em que o homem é passivo-agressivo e a mulher é muito explosiva.

De maneira geral, as mulheres grandiosas são ainda mais difíceis de tratar do que os homens grandiosos. Nem sempre, mas com bastante frequência, elas são bem agressivas, colocando-se na posição de vítima: "Você me magoou, então não tenho vergonha nem escrúpulo em te magoar em dobro porque, afinal de contas, sou vítima sua".[14] Com frequência, as mulheres grandiosas vestem o papel de vítima raivosa, um anjo vingador indignado. Elas são difíceis para o trabalho de um terapeuta porque, a não ser que ele aja com muito cuidado, confrontar uma mulher grandiosa pode muito bem torná-lo o novo vitimizador.

É muito comum eu confrontar os homens grandiosos de forma bem direta. "Você é um abusador verbal", posso dizer.

"Gritar, berrar, envergonhar alguém são todas formas de abuso verbal. Que tal ouvir isso?" Mas com uma mulher tendo a ser menos direto. Lembre-se, qualquer idiota pode criticar seu cliente com verdade e dureza, mas um terapeuta, que *se achega através da verdade*, leva o cliente junto, ajuda-o a ver onde ele se desviou do caminho. Para aceitar a confrontação do terapeuta, o cliente precisa sentir que ele está do seu lado. É isso o que significa *se achegar a ele*.[15] E a melhor maneira de um terapeuta ajudar uma cliente grandiosa a se sentir ouvida é provar sua utilidade enfrentando seu companheiro.

Volto minha atenção para Jim.

Jim faz o que quer

— Como foi a infância para você? – pergunto a Jim. – Você era a estrela, o herói?

— Não sei...

— Ou o rebelde – continuo. – Poderia ser uma coisa ou outra.

— Nunca pensei muito...

— O ponto é, Jim, em grande parte você fazia quase tudo o que tinha vontade?

Ele olha para mim.

— Em casa. Na infância – acrescento.

— Bom... não – ele gagueja, depois de pensar um pouco. – Na verdade, na minha casa eles eram muito rígidos. Meus pais eram muito religiosos.

— Onde foi isso? – pergunto.

— Em Charleston – Brit interfere. – Ele assumiu o negócio da família. Tem se saído muitíssimo bem.

— Evangélicos? – pergunto, continuando com Jim.

De novo, o olhar.

— Renascidos?

— É – ele diz –, e rigorosos.

— E preconceituosos – Brit diz.

Jim faz uma leve careta. – Claro, eram pessoas de outra geração, mas não eram malucos como hoje em dia. Sabe, eles não acreditavam que os democratas vendiam crianças.

– Mas eram rígidos como pais?

– Eram.

– Um mais do que o outro?

– Meu pai ficava mais na retaguarda. Minha mãe era mais no corpo a corpo.

– Como assim?

– Ah, o normal, imagino – ele diz, com arrogância. – Gritando, jogando coisas, batendo...

– Ela batia em você?

Ele confirma com a cabeça.

– Com o quê?

Ele me olha apático, por um segundo, depois se faz presente. – Qualquer coisa, cinto, vara, sapato – ele parece um pouco abalado.

– Está sentindo alguma coisa?

Ele sacode a cabeça. – Vá em frente – me induz, cansado, impaciente.

– E seu pai? Por que ele não te protegia?

– Ele ficava fora. Entre o trabalho, a igreja e os amigos. Era esperto, ficava longe. Às vezes a gente saía junto para pescar.

– E quando ele estava em casa?

– Ele apenas se desligava – Jim me conta. – Desligava-se de tudo aquilo.

Tudo aquilo, penso, *inclusive do garotinho*. – Ele bebia?

– Na verdade, não.

– Usava drogas?

– Não.

Inclino-me para Jim, e nos encaramos por um momento. – Ele te deixou com a batata quente – digo a ele. – Deixou que você lidasse sozinho com sua mãe.

– Ah, foi muito pior do que isso – ele concorda, com aquele sorriso tenso.

– Como assim?

— Ah, tenha *dó* – ele faz uma careta. — O terapeuta é você. Espero.

— Sim, ele me deu a ela de bandeja, mas também me ensinou, não foi? Me ensinou a lidar com ela.

— O que significa? – incito.

— Dar a ela bastante espaço, mentir sempre que fosse preciso, afivelar um sorriso falso sem nunca desistir por dentro. — Ele me olha, parecendo, ao mesmo tempo, condescendente e desesperado. — Está entendendo? – acrescenta, sem graça.

— As mesmas estratégias que você usa, hoje, no seu casamento.

Ele confirma e começa a se complicar. — Sim, em reação ao mesmo tipo de atitude irracional, exigente...

— Jim, espere aí – digo, erguendo a mão para que ele pare.

À minha esquerda, Brit se eriça e então, depois que eu o interrompo, se acalma de novo, hesitante.

— Então, Jim, vou te fazer algumas perguntas, para as quais imagino que nós dois sabemos a resposta – digo. — Em primeiro lugar, como você reage quando Brit reclama de você? – Mais arrepios vindos do canto. — Quando ela diz que está infeliz – me corrijo.

— Bom – ele abaixa o olhar. — No início, tento ser razoável...

Brit interrompe. — É mesmo? – ela diz de um jeito desagradável. — E quando você fica na defensiva, age como se eu fosse uma má esposa por te incomodar, como se eu não valorizasse a ótima vida que você proporciona para mim e para as crianças, o que é verdade, e, sim, somos todos gratos. Mas não é esse o ponto.

— Não tenho certeza – Jim pigarreia, meio resmungando – se existe um ponto!

— Ah, é disso que estou falando! – Brit grita. — Superior, desqualificando, sarcástico – ela vai ganhando terreno. — Essa... Essa *merda* passivo-agressiva!

— Tudo bem, Brit – tento acalmá-la.

— Não, na verdade não está tudo bem. — Ela solta as amarras.

— E sabe o que de fato, na verdade, não está bem?

— Escutar suas críticas noite e dia? – intervém Jim.

— Jesus! – Brit parece apoplética.

— Sabe, posso tentar ajudá-la – digo a Jim. – Mas você precisa parar de desrespeitá-la.

— Desrespeitá-la... Eu não estou...

— Você está discutindo com ela – digo. – Em vez de escutar, você está...

— Não tenho certeza se eu...

— E agora você vai discutir comigo sobre discutir com ela?

Jim se descontrola, mas depois relaxa, olha para mim e sorri.

— Posso te ensinar a desarmá-la e ser o sujeito gentil e compassivo que sei que você é, tudo ao mesmo tempo. Te interessa?

— Claro – ele diz, ainda com o mesmo sorriso afivelado.

MAS E QUANTO A MIM?

Jim e Brit estão presos num circuito sem fim porque estão pensando em si mesmos como indivíduos, e não como uma dupla. Jim não escuta Brit; de modo passivo-agressivo, ele se recusa a fazer o que ela pede, porque, assim como seu pai antes dele, é alérgico a ser controlado pela mulher ou por qualquer pessoa. Quer admita em voz alta, ou só para si mesmo, seu lema poderia ser: "Não pise em mim" ou talvez "Viva livre ou morra". Mas é difícil viver com um homem cujo lema poderia ser uma frase de caminhão. É possível que para ele seja difícil ver dessa maneira, mas, assim como para todos os individualistas resistentes, as principais preocupações de Jim são seus direitos, sua liberdade. Ele troca, ou não troca, fraldas quando quer. Passa por qualquer maldita porta que quiser. Está imerso no individualismo político inflexível do Iluminismo. Não gosta que lhe digam que precisa usar máscara, detesta que o governo centralizador gaste seu dinheiro e não gosta muito que a esposa lhe ensine como se comportar. O que importa para Jim é justiça, e ao seu ver ele está sendo tratado de forma injusta. Por que Brit não pode apenas se descontrair e aproveitar os frutos do trabalho dele? E a conta bancária dele?

— Você tem consciência de que ainda está discutindo? Posso te mostrar outra maneira? – Inclino-me para trás e olho para Brit.

– Escolha alguma coisa para conversar, alguma coisa que esteja te deixando infeliz, alguma coisa pequena – digo. – De poucas proporções.

– Quero dinheiro – Brit diz. – Muito.

Ai, minha nossa. Que beleza, penso.

– Quero meu próprio dinheiro. E quero construir um ateliê de arte.

Para minha surpresa, Jim não fica defensivo, desdenhoso nem argumentativo. Olha para mim e sorri. Para se antecipar na função de terapeuta, ele pergunta: – Me diga, o que significa para você ter seu próprio dinheiro? O que ter seu próprio ateliê faria por você?

Muito bem, Jim! penso. *Bom saber que você consegue demonstrar alguma curiosidade.*

– Olhe – ela prossegue. – Tenho que recorrer a você para qualquer coisa, grande ou pequena. Você olha meus comprovantes de cartões de crédito.

Você está exagerando, penso. – Brit, me dá licença? – interfiro.

– Claro – responde.

– Tudo bem, ouça, posso te orientar? Ele não te convidou a reclamar sobre o que *não ter* seu próprio dinheiro faz com você. Ele perguntou o que ter *faria*. Percebe o que quero dizer?

Ela acena a cabeça sem grande convicção.

– Ótimo – digo. – Tente se manter no lado positivo, não no que ele fez de errado, mas no que poderia parecer certo.

Ela para, pensa, depois olha para mim e sorri. – Acabei de reparar que é muito mais fácil dizer o que eu não quero do que o que quero.

Rimos um pouco. – E mais difícil ainda é conseguir o que quer e se permitir recebê-lo – conto a ela.

Como Jim é um individualista inflexível ferrenho, Brit, sendo uma individualista romântica passional, também está embebida na missão de expressar seu self singular. Se, para Jim, o valor que supera o relacionamento é a sagrada liberdade do indivíduo, para Brit, o valor absoluto é o ideal romântico da autoexpressão, da autenticidade, de ser "verdadeira consigo mesma".

Para individualistas inflexíveis, como Jim, o grande medo é a limitação da liberdade pessoal. Mas os individualistas românticos, como Brit, querem mais do que simples liberdade; eles se sentem no direito de demonstrar, de manifestar todo o seu potencial. O que repercute para eles não é tanto o individualismo, mas a noção de individualidade – o talento de alguém, a chancela singular, o estado de espírito, sua personalidade.[16] O pesadelo do individualista inflexível é ser dominado; o grande medo do individualista romântico é o da conformidade forçada, ser desligado e abafado, perder a voz.[17]

Como individualista inflexível, Jim afirma seu direito fundamental de não ser perturbado, de buscar seu melhor à sua maneira, quer isso inclua, quer não inclua fraldas. Como individualista romântica, Brit está empenhada em se encontrar, bem como em exercitar seu direito fundamental de deixar Jim saber, ao vivo e em cores, como ela se sente em relação a quase tudo. Ambos defendem seus direitos com afinco, não pensando muito no todo. O que nos leva a um fato histórico fundamental: em séculos anteriores, não importa o tipo de individualista que você fosse, inflexível ou romântico, antes de mais nada, a capacidade de se conceber como um indivíduo significava que você era branco, do sexo masculino e rico. Mulheres e crianças não eram indivíduos. Pessoas escravizadas, pobres, ou não brancas, nenhuma delas era indivíduo. Na época da concepção da ideia, o termo "indivíduo" era sinônimo de "senhorio".[18]

ALHEAMENTO PRIVILEGIADO

Jim não se vê como membro de um clube exclusivo. Acredita, com pouca hesitação, que todos os norte-americanos deveriam ter igualdade de condições. Também acredita que, de modo geral, eles têm. Muitos homens que compartilham o tipo de individualismo inflexível de Jim estão sujeitos ao que chamo de *alheamento privilegiado*. Como a maioria dos individualistas inflexíveis, ele simplesmente não registra a existência dos excluídos. Vendo-se como "autônomo", não nota sua dependência da empregada latina que prepara as refeições da família, do jardineiro afro-americano que cuida das flores ou do "imigrante" que varre sua rua. Jim gosta das pessoas que trabalham para ele; trata-os bem, até com consideração, mas não os registra como indivíduos. Não se permite perceber sua dependência deles ou as forças cotidianas de opressão com as quais eles lutam. Quando corre pelo bairro, sem pensar em ser detido ou alvejado pela polícia, não registra seu exercício como um exemplo de privilégio branco.

Como deixa claro nas sessões subsequentes, Jim vê a sociedade como uma meritocracia. Você pode se erguer por méritos próprios. O melhor sempre se sobressai; se você tem sucesso, é porque mereceu. E, se não tem sucesso, é por causa de alguma falha interna – uma falta de energia, de inteligência ou de outra capacidade. Homens como Jim acreditam no que ele chamaria de sonho americano – o mito do homem empreendedor, como se todos partíssemos em pé de igualdade, como se problemas de sexismo, racismo, classicismo pudessem, e devessem, ser superados apenas pela vontade da pessoa.[19] Ele não é um liberal de coração mole.

Com toda a sua emotividade, a individualista romântica Brit de fato possui um coração mole. O batalhador, o marginalizado, sim, ela terá empatia por ele, "sentirá sua dor". Mas, neurologicamente, como observou o biólogo Robert Sapolsky, a resposta empática e a resposta ativa são dois circuitos fisiológicos muito diferentes e distintos.[20] Embora Brit se identifique profundamente com o sofrimento dos menos privilegiados, não significa que ela de fato vá fazer grande coisa a respeito. Durante anos, progressistas, como Brit, têm sido embalados pela complacência. A maioria deduziu que estávamos a caminho da igualdade social – talvez não perfeita, mas avançando o bastante para levar um negro à Casa Branca, apoiar os direitos das mulheres, reconhecer o casamento gay. Então, veio 2016. E não apenas nos Estados Unidos, mas por todo o mundo, chega o nacionalismo autoritário, o racismo e a xenofobia – Trump, é claro, assim como Boris Johnson, Viktor

Orbán, Recep Tayyip Erdoğan, uma direita ressurgente na Alemanha e a supremacia branca nos Estados Unidos.

Seria tentador dizer que o individualismo inflexível e político do Iluminismo se tornou a direita moderna, ao passo que o individualismo romântico expressivo se tornou a esquerda moderna. Seria correto, em parte. A relutância de Jim em usar uma máscara durante a pandemia é um exemplo da confluência dos seus "direitos" e da "direita" política. No entanto, alinhar o individualismo romântico com a esquerda política é menos claro. A celebração da individualidade na comunidade LGBTQIAPN+, por exemplo, e o empoderamento feminino são fáceis de ver.

Outras semelhanças entre o indivíduo expressivo romântico e a esquerda política são seu desdém comum por conformidade e seu prazer na rebelião. Contudo, o desenvolvimento da individualidade pessoal não é uma preocupação partilhada. O individualismo romântico expressivo não se alinha com exatidão à esquerda política porque diz respeito ao self, e não ao coletivo. Nem Jim nem Brit veem sua realização como resultante de um envolvimento com a comunidade, além do seu grupo privilegiado. Nenhum deles olha para o entorno, para encarar e incluir os marginalizados, os despossuídos.

O TRIUNFO DA TERAPÊUTICA[21]

No meu período de vida, a década de 1960 viu a ascensão de um individualismo romântico expressivo contra a conformidade e o embrutecimento do individualismo inflexível da geração anterior. Para aqueles contrários à impopular guerra do Vietnã, e à ameaça de alistamento universal, a missão de se expressar caminhou de mãos dadas com uma crítica política da sociedade. Depois, a guerra acabou e o exército voluntário visou os pobres e as minorias, deixando os privilegiados em paz.

Ao mesmo tempo, minha geração se desviou por completo dos interesses coletivos para os interesses individuais. O desenvolvimento pessoal, o *Bildung* pessoal, como os individualistas românticos alemães chamariam, passou a ser o valor primordial.[22] Veja a ascensão do movimento de autoajuda, a popularidade dos líderes "motivacionais", tão distintos quanto Werner Erhard, Tony Robbins e John Bradshaw, o surgimento da psicoterapia, os vários programas de doze passos. O foco da minha geração mudou da ação social para o crescimento pessoal. E crescimento pessoal é crescimento *pessoal*, não crescimento relacional. Perguntei para plateias ao redor do mundo: "Qual é o valor compartilhado pela cultura predominante e por praticamente todos os chamados movimentos de contracultura?". Resposta: a prevalência do individual.

Como vários sociólogos e observadores culturais têm notado, o individualismo político do Iluminismo se tornou a direita moderna, enquanto o individualismo romântico expressivo se tornou... a terapêutica.[23] A esquerda sempre surgiu de interesses coletivos, direitos trabalhistas, direitos civis, direitos das mulheres. Por contraste, o crescimento pessoal é crescimento pessoal, não crescimento coletivo – como se pudéssemos de fato nos realizar como indivíduos num contexto social que nega aquele mesmo direito a tantos. Sob esse aspecto, as narrativas individualistas – dos dois tipos, inflexível e romântica – nos conduzem para longe dos interesses coletivos e da ação coletiva. Como coloca o sociólogo Robert Bellah:

> Na ausência de algum critério objetivo de certo e errado, bom e ruim, o self e seus sentimentos passam a ser nosso guia moral. A ação correta é aquela que gera ao agente o desafio mais excitante ou o melhor sentimento sobre si próprio... A utilidade substitui o dever; a autoexpressão destitui a autoridade. "Ser bom" passa a ser "sentir-se bem".[24]

Dessa maneira, a cultura do individualismo minimiza a desigualdade social e coloca a preocupação central da pessoa em si mesma, justificando e servindo, dessa maneira, o *status quo*. Como tem acontecido há séculos.

ESCOLHENDO O BEM COMUM

Como podemos reconciliar o individualismo com o bem coletivo? Os historiadores nos contam que, pelo menos no início da democracia norte-americana, as pessoas passavam a vida nem de forma egoísta nem de maneira nacionalista. Antes da industrialização, a vida era dominada pelos costumes das pequenas cidades, aldeias e fazendas, o que um historiador chama de *comunalismo local* ou *coletivismo num grupo menor*.²⁵ Vivendo frente a frente com seus vizinhos, as pessoas se lembram, com mais facilidade, de que, como disse Thomas Paine, "o bem público não é um termo oposto ao bem dos indivíduos. Pelo contrário, é o bem de todos os indivíduos reunidos. É o bem de todos".²⁶

A conscientização do *nós* poderia, de fato, ser mais fácil de alcançar numa comunidade local, em que a pessoa interagia diariamente com vizinhos. Mas a Revolução Industrial e os centros urbanos florescentes fragmentaram esse imediatismo. É difícil manter o discernimento de que é impossível a pessoa se perceber por inteiro como uma ilha agora quando tantos estão isolados. Os homens de hoje, assim como Jim, homens das antigas, homens que aderem tanto ao amor explícito pela liberdade quanto aos privilégios dissimulados da sua casta, estão sendo desafiados como nunca. Agora as crianças insistem nas próprias trajetórias, e mulheres como Brit exigem mais – mais opinião, mais voz, mais democracia. Ir além da conscientização do *você e eu*, além da Criança Adaptável, além do individualismo, significa se mover além de séculos de patriarcado, privilégio masculino, racismo, privilégio branco, xenofobia e homofobia.

Jim poderia ter se entrincheirado, jogado o jogo do poder, talvez até feito valer sua vontade, mas, no final, foi esperto o suficiente para perceber o custo e flexível o suficiente para mudar. Percebeu que agradar Brit não o tornava menos homem. Começou a usar a porta lateral.

– Por quê? – pergunto a ele na nossa última sessão. Por que ele havia trocado seu privilégio de fazer o que bem entendesse para se tornar mais agradável para a esposa?

Ele me analisa, sua mão apoiada nas costas da cadeira de Brit.

— Bom, chame isso de um exercício para o bem comum. — E sorri magnânimo, sem tensão no rosto. — Quem precisa de uma crise constitucional em casa?

— O povo. — Brit olha para o marido e sorri, sacudindo a cabeça. — O povo foi ouvido.

— Você consertou a varanda? — pergunto a Jim.

— Tudo no seu devido tempo — me garante.

— Será feito — Brit me diz, enfiando a mão dentro da dele.

A Terapia de Vida Relacional transforma o patriarcado, transforma o individualismo, duas coisas de uma vez. Quero que você vá além do patriarcado e da cultura do individualismo no seu relacionamento, até mesmo no seu pensamento. Se Jim se tornou um novo tipo de homem, foi em deferência a ter se casado com um novo tipo de mulher, uma que não o importunava, como me disse uma vez. Ao longo da história, a preservação do individualismo — qualquer tipo que seja — exigiu a supressão de vozes menos privilegiadas. O fundamento social não reconhecido das duas formas de individualismo é casta, privilégio e exclusividade. A conscientização do *você e eu* está enraizada na competição, como se os recursos fossem limitados e apenas os fortes sobrevivessem. No entanto, a conscientização do *nós* abarca o todo, reconhece nossa relação com o invisível, o isolado, o exilado. Uma vez que incorporamos a perspectiva dos excluídos — nesse caso, Brit —, as prioridades se reorganizam.

UNIDADE OU TRAGÉDIA

Hoje em dia, as coisas estão mudando, de forma dolorosa e rápida. A força da conscientização do *nós* não pode ser contida para sempre. Não foi a cultura do individualismo que levou milhares de brancos a se reunirem em protesto, enfrentando policiais armados e uma pandemia, para se colocar fisicamente a favor da importância das vidas negras. Não é o individualismo que explica as centenas de homens que vi na Marcha das Mulheres, em Washington, ou as pessoas héteros comemorando o orgulho gay.

Antes de assinar a Declaração de Independência, Benjamin Franklin fez um gracejo que ficou famoso: "Temos que ficar todos juntos ou, com certeza, seremos todos enforcados em separado".[27] Sujeito às limitações da sua época, o *nós* de Franklin começou e terminou com uma oligarquia de aristocratas homens, brancos, proprietários de terra. Hoje, Franklin poderia dizer que o *nós* deve incluir homens, mulheres e pessoas não binárias, não importando a cor, a fé, o lugar de origem, a identidade de gênero ou a orientação sexual. Porque a conscientização do *nós* significa abarcar a unidade, significa realizar, séculos depois, o sonho incipiente da verdadeira democracia. Democracia entre pessoas de um grupo, democracia no casamento, na família e dentro do nosso próprio crânio. Democracia, não como um ideal, mas, sim, como um princípio condutor, uma prática pessoal, um mapa de como deveríamos levar a vida. A democracia é a cura para a doença duradoura da humanidade: a Grande Mentira de que uma pessoa ou grupo é melhor do que outro e a ilusão de que qualquer um pode vencer ou perder, sem conexão com os outros.

Uma vez que casais como Jim e Brit começam a pensar de forma relacional, percebem que, se um ganha enquanto o outro perde, ambos perdem. Uma vez que ultrapassamos os mitos individualistas, como a sobrevivência do mais apto, e acordamos para nossa interdependência, percebemos que a negação intencional da conexão tem consequências, tanto para aqueles que são negados quanto para os que negam. O custo da desconexão é desconexão. Se a conscientização do *nós* unifica, a conscientização do *você e eu* fragmenta: nossas comunidades, nossos relacionamentos pessoais, nossa própria alma. Como vamos explorar com alguns detalhes, o legado do individualismo é a solidão.

"Não sou um mecanismo", escreveu D. H. Lawrence, o arquétipo do individualista expressivo romântico, no poema "Healing" [Cura]. "E não estou doente porque o mecanismo está funcionando mal / estou doente por causa das feridas à alma, ao profundo eu emocional". E o que é essa ferida? É um erro "que a humanidade, em geral, escolheu santificar".

E esse erro essencial que a humanidade consagrou é a ficção de um self independente, um self acima de tudo, acima da natureza, acima dos grupos que marginalizamos, acima de companheiros e filhos que tentamos controlar loucamente, acima dos vizinhos com os quais competimos, acima do planeta que desrespeitamos. Esse é nosso erro mais fatal. Temos de acordar, ou transmitiremos infelicidade por gerações. Temos de aprender, sob pena de destruição. Este mundo não nos pertence. Pertencemos um ao outro.

5
COMECE A PENSAR COMO UMA DUPLA

— Vou te contar, doutor — Rick começa, embora já tenha lhe dito, pelo telefone, que não sou médico. Nesta nossa primeira sessão, ele está respondendo à minha costumeira pergunta inicial: "Se você sair daqui no fim da sessão e disser 'Foi um sucesso incrível', como seria esse grande sucesso?".

— Terry, sou um homem simples — Rick confidencia. Branco, cabelo escovinha loiro acinzentado, jeans, blusão de moletom, cerca de 50 anos, um pouco barrigudo, é bem a cara do empreiteiro bem-sucedido que ele de fato é. — Eu diria que arrasamos se, de certo modo, em algum ponto, cá entre nós, conseguíssemos que eu transasse.

Fico calado e analiso a pessoa que expressa esse sentimento.

— Você não está tendo a vida sexual que gostaria — deduzo de um jeito brilhante.

— Ah, não — ele me diz —, tenho uma vida sexual ativa por minha conta. E uma vez na vida, outra na morte, minha esposa se junta a mim. — *Tchan, tchan, tchan, tchan*, penso, mas, antes que eu fale, ele se inclina de leve à frente e acrescenta: — Quando dá as caras, se é que me entende.

Pergunto a ele porque acha que sua esposa, Joanna, com o passar dos anos, se afastou do sexo com ele.

— Se afastou — ele devaneia. — Isso significaria que alguma vez ela já esteve a fim, certo? — Ele dá de ombros. — Não tenho certeza se alguma vez... você sabe — ele diz, com os braços um pouco esticados, palmas das mãos para cima. — Quero dizer, bem no comecinho, sim, claro, éramos como dois coelhos. Mas logo deu merda, tipo, muitos anos atrás. Sabe aquela coisa de colocar uma jujuba num pote sempre que faz sexo no primeiro ano em que estão juntos? E depois tirar uma jujuba toda vez que faz sexo depois disso? E o pote nunca esvazia...

— É, ouvi falar nisso — interrompo-o. — Mas, Rick, você é um homem atencioso. Por que acha que a Joanna se afastou da sua vida sexual?

— Ah, a pergunta de 1 milhão de dólares. Por que ela não quer sexo? Como eu estava tentando dizer, na verdade não acho que ela fosse tão interessada, para começo de conversa. Acho só que ela não tem muita energia nesse sentido, entende? Nesse campo.

— Ela é fria — pondero de volta para ele.

— Bom...

— No sexo — esclareço.

— Bom, toda a família dela, a mãe. Sabe, venho de uma grande família italiana. Muita gritaria e briga, mas tudo acaba em minutos, e então vêm os abraços e beijos, entende? Declarações de amor. Mas a Joanna, ela tem aquela característica de família conservadora, reservada e protestante, entranhada até os ossos. Coisa de gente da Filadélfia. Como é que eles são chamados? Os "escolhidos por Deus"? Nada de muitos abraços e beijos. Frios, como eu disse. A família toda.

Não levo muito tempo para suspeitar que Rick seja um caso sério de síndrome do individualismo crônico. Enquanto escuto, penso que ele, assim como muitos homens e mulheres que me procuram, é um essencialista, pensa que sua esposa não passa de uma pessoa fria, que essa é a natureza essencial dela. Desconfio que, quando a conhecer, a história será bem diferente.

— Ele que se lixe — Joanna começa.

– Como é? – pergunto. Com seu vestido caro, cabelo arrumado, unhas feitas, ela parece mesmo fazer parte de uma família bem tradicional. Mas aquele palavreado...

– Ele que se foda – ela esclarece. – Veio aqui se queixar da nossa vida sexual, certo? Conheço bem. Vai encher o saco e reclamar para qualquer um que ouvir.

– Bom, ele...

– E não passo de uma vaca frígida, certo?

Recuo, deixando que ela solte os cachorros.

– E mais, quem ainda diz uma coisa dessas? Frígida – ela bufa. – Quem diz... Quando foi a última vez que você ouviu...

– Não me lembro, de verdade – tento, sem empenho.

– Ah, faça-me o favor – ela me dispensa. – Conheço o esquema. Como se ele não tivesse nada a ver com isso. Cretino.

Por dentro, sorrio com a franqueza, muita parecida com a do marido. Talvez eles venham de dois mundos diferentes, mas não são diferentes entre si. *Como se ele não tivesse nada a ver com isso*, reflito.

Agora, seu bufo se transforma numa risada. – Terry – ela começa.

Ai, pronto, penso, *ela vai me chamar de doutor*.

– Escute – ela diz, como que dizendo: "O negócio é o seguinte". – Rick é um amante terrível. Antes de tudo, é um homem grande, se é que me entende. Tenho que relaxar, preciso me sentir calma, um pouco de aquecimento. A ideia dele de preliminares é alardear que está com tesão. Tá legal, mas e daí?

– Você já tentou...

– O quê? Falar com ele a respeito? Claro. Uma dúzia de vezes. Ele só fica furioso ou na defensiva. Ou me ataca. A culpa é minha. Sou muito tensa. Talvez tenha vaginismo. Porra! Vaginismo. Ele que enfie o vaginismo dele...

– Tudo bem, já entendi – interrompo-a.

– Um criação – resmunga.

– Como é?

– Ele é um *criação* – ela repete, elevando a voz.

E agora, penso, chegamos à imagem essencialista que ela tem do marido, de quem ele é como indivíduo. Se ela é frígida, ele é um criançao. É a natureza de cada um deles, sua personalidade, quem eles seriam com qualquer um. Nenhum deles sabe, mas ambos estão errados.

— Se pudesse transformar o Rick num amante melhor — pergunto —, você iria...

— Ei, sou humana. Ele pode achar que não, mas tenho... — ela vai se calando, nervosa demais para continuar.

Trago Rick de volta para nossa última conversa individual, antes de começarmos o trabalho de casais.

— Tenho uma ótima notícia para você! — digo a ele, sorrindo.

Minha ótima notícia — aquilo que eu sei, mas nenhum dos dois sabe — é que eles estão conectados. Estão em cantos opostos de uma gangorra. Rick é o sujeito grandão e pesado numa ponta, gritando com a esposa na outra para que, por favor, desça do pedestal; ele argumentou, bajulou, implorou. O que eu vejo, mas que nem Rick nem Joanna veem, é a gangorra. Ambos estão ligados. O sujeito grandão que quer que a esposa desça já tentou de tudo, exceto se levantar e mudar a própria posição.

Quando vocês se veem como dois indivíduos distintos, quando estão na conscientização do *você e eu*, são levados a um modelo de controle linear. Ou Rick controla Joanna, ou ela o controla. Quando vocês mudam para a conscientização do *nós*, tornam-se cientes de outro nível: o todo ecológico do próprio relacionamento. É como uma quarta dimensão. Em vez de tentar convencê-la a descer, o sujeito grandão a empurra para cima.

No modelo individualista linear, com o qual a maioria de nós vive, nosso relacionamento com os relacionamentos tende a ser passivo. Você consegue o que consegue e então reage a isso. Quando percebemos que não precisamos ser passageiros passivos na própria vida, nos nossos relacionamentos, a coisa muda de figura. Afinal de contas, temos algo a dizer sobre o que conseguimos. Podemos alterar para a percepção do *nós* e, em seguida, usar as ferramentas relacionais que aprendemos e desenvolvemos.

Rick não consegue "fazer" Joanna transar com ele. A não ser com uma arma na cabeça, coerção absoluta, não acredito que ninguém "obrigue" outra pessoa a fazer qualquer coisa. Exceto em casos extremos, a ideia de controle unilateral é uma ilusão. E, mesmo em casos extremos, se a coerção falha, o controle de uma pessoa por outra é impossível. Gandhi nos ensinou isso, e Martin Luther King transformou essa estratégia em arte. A desobediência civil pode derrubar um império. Se você estiver disposto a morrer, ninguém pode controlá-lo. A ideia de controle unilateral é, na maior parte, uma ilusão, assim como a ideia de um indivíduo independente é uma ilusão. Mas acreditar em qualquer uma dessas duas ilusões tem consequências muito reais.

A SENSATEZ SENTADA AO SEU LADO

Acontece que Rick tem um manual rico, detalhado e preciso sobre as instruções de funcionamento de Joanna. Ele acorda com esse manual de manhã e vai para cama com ele toda noite. Esse manual fica ao seu lado, inquieto, no meu consultório por umas duas sessões.

– Minha nossa! – Joanna comenta, olhando meu consultório, como se buscasse algo de bom gosto para se fixar e estivesse sendo difícil. – Acho que, depois daqui, só um tratamento de canal.

Sorrio. – Também é um prazer revê-la.

– Ah, caramba. Não quis ofender – acrescenta com rapidez.

– Não me ofendi. – Lanço um olhar frio para os dois. – Olhem, vocês dois sugeriram que gostariam de estar mais próximos.

– Sugeri? – diz Joanna.

– O que eu disse foi... – diz Rick.

Levanto a mão para interrompê-lo. – Mais próximos fisicamente, com certeza. Mas imagino que ambos se sentiriam melhor se estivessem mais próximos em todos os sentidos.

– Não estou tão convencida – diz Joanna.

Mas, de novo, eu a interrompo. – E se eu pudesse lhe dar um manual de como conquistar Joanna de volta, ressuscitar sua vida sexual? – pergunto a Rick.

— Claro — ele diz, olhando de soslaio para a esposa. — Que montanha preciso escalar?

— Foda-se você também — Joanna começa.

— Por favor? — peço a ela. E ela sossega. Então, olho para Rick. — Ela tem razão, sabia?

— Como é? — ele diz.

— Aquela brincadeirinha que você acabou de fazer foi para ajudar?

— Bom, eu...

— Tenho uma boa e uma má notícia, Rick. Qual você quer ouvir primeiro?

— Tanto faz — retruca.

— Ótimo. Primeiro a boa. Acho que posso te ajudar.

— Legal — diz. — E a má?

— Reclamar com raiva não é sedutor.

Rick é especialista no que eu, sem a menor elegância, chamo de agir *à la Henny Youngman*, o comediante de stand-up que cunhou a clássica máxima "Take my wife. *Please*!" [Leve minha esposa. *Por favor*!]. Rick se coloca como uma vítima de longa data da esposa, postura comum do sexo masculino. Quem o ouve acha que tudo se limita ao acordo injusto a que está preso. Em outras palavras, tudo se limita a ele. Não a eles. Escute por um momento a diferença entre as duas frases: "Não vou viver sem sexo pelo resto da vida!" e "Nós dois merecemos uma boa vida sexual. Sinto sua falta. O que precisamos fazer como dupla para acertar as coisas?".

O que precisamos fazer como dupla?

Gente, essa é uma pergunta que um terapeuta de casal quase nunca ouve. Como um bom e velho individualista inflexível do Iluminismo, Rick não está pensando em Joanna. Não está pensando neles dois juntos. Está afirmando seus *direitos*, claro. E sente orgulho de se defender, ainda que esteja cortando a própria garganta.

Como são diferentes estas duas afirmações: "Preciso de mais sexo" e "Precisamos de uma vida sexual saudável". De ego para eco, de *mim* para *nós*. Não importa a escola ou técnica singular, o que todo terapeuta de casal tem debaixo da manga é a sensatez do *nós*.

— Então, Rick, você gostaria de ter mais vida erótica juntos, é isso? – pergunto.

— Claro – ele responde, cansado.

— Todo esse tempo você andou tentando mudar a Joanna – continuo. – E se eu lhe mostrasse algumas manobras novas que pudessem lhe dar mais do que você quer?

— Bom... como o quê?

— Ser gentil, para começo de conversa – digo. – Parar de reclamar e começar a ser curioso.

— Curioso em relação ao quê?

— À mulher com quem você vive – digo.

Ele parece confuso, como se estivesse decidindo se devia ficar ofendido.

— O que *ela* quer, o que a deixa excitada, como seria deixá-la animada.

— Deixá-la animada? Você está de brincadeira, certo? A ideia dela de ficar animada é um vidro de esmalte e a revista *People*.

Faço uma pausa e analiso-o. – Acho que está na hora de parar com isso – digo baixinho.

— Parar com *o quê*? – diz, num tom de desafio, como se estivesse inclinado a se sentir ofendido.

— Fazer dela o alvo das suas piadas.

— Sério? – ele tenta amenizar. – E o que vou usar como material?

Mas nem Joanna nem eu achamos divertido.

— Se você a quer – digo a ele, como digo a uma dúzia de homens toda semana –, se você a quer, conquiste-a.

Ele parece intrigado, embora eu não ache que o que estou dizendo seja tão complicado.

— Quando foi a última vez que você fez algo romântico? – pergunto. – O que você faz para excitá-la? – Joanna ri. Duvido que isso ajude, mas ignoro-a e continuo: – Sinto muito, Rick, mas você não é o primeiro cara que vem aqui que quer mais sexo.

— Bom, claro, eu...

— Escute, teve um sujeito, um cara legal, mas olha só. Perguntei o que ele fazia para animar sua esposa no sexo e ele me respondeu:

"Nada". "Bom", eu disse, "você a beija, toca nela, diz que a deseja?" Nada. "Mas você deve fazer alguma coisa", digo. "Quero dizer, como você faz para que ela saiba que você quer fazer amor?" "Ah, isso é simples", ele me conta. "Toda noite vou para a cama de cueca. E nas noites em que estou com tesão, só tiro a cueca." "Uau", digo, "isso deve deixá-la louquinha!"

Sem esperar para ouvir mais, Rick se vira para Joanna:

— Você gostaria de alguma coisa a mais da minha parte?

— Oh, Rick — ela diz, fingindo estar sem fôlego. — Onde é que você esteve durante quinze anos?

— Ele está sendo gentil, Joanna — interrompo-a. — É uma pergunta direta.

Ela suspira, nem um pouco alheia a uma postura resignada. — Tudo bem. — Olha para Rick. — Sim, Rick. Sim, gostaria de mais.

— Diga a ele — instigo baixinho. — Quero mais...

— Mais alegria — Joanna diz. — Mais... mais amor, puxa vida. Mais, sei lá, como se você se *importasse*. — Surgem algumas lágrimas, não muitas, e percebo que está zangada consigo mesma por chorar. Mas as lágrimas estão lá.

— O que você está sentindo? — pergunto.

— Caramba! — ela exclama. — Sei lá. Metade do tempo, não sei o que estou sentindo.

— Agora — pressiono. — O que você está sentindo neste exato momento?

— É só que... — ela começa. — Tenho andado numa solidão de merda! Nós dois estamos solitários, meu bem.

E, abençoado seja, sentado ao lado da esposa perdida, Rick para de pensar em si próprio por um minuto e abre o coração. Busca a mão dela, que está fechada no colo.

— Você tem razão — ele diz baixinho, com delicadeza. — Tem sido um deserto da porra entre nós. — Está olhando para ela.

— Você gostaria de consertar isso? — pergunto a ele.

— Claro — responde, com rispidez. Então, se dá conta. Olha para o rosto manchado de Joanna. — Sim — diz baixinho, segurando o olhar dela. — Sim, gostaria.

— A coisa toda, Rick, não apenas o sexo – digo.

— A coisa toda – ele repete. – Claro. – Segurando as mãos entrelaçadas dela, ele olha para mim. Naquele momento, me parece sincero. Sem postura, sem rotina. – Por onde começo?

— Essa é a coisa mais sensata que ouvi você dizer – digo. Aponto para as mãos deles, as dela nas dele, segurando firme. – Comece por isso. Se essas mãos pudessem falar, o que estariam dizendo?

Rick olha para Joanna por um momento.

— Eu quero mesmo você. Não apenas o sexo. Você, Joanna. A gente costumava se divertir, sabia?

Ela concorda, sem falar. Mas, quando Rick começa a soltar suas mãos das dela, Joanna as agarra e puxa-o de volta.

— Tudo bem – digo, olhando para os dois, enquanto eles olham um para o outro, aguardando. – Então, lá vamos nós.

É possível que você não consiga controlar diretamente sua companheira, mas, assim como Rick aprendeu, você pode influenciar o modo como interage com ela, mudando seu próprio comportamento. Isso é chamado de *trabalhar seu relacionamento*. Você pode chegar em casa depois de um longo dia no trabalho e criticá-la pelo caos na casa. Ou pode entrar com um presentinho inteligente, uma babá a tiracolo e ingressos para um show. Qual dessas duas noites você preferiria ter? Bom, então tudo bem, parta para isso. Pare de pensar como um indivíduo e comece a pensar como uma dupla. A conscientização do *nós* diz: "Estamos nisso juntos". A conscientização do *você e eu* diz: "Cada um por si".

ESTOU SEGURO? ESTOU SEGURO? ESTOU SEGURO? ESTOU SEGURO?

O que determina quando estamos sendo sensatos e não reativos? Estudos atuais mostram com clareza que isso é determinado pela nossa sensação subjetiva de segurança ou pela sua falta.[1] Lembre-se, bem abaixo da sua percepção consciente, seu sistema nervoso autônomo está rastreando seu corpo, perguntando: "Estou seguro? Estou seguro? Estou seguro? Estou seguro?", quatro vezes por segundo. E a resposta a essa pergunta determina que parte do seu cérebro e do sistema nervoso é ativada: aquela que usamos todos os dias ou a que usamos em casos extremos. O problema é que o extremo de um pode não atingir o outro como sendo tão alarmante. O perigo está nos olhos de quem o vê ou, com mais precisão, no corpo do seu companheiro. É raro sermos assombrados por tigres hoje, mas um insulto, a falta de cooperação ou uma palavra grosseira pode ser o suficiente para dizer ao seu corpo que você não está seguro.

Não acredito que os casais consigam proporcionar um "ambiente de apoio" mútuo que seja seguro sempre. Até certo ponto, os relacionamentos são perigosos. Caso contrário, não haveria espaço para vulnerabilidade. Onde está a coragem de pular se você já sabe que vão segurá-lo? Como digo aos meus clientes, somos mortais. A vida é cheia de riscos. Se quiser ficar cem por cento seguro, não saia da cama de manhã.

Considero um enorme erro quando os terapeutas estimulam os casais a serem portos seguros mútuos o tempo todo. Como se nós, seres humanos, pudéssemos de fato prometer isso um ao outro! É claro que todos nós temos esse desejo. Todos nós queremos ser muito bem acolhidos, muito bem atendidos, muito bem compreendidos. No mais profundo do nosso ser, todos nós desejamos o divino, um Deus ou uma Deusa impecável, que nos complete e nunca falhe. Mas é a colisão da sua imperfeição com a minha, e como lidamos com essa colisão, que compõe a matéria-prima, as entranhas da intimidade. "Entre o ideal e a realidade", escreveu T. S. Eliot em "Os homens ocos", "incide a sombra". É aí que entram as habilidades. Falo aos clientes para aprenderem a trabalhar com a companheira com quem estão, e não com "aquela que você merece".

Ver-se como indivíduos separados e não partes de um todo, de um organismo, leva-os a culpar um ao outro e a abrir mão do seu poder. Rick acredita não ter nada a ver com a distância sexual de Joanna. É tudo culpa dela, ele acha, de quem ela é como indivíduo.

Pobre sujeito. Acho que, para ele, a solução seria ou deixá-la ou sofrer com a situação. Mas aprender a pensar de forma relacional abre novos caminhos para ação, novas possibilidades. Em vez de ficar sempre tentando fazer sua companheira ser diferente, você pode tentar mudar as coisas experimentando novas jogadas a partir da forma como interage.

Entrego a Rick um exemplar bem manuseado de *As mulheres primeiro,* o clássico do terapeuta sexual Ian Kerner. Conto a ele que esse livro acredita que a língua é mais poderosa do que a espada.[2] Em comum acordo, e com a permissão clara de cada um para dizer não em qualquer etapa, peço que tenham uma noite na qual, com o mínimo de palavras possível, cada um mostre ao outro o que gosta na cama. Não é uma apresentação de gala, é só uma informação sobre o que agrada a cada um deles. A disposição dele em aprender a satisfazê-la e a disposição dela em ensiná-lo contra o imaginário negativo essencialista de um em relação ao outro.

Ver a si mesmo e seu companheiro como dois indivíduos é como ver o parceiro pelo lado errado do telescópio – o outro parece muito distante, barulhento e patético ou, caso contrário, ameaçador e opressivo. Em momentos em que é provocado, nosso companheiro se torna caricatura de si mesmo, e, de repente, o relacionamento parece impossível, irremediável.

IMAGEM NEGATIVA CENTRAL

Existe uma velha máxima em terapia familiar de que a maioria dos casais tem a mesma briga durante quarenta anos. Por quê? Porque as mesmas partes de um estão combatendo as mesmas caricaturas do outro. Chamo essas caricaturas de *imagem negativa central* de cada cônjuge em relação ao outro.[3] Felizmente, essas imagens negativas centrais tendem a não mudar. Elas permanecem estáveis ao longo da duração do relacionamento. Quando olhamos pelo lado invertido do telescópio, quando estamos na nossa Criança Adaptável, nossa conscientização do *você e eu,* quando nossos companheiros nos parecem intragáveis, os veremos como insuportáveis de uma maneira bem parecida como sempre pareceram insuportáveis. Podemos nos torturar mutuamente, mas, pelo menos, somos consistentes. Essa consistência pode ser usada para o bem – desde que saibamos como.

A imagem negativa central que seu companheiro tem de você é uma versão caricaturizada do seu pior. Não é você no seu melhor ou na média. Nem mesmo é um retrato preciso no que há de mais imaturo em você, mas um exagero colorido. Dito isso, com raras exceções, ainda assim é... você. Não a pessoa parada ao seu lado.

Vou exemplificar. Minha imagem negativa central feita por Belinda é de que sou um sujeito pouco confiável, autocentrado, sedutor, narcisista. Minha imagem negativa central em relação a ela é a de que ela é uma megera controladora, insaciável, queixosa. Compartilho essas descrições com certa facilidade, sabendo que essa conjugação heterossexual não é nem um pouco rara. Digo a Belinda que o fato de ela chegar a me ver desse modo é um sinal do quanto ela está perturbada. É raro isso a divertir.

Quando nos defrontamos com um companheiro que é provocado na imagem negativa central, é normal lutarmos contra ele. Quase universalmente reagimos ao exagero. Magoados ou indignados que nosso companheiro pense tal coisa de nós, ignoramos o que há de verdade ali. Afinal de contas, é de mim que Belinda está falando. Ninguém me descreveria como insaciável e exigente. Ninguém descreveria Belinda como uma sedutora autocentrada. Temos a soma um do outro, de uma maneira inflada, implacável.

Quando Rick descreve Joanna como fria e desinteressada no sexo, ele está certo. Mas, quando ele a vê como frígida *na sua essência*, como indivíduo, está extremamente errado. Ele se deixa fora da equação, culpando-a e se fazendo de indefeso. Assim como a maioria dos parceiros, ela rejeita essa descrição de imediato. "Foda-se, não sou uma pessoa fria." "Não é que eu não queira sexo", ela esclarece numa sessão posterior. "Só não quero fazer sexo *com você*!"[4] O problema insidioso aqui é que uma rejeição indiscriminada da caricatura feita pelo seu companheiro em geral se apresenta para ele como falta de responsabilidade, o que, para começo de conversa, reforça a má imagem que ele tem.

Digamos que estou atrasado para pegar um dos nossos filhos. Belinda está pouco se lixando se operários desenterraram uma rocha gigante no meio da rua, provocando congestionamento, ou se alienígenas numa nave espacial explodiram os dois pneus dianteiros. Ela sabe o motivo de eu ter me atrasado antes que eu abra a boca. Estou atrasado porque sou um cara sedutor, egoísta, não confiável. Agora, repare no que acontece comigo uma vez que a imagem negativa central que ela tem de mim é desencadeada. Em vez de reagir à realidade de que, de fato, eu estava atrasado, fico enfurecido por causa dessa descrição exagerada. "Puxa, Belinda, eu não estava *tão* atrasado, e você precisa entender..."

Mas, quanto mais eu reajo, mais convencida ela fica da minha infantilidade pouco confiável, o que, por sua vez, provoca a imagem negativa central que tenho dela. Se ela estiver falando com uma criança irresponsável, agora eu a vejo como uma lamurienta insaciável. Estamos ambos instalados na conscientização do *você e eu*, a Criança Adaptável de um provocando o outro.

– Só me atrasei quinze minutos, Belinda. Não sou Jack, o Estripador.

– Ao menos uma vez seria simpático receber um pedido de desculpas! Por que você nunca pode ser responsável?

E lá estamos nós, prontos para a briga. Nossas imagens negativas centrais estão se esquivando do problema, inutilmente. Ela e eu poderíamos nos sentar e tomar uma cerveja, enquanto elas brigam.

NÃO PARTA PARA A BRIGA, RELAXE

Você nunca vai sair dessa confusão contestando a imagem negativa central que seu companheiro tem de você. Em vez disso, precisa se apoiar nela. Eu poderia ter dito: "É, me atrasei". Ponto. Fim da história. "E, sim, fui irresponsável, como posso tender a ser." Ora, isso é um pedido de desculpas. Portanto, aqui está uma dica para trabalhar sua imagem negativa central: quanto mais você refutá-la, mais a reforçará. Mas, quanto mais admitir o cerne da verdade, dentro do exagero da sua companheira, maior a probabilidade de que o exagero se atenue. Experimente. Não se defenda, ceda. Ceder pode funcionar como um destruidor de imagem negativa central.

Uma vez que um casal levou em conta um bocadinho de autoestima e de limites internos, incentivo-os a colocar na mesa as imagens negativas centrais que um tem do outro. Observação: essa é uma manobra de alto impacto e com potencial para ser de alto risco. *Não* tente fazer isso sem a supervisão de um orientador ou de um terapeuta se você ou seu companheiro forem reativos, defensivos ou voláteis. Deixe claro que o que você está compartilhando é como vê a pessoa quando a retrata como impossível, seu pior de todos os tempos. Reconheça seu exagero; é possível que ele reduza a descrição. Se cada um de vocês puder ouvir o que o outro pensa, sem sair furioso ou ficar arrasado, disso pode resultar muita coisa boa. Para começar, conhecer a imagem negativa central que seu companheiro tem de você pode aliviar a relação. Ajuda você a não personalizar e a estabelecer limites melhores. *Ai, lá vai a Belinda de novo,* penso num dia bom. *Ela não está falando comigo. Ela pensa que está falando com aquele sujeito bem irresponsável.* Não tenho motivo para me sentir superior em relação a isso, porque sei que eu mesmo sou capaz de me sentir provocado nos próximos dez segundos.

Ter consciência da imagem negativa central que seu companheiro tem de você pode servir como um manual de funcionamento, uma bússola confiável apontando na direção oposta àquela que você quer ir. Sabendo como Belinda me vê, sei que qualquer coisa que eu faça que se aproxime de parecer irresponsável pode deixá-la nervosa; por outro lado, qualquer coisa que eu faça que seja vista como responsável ("Ei, reparei que estamos no fim do detergente, então parei para comprar um.") é bem provável que a entusiasme. Você pode ajustar seu comportamento a reagir aos desejos específicos do seu companheiro em relação a você. Isso não é um edital, mas com certeza pode ser uma informação útil. A disposição de Joanna em ensinar Rick a como amá-la, e sua capacidade de reagir conforme ele aprende, vai com certeza de encontro à imagem negativa central de Rick em relação a ela como frígida. E a disposição de Rick em aprender e satisfazê-la acabou com a convicção de Joanna de que ele "não passa de um criançâo".

É fácil perceber que os casais que se veem como dois indivíduos podem acabar numa escalada de conflitos. Pensar que seu companheiro é apenas de um certo jeito tira-o, de forma conveniente, de cena e deixa pouco espaço para você mudar ou consertar o relacionamento. Esses conflitos vão de um determinado incidente para um pensamento tendencioso (ela *sempre*, ele *nunca*) e então para uma personalidade essencial (ela *é* fria, ele *é* um criançâo). Uma vez que você se convence de que está lidando com um problema de caráter, pouco pode fazer senão suplicar ao seu companheiro que mude quem ele é. Boa sorte nisso.

    O que está faltando aqui é a habilidade simples, mas árdua, de aprender a focar o que é específico. Se meu conflito com Belinda for em relação a essa determinada vez em que deixei de buscar meu filho, tenho a chance de consertar. Posso me desculpar e compensá-la da melhor maneira possível. Mas, se nosso conflito for sobre todas as coisas irresponsáveis que faço o tempo todo, posso fazer bem menos a respeito. E, se o conflito for sobre meu caráter fundamental como um sujeito irresponsável, o que posso dizer? Passe-me o número do seu celular e te ligo depois de dez anos de análise? Todo salto do específico para o geral nos deixa cada vez mais sem esperança. E isso nos leva a ficar zangados o que conduz a um maior agravamento.

    Aqui está algo a ser lembrado: *Em um relacionamento, ações funcionais são movimentos que permitem que seu companheiro esteja ao seu lado. Ações disfuncionais são aquelas que paralisam o outro.* Num conflito, quanto mais sua acusação se afastar do específico, mais seu companheiro se sentirá impotente, e mais contaminado será o movimento. Tudo bem lançar um olhar frio sobre seu relacionamento como um todo para lidar com os padrões que você vê, como "estamos nos afastando" ou "você está zangada demais comigo a maior parte do tempo". Essas análises de nível macro são boas, se você estiver no seu self Adulto Sensato, no seu córtex pré-frontal. Lembre-se disso: *Não salte de uma contrariedade de nível micro para uma análise de nível macro quando for provocado*. Assim como você não deveria tentar processar problemas profundos quando estiver bebendo, ou chapado, não deveria fazer o mesmo quando estiver magoado e com raiva.

Lembre-se da sua primeira habilidade, a habilidade máxima, aquela da qual decorrem todas as outras habilidades: *mindfulness relacional*. Faça uma pausa, jogue um pouco de água no rosto, faça respirações com longas expirações, saia para uma caminhada. Mas não tente se atracar com problemas relacionais da sua Criança Adaptável. Reposicione-se no seu Adulto Sensato, antes de tentar consertar. Pergunte a si mesmo qual parte sua está falando nesse momento e qual é a verdadeira pauta dessa parte. Se naquele momento a pauta for ter razão, assumir o controle, descarregar, retaliar ou se fechar, então pare, tire alguns minutos caso necessário e volte a se centrar. O único plano que vai funcionar é aquele que busca uma solução. Só assim você terá alguma sorte ao usar suas habilidades recém-aprendidas.

Quase posso ouvir você se opondo a esse plano de ação: "E se eu fizer tudo isso e o outro continuar sendo um idiota? Por que *eu* tenho que me esforçar tanto se ele...?". Já expliquei, essa é sua Criança Adaptável falando. "Mas não é justo", você poderia dizer. Tenha dó. A justiça é uma armadilha. Por um momento, pare de colocar seus direitos no centro da sua preocupação. Pare de agir como um individualista inflexível e se lembre da sabedoria da ecologia, se lembre da sua biosfera.

A maioria de nós teve a experiência de observar nossos companheiros insistirem em comportamentos imaturos, enquanto, em comparação, permanecemos de certo modo sãos. Sorte sua. Aqui está meu conselho. Continue assim. Não chafurde na lama com eles.

Todo mundo surta de vez em quando em relacionamentos duradouros, mas vocês precisam se revezar. Chamo isso de *integridade relacional*. Significa que você (Adulto Sensato) segura as pontas, enquanto seu companheiro (Criança Adaptável) sai dos trilhos. Não é um exercício fácil, mas constrói músculos relacionais fortes. Se você se comportar bem, e seu companheiro agir do mesmo jeito, o dia será bom para todos. Se você se comportar bem e ele não, mas você conseguir ficar no seu Adulto Sensato apesar das provocações, será um dia ruim para ele, um dia mais ou menos para o relacionamento e um dia glorioso para você. É possível que não tenha conseguido o resultado que almejava, mas você permaneceu firme na postura que desejava.

Darlene e William: aprendendo integridade relacional

– Não consigo evitar – Darlene me conta. – Filho da puta. Mordo a isca toda vez.

– A cada minuto nasce um otário – devaneio em voz alta.

Darlene ri, solta uma gargalhada calorosa, com vontade, daquelas difíceis de resistir. Só que, sentado ao lado dela, no meu sofá, William parece imune aos seus encantos. Os dois são negros, estão chegando aos 40 anos e são vibrantes e rápidos. É divertido trabalhar com eles, mas menos divertido, imagino, morar com eles.

– William cutuca e Darlene explode – ela observa.

– Não preciso cutucar com muita força – ele diz.

– Bom, aí está uma cutucada, se quiser saber – ela diz, cruzando as pernas e alisando as dobras da sua elegante saia prata.

William se contrai. Com ombros curvados, parece paralisado, magoado e bravo, mas não diz nada.

– O que você está sentindo neste momento? – pergunto a ele.

– Estou bem – retruca.

– Sem dúvida, mas você parece um pouco chateado. – Na verdade ele parece muito chateado, mas achei que "um pouco" cairia melhor.

Ele dá de ombros e olha para Darlene de soslaio.

— Você está nervoso com ela — tento, notando seu olhar. — Está preocupado com o que ela está sentindo?

— É que... — William suspira e estica suas longas pernas. Junta a ponta dos seus sapatos sociais.

— William? — arrisco.

— Sabe, ela diz que explode como se não fosse grande coisa. Mas — de novo a olhada nervosa — talvez você devesse perguntar isso à nossa filha.

— O quê? — Darlene se vira para ele.

— É isso mesmo — William diz, se encolhendo ainda mais. — Pergunte a Serene se é coisa trivial.

— Ela tem *5 anos*! — Darlene está esquentando.

— Grande o bastante — ele não se mexe.

Estou começando a entender o que acontece entre eles, a imagem central que cada um tem do outro. *"William cutuca e Darlene explode"*, ela havia dito e tinha razão. Conforme eles descrevem a vida em casa, fica claro que Darlene é difícil e William não ajuda. Juntos eles estão presos num ciclo que determina suas ações, sem que nenhum deles tenha consciência.

Lembre-se, para viver relacional e ecologicamente, é preciso, primeiro, identificar seu padrão repetitivo, sua coreografia, o que você pode descrever em termos de *quanto mais isso, mais aquilo*. Quanto mais Darlene critica, mais a raiva de William se espalha. No entanto, quanto mais William "lança suas granadas", como Darlene coloca, mais ela reclama. É claro que Darlene é quem recebe a atenção de todos. Mas escutando os dois, não me parece que ela seja muito pior do que o marido, só mais barulhenta. No casamento deles e, de fato, para os amigos e a família, o problema é Darlene, a raiva dela passa dos limites. Passa mesmo, e não estou aceitando-a, mas colocando-a no contexto.

No começo da década de 1960, um dos grandes pioneiros da terapia familiar, Carl Whitaker, estava fazendo rondas com jovens residentes numa ala psiquiátrica em Cincinnati. Entrevistava uma suicida, uma mulher depressiva que mal conseguia falar em meio às lágrimas. Ao seu lado, o marido, preocupado, tentava animá-la de todas as formas. Mostrava-lhe fotos dos netos, sorrindo com ternura para elas. Apesar das reafirmações animadas do marido, ela só virava a cabeça e se entregava ao novo ataque de lágrimas. "Todos notam o excesso de choro da esposa", Whitaker observou celebremente. "Quem vê o excesso de sorrisos do marido?"

William está zangado com Darlene. Está zangado por ela estar tão zangada com ele. Está zangado por ela "descontar nele" na frente da filha. Está zangado por não poder falar sobre nada disso sem que ela exploda ainda mais. Mas os sentimentos que ele acha que não pode dizer diretamente com frequência são expressos de um modo indireto. O termo psicológico é "passivo-agressividade", e William é um caso clássico; ele age a partir dos sentimentos que não enfrenta, por meio de humilhações sutis e reclamações não verbais. Suspira, faz caretas, revira os olhos e curva os ombros como se carregasse o peso do mundo. Para mim, sua postura relacional é clara: ele é a parte lesada sofredora.

Em vez de vê-los como dois indivíduos, presto atenção no padrão que os une: William agindo como o pai preocupado da filha rebelde e zangada de Darlene. Assim, posso agir no relacionamento deles, o que para eles é impossível, uma vez que estão muito envolvidos na situação. Posso, por exemplo, tentar arrancar Darlene da sua posição de malvada. Em terapia familiar, chamamos isso de *redistribuição*.[5] Você pega uma característica que, supostamente, está alojada numa pessoa – como ser malvada – e a desloca.

– Então, William faz a coisa com jeitinho – reflito para Darlene.

– Muito jeitinho – ela responde rápido. – Muito calmo, muito razoável... e muito cruel.

– Me conte uma coisa ruim que ele tenha dito.

– Ele me disse que eu não merecia minha própria filha – diz, cruzando os braços sobre o peito.

– O que eu disse... – William começa, mas, com um olhar de Darlene, ele desiste.

Como terapeuta de casais, mantenho o olhar no padrão, mas a mudança não acontece no abstrato, a uma distância das pessoas do relacionamento; em vez disso, decorre de um ou de ambos. Mantendo a dinâmica em mente, meu trabalho é com cada um dos dois indivíduos.

Começo com William. Com a maior delicadeza possível, digo que ele é passivo-agressivo. Explico o que isso quer dizer e lhe dou alguns exemplos específicos sobre a hostilidade velada que observei durante a sessão. Ele não fica feliz.

— Tenho uma opinião sobre pessoas passivo-agressivas em geral e homens em particular — digo a ele. — Por experiência, nunca conheci uma pessoa passivo-agressiva que não tivesse crescido num ambiente em que ser abertamente agressivo resultaria em ser espancado, se não física, ao menos psicologicamente.

— Esse seria o pai dele — Darlene diz, sacudindo a cabeça. — Espancava e tudo o mais.

William desfere um olhar para ela.

Ela não olha de volta. — O pior cara do bairro. O mais *cruel*.

— Você se sentia à vontade para se expressar? — pergunto a William.

— Nem na época, nem agora. — Ele olha para o chão.

— William, por favor, olhe para mim — digo.

Ele levanta o olhar.

— Você precisa enfrentar a Darlene — explico. — Precisa ser direto. Se você quiser, eu te ajudo. Acompanho você em cada etapa. Você não teve isso ao crescer, não conseguiu se impor com respeito.

Ele sacode a cabeça.

— É disso que você precisa agora para sair desse ciclo. Quero que seja valente. Não evite. Entre na tempestade. Vai fazer isso? Vai aprender?

Sem hesitar, William se vira para Darlene.

— Ouça, vou ser direto, tá? Não gosto quando brigamos na frente da Serene. É ruim para ela. Você precisa parar, parar de berrar.

Não é fácil enfrentar nossos medos, nossas expectativas negativas, e tentar algo novo e desprotegido. Admiro a coragem dele e digo isso.

– E Darlene... – começo.

– Eu sei – ela diz. – Ele tem razão.

Reservo alguns minutos para explicar o conceito de testemunha de abuso.

– As crianças não têm limites – conto a Darlene. – Elas são como esponjas. Quando ela ouve você gritar com William, é como se você estivesse gritando com ela. Eu faria com ela o mesmo trabalho em relação a trauma que faria com uma criança que tivesse sido xingada.

Darlene olha para mim.

– Temos inúmeras opções. Você pode tirar um tempo. Pode fazer um curso de gerenciamento de raiva. Pode tentar uma leve medicação, pode...

– Que tal manter minha boca fechada? – ela diz.

– É possível que você precise se afastar fisicamente quando fizer isso – previno.

– Tudo bem, eu topo.

– Trinta dias – digo a ela. – Você tem trinta dias para parar com isso ou um dos dois vai ter que se mudar por um tempo. – Ela olha como se estivesse prestes a falar, mas continuo: – Como conversamos, você está traumatizando a Serene. Para ser sincero, ela é a minha prioridade. – Isso a faz calar. – Tudo bem, entendeu?

– Não será necessário sair de casa – ela promete. E não foi.

Ao focar o padrão de um casal, não considero nenhum dos dois culpados, mas tenho a liberdade de rotular as coisas da maneira que as vejo. "Unir através da verdade" é a arte do terapeuta de Vida Relacional de amar confrontos: mostramos o espelho da verdade e não desistimos do nosso papel como mentor e orientador. Confrontamos traços e comportamentos difíceis ao mesmo tempo que somos amorosos, de modo que o cliente se sinta mais confiante e próximo de nós, em vez de resistente. Pelo confronto, unimos clientes e formamos alianças com eles. Os parceiros podem dizer que querem melhorar a comunicação, ou alguma outra habilidade mecânica, mas em quase todos os casos o que eles querem de fato é uma grande mudança no cérebro do cônjuge; querem uma pessoa mais relacional.

A Terapia de Vida Relacional cumpre sua promessa de tornar cada companheiro mais apto relacionalmente. Com frequência, vejo casos em que alguém se levanta do sofá e promete deixar um comportamento em que esteve empenhado a vida toda – e, com ajuda, isso acaba para sempre. Minha função como terapeuta é passar pela Criança Adaptável e invocar o self do Adulto Sensato. Essa é a parte em que preciso participar. Vejo coisas que você, o cliente, ainda não vê. Mas você pode pegar meu córtex pré-frontal emprestado até desenvolver suas próprias novas vias neurais. Juntos, despertaremos o observador em você, aquele que tem as rédeas, aquele cuja visão não é distorcida, o que pode pensar, decidir agir e mudar.

E você pode ir surpreendentemente longe por conta própria, caro leitor, sem um terapeuta. Uma parte de você pode despertar apenas ao refletir sobre estas palavras.

Pense, por um instante, em um relacionamento atual importante em que se sinta empacado: seu companheiro, é claro, mas talvez também homens ou mulheres em geral, ou seu relacionamento com um filho, um amigo, um familiar ou um colega de trabalho. Qual é sua imagem negativa central dessa pessoa? Você a vê como prepotente ou ausente? Provocadora? Controladora? Ou fechada e inflexível? E, quando você a vê dessa maneira, como reage? Você pleiteia, argumenta, convence e tenta dar um jeito? Ou você se recolhe, desiste, foge? Como você imagina a imagem negativa central que essa pessoa teria de você, e você reconhece o que há de verdade nela? Qual é seu papel recíproco na gangorra? Sua dinâmica? O *quanto mais isso, mais aquilo*? (Quanto mais Belinda reclama que sou irresponsável, mas quero me recolher no meu trabalho.) Qual é seu padrão? E como você poderia se libertar dele e ser criativo, engraçado e até divertido?

Uma amiga minha é casada com um mestre zen norte-americano. Pergunto a ela:

– Como é viver com um professor zen?

— Bom, é bem difícil ficar brava com o filho da puta — ela conta. — Noutro dia, estávamos no supermercado e comecei um bate-boca sei lá por qual motivo. Me virei para olhar e ele não estava ali. Tinha se jogado no chão e estava beijando meus pés. "O problema aqui", ele disse, "é que estes pés não recebem atenção suficiente!" Como é que você vai ficar brava com isso?

Gostaria que todos que estão lendo este capítulo se comprometessem a mudar um comportamento habitual relacional — reclamar, controlar, se desligar. Estabeleça um prazo às suas vãs tentativas de fazer a outra pessoa mudar e tente algo que surpreenderá você mesmo. Na Terapia de Vida Relacional, dizemos que queremos que o fraco se empodere e o forte dissolva. Se você estiver acostumado a assumir posições fortes, infladas — raiva, indignação, controle —, procure relaxar, ir com calma, buscar a vulnerabilidade e tentar conduzir dessa maneira. "Estou irritado" passa a ser "Estou magoado". No entanto, se você anda amedrontado, tente encontrar sua voz, se coloque, se imponha com amor em relação ao seu companheiro e cuide do relacionamento. Chamo isso de *poder suave*, e terei muito mais a dizer sobre como exercitá-lo no capítulo 8.

Por fim, se quiser romper com seu padrão e obter algo a mais em algum aspecto do seu relacionamento, tente dar mais. Em vez de reclamar que vocês já não se divertem, invente uma saída à noite. Não lamente sua vida sexual patética, descubra o que excita seu companheiro e tente lhe proporcionar isso.

Certa vez, eu estava dirigindo e quase provoquei um acidente porque fiquei muito impressionado com um adesivo no para-choque do carro da frente: TEMOS QUE SER A MUDANÇA QUE DESEJAMOS. E era uma citação de Gandhi. Se você quiser mais gentileza, seja gentil. Mais risadas, seja engraçado. Experimente com novas atitudes e veja o que elas lhe trazem.

Mas se, por mais que tente, você não conseguir mudar seu padrão, então é hora de procurar ajuda. Você saberá que precisa de ajuda quando não conseguir de forma alguma realizar mudanças entre vocês dois. Mas é possível que tenha uma surpresa boa. Quando deixar de brigar com seu companheiro ou companheira para que mude e fizer tentativas sinceras de ser mais agradável – ou mais determinado, ou menos agressivo, ou qualquer que seja sua mudança –, talvez descubra que uma mudança radical do seu lado na verdade provoca uma reação diferente do lado oposto. Não caia na armadilha de supor que a outra pessoa "é" só desse ou daquele jeito. Leve você mesmo em consideração também.

Pergunte ao seu companheiro o que você poderia fazer de diferente para provocar nele uma reação diferente. E então quando ele fizer uma ou duas sugestões, exceto pular de uma ponte, dê isso a ele. Por quê? Porque funciona, ué. Produz a proximidade que você busca, em meio às árvores sombreadas que o confundem até o rio confortador da vida, do relacionamento, da conexão. Você pode usar os relacionamentos em que se encontra como um estímulo para sua própria mudança e transformação e como fonte de apoio e cura profunda. Porque o amor nos cura de verdade; o amor transforma – se estivermos dispostos a ir além do nosso próprio ego e nos colocar à altura da situação.

6
NÃO SE PODE AMAR LÁ DO ALTO OU LÁ DE BAIXO

Pensar em si mesmo como um indivíduo separado e à parte da natureza provoca solidão. Mas a dificuldade não acaba aí. Desde seu surgimento, a cultura do individualismo se mesclou com uma tradição cultural muito mais antiga: o patriarcado. Se você se vê como um indivíduo, é provável que o mundo que você habita seja patriarcal, e o patriarcado nos ensina que não apenas somos separados da natureza como também somos senhores da natureza. O individualismo celebra a separatividade. O patriarcado celebra a dominação. Deus deu a Adão o domínio sobre todos os animais que voavam, nadavam ou rastejavam sobre a Terra. E de verdade isso foi uma péssima ideia.

Bruce e Leah: dominação tóxica

— Não aguento mais — Leah me conta. Branca, 40 e poucos anos, cabelo preto volumoso e olhos azuis, no momento, Leah parece mais infeliz do que glamorosa. Seu casamento está se desfazendo, e é ela quem está desistindo.

Ao seu lado, Bruce está inexpressivo. De terno, sem gravata, camisa engomada e sapatos caros, ele inclina seu corpo atlético para mim, como se, de algum modo, estivesse enroscado no seu assento. Seu rosto é uma máscara, mas sua postura diz *Manda ver!*

Não gosto dele de imediato, embora não saiba dizer por quê. Você está chocado por escutar um terapeuta confessar uma antipatia em relação a um cliente? Ainda mais um que acabou de conhecer? Deixe-me ser transparente e mostrar um pouco de como funcionam os bastidores. Como terapeuta, deliberadamente me deixo levar por quaisquer que sejam os sentimentos que tenha em relação a meus clientes, o que acredito ser frequentemente uma informação útil. É uma antecâmara na minha mente, como uma comporta num submarino. Permito que uma parte minha mergulhe em qualquer que seja a emoção – irritação, desânimo, repulsa –, mas a emoção fica contida na antecâmara, enquanto o restante de mim, o eu que observa, decide a melhor maneira de usar essa emoção.

A não ser que o cliente entre com um cartaz dizendo EU FAÇO VOCÊ SE LEMBRAR DA SUA MÃE, deduzo que o que sinto é muito o que qualquer um sente. No mínimo, posso usar minha reação como um dado para me ajudar a obter um diagnóstico – um diagnóstico relacional, não psiquiátrico. E, às vezes, posso escolher compartilhar meus sentimentos como parte de uma intervenção terapêutica. Por enquanto, porém, anoto mentalmente minha reação a Bruce e me ocupo de Leah, que acabou de falar e agora me aguarda.

– Posso me ater a isso por um tempinho? – pergunto a Bruce, que concede sua permissão com um aceno de cabeça. Então, me volto para Leah. – Você está pensando em desistir do casamento?

– Eu já desisti. Estamos separados. Bruce mora sozinho agora.

– Mas você está aqui para...

– Dar uma última chance.

– Por quê?

– Porque... – ela reflete, depois enumera a lista. – Três filhos, quase vinte anos juntos, houve época em que eu o amava.

– Amava? – eu me animo.

– Amava – diz, sem olhar para o marido. – Muito.

Olho para Bruce.

– Como você está?

– Estou bem – ele responde, embora o tom não combine com sua afirmação.

– Isso é uma surpresa? O fato de ela querer desistir?

– Não – ele sacode a cabeça. – Nenhuma surpresa.

– Se isso não funciona...

– Eu sei – diz. – É isso.

– Você quer perdê-la?

– Não – ele responde. – Mas, veja, também não tenho certeza de querer o casamento.

Que maravilha..., penso. *Os dois já estão com um pé fora da porta.*

– Por que você quereria ir embora? – pergunto a ele.

De novo, a sacudida de cabeça, mas dessa vez acompanhada por um sorrisinho tímido, como se tivesse contado alguma coisa engraçada para si mesmo.

– Isso é divertido? – pergunto a ele. – Eu me pergunto o que você...

E então Bruce faz sua jogada.

– Vocês dois estavam indo muito bem quando você estava falando com *ela* – ele interrompe, gesticulando em direção a Leah, conseguindo, de algum modo, me direcionar e me dispensar com um único gesto. – Vão em frente. Eu espero a minha vez.

Olha só, penso, *ele já está se oferecendo para controlar a sessão.* Eu o imagino grandiloquente, superior e controlador. Uma hipótese a testar.

Na sua arrogância, Bruce me lembra um cliente parisiense que tive uma vez. No primeiro encontro, antes de dizer oi, ele me entregou uma lista dos seus problemas. "Se você não se importar, gostaria que fizesse duas cópias disso, agora e me entregasse antes de começarmos", ele disse. No alto da sua lista de problemas, ele havia digitado *Narcisismo*. "Bom", eu disse, "você acertou neste primeiro."

Em vez de encarar Bruce, me viro para Leah.

– Por que você está pensando em desistir? – pergunto a ela.

Ela se senta ereta, demonstrando pouca emoção, mas é rápida.

– Acho que você viu uma amostra da coisa. – Bruce está sentado ao lado dela, imóvel, mas de algum modo fumegando em silêncio. – Ele é de convivência difícil.

Ela dá uma espiada no marido, ansiosa com sua reação. Eu capto essa olhada.

– Você está olhando para ele. Está preocupada?
– Aflita.
– Com?
– Como ele vai estar quando sairmos daqui.

Eu me pergunto de que tipo de reação ela tem medo. E, considerando o que acabou de falar, fico na dúvida se é emocionalmente seguro para ela continuar falando.

A essa altura, eu poderia ter pedido a Bruce para aguardar na sala de espera enquanto investigava a possibilidade de violência doméstica. Não peço às mulheres para confrontar quem tem o poder caso isso coloque a vida delas em risco. A Terapia de Vida Relacional defende que o aconselhamento de casais não seja a linha de atuação mais adequada em caso de uma ameaça de dano físico. Mas eu já tinha abordado o assunto com Leah anteriormente, e Bruce nunca fora fisicamente violento com ela. Sem dúvida, a raiva dele poderia ser assustadora. Ele esmurrava paredes e quebrava vidros. Essas manifestações físicas não acontecem com frequência, Leah me conta, mas são apavorantes. Ainda assim, a violência de Bruce nunca foi corporal, nada dirigida a pessoas, ainda bem. Portanto, me sinto livre para perguntar a ela, na presença dele.

– Você tem medo de que ele fique como?

Leah se inclina para mim, como se confidenciasse um segredo.

– Ele vai me *punir*! – é só o que ela diz.
– Como? O que ele vai fazer de fato?

Ela pensa a respeito por um minuto, ainda se esticando para frente, o cabelo cobrindo metade do rosto. – Quente ou frio – por fim ela responde. – Quente é gritar, berrar comigo – Bruce se remexe no sofá, como se fosse falar, mas Leah segue em frente. – Fala palavrão...

– Ele te xinga? – pergunto, depois me viro para Bruce. – Essa é a realidade dela. Pode ou não concordar com a sua. Chegaremos lá, prometo. – Depois, me volto para Leah. – Ele te xinga? – repito, acrescentando: – Qualquer frase que comece com "Você é uma..."

Leah bufa.

– Vaca. Essa é a principal, com descrições: porra de uma vaca, vaca fria, vaca asquerosa...

Bruce já ouviu o bastante. – Espera aí...

– Você não disse essas coisas? – pergunto a ele.

– Escuta, os casais brigam, certo? Quer dizer, se alguma vez eu disse essas coisas no decorrer de mais de vinte anos? Talvez. Posso te dar uma lista do que ela...

– Você é malvado – Leah olha bem para o marido. – Os casais brigam, mas não como você. Você é cruel.

– Quer saber, nem sempre você é tão legal assim – ele tenta.

– Isso não é verdade, e você sabe – ela diz. – E sábado passado?

– Bom...

– Eu não dormi na sala? – Leah diz e se vira para mim. – Bruce queria sexo, mas nós estávamos brigando. – Ao marido, ela diz: – Lembra disso? – Nenhuma resposta. – Então eu me desculpei. Não estava no clima.

Agora, ela se vira para o marido e olha para ele, não com a ansiedade de antes, mas com uma intensa mistura de fúria, piedade e desgosto. – Então, veja o que meu marido faz. Sem nem ao menos uma palavra, com calma, Bruce junta meu roupão, chinelos, camisola e escova de cabelo numa pilha perfeita. Coloca tudo com muito cuidado no chão, do lado de fora do nosso quarto, e depois fecha a porta pelo resto da noite, deixando que eu explicasse às nossas duas filhas adolescentes que raios tinha acabado de acontecer.

Olho para Bruce. – Foi assim mesmo?

– Bom... – ele começa.

– Você fez isso?

– É que não vou me deitar ao lado da minha esposa quando ela está fria – protesta.

– Você estava fria? – pergunto a Leah.

– Como eu disse, a gente tinha brigado o dia todo – ela responde. – Eu não estava...

– Isso foi retaliação – explico a Bruce.

– Como é?

– Isso foi dar o troco, puro e simples – digo.

— Para o Bruce, qualquer "não" é ser fria — Leah acrescenta.

Bruce cruza e descruza as pernas. Todo o seu corpo parece estalar de indignação. Ele olha para nós dois, seus algozes. — Não vou ficar aqui sentado enquanto vocês se juntam contra mim.

— Ninguém está se juntando contra você, Bruce. Estou tentando salvar seu casamento. — Mais faíscas físicas. Pela terceira vez, decido me voltar para sua esposa em vez de enfrentá-lo. — É assim que ele age em casa?

— Toda vez que tenho uma questão — ela me conta —, eu sou a vaca e ele é a parte prejudicada.

Ela me conta histórias de Bruce chegando em casa trôpego, por volta das 4 da manhã, bêbado e com tesão. Ou de Bruce largando uma soma significativa de dinheiro para entreter seus clientes poderosos em boates de striptease. Ou de Bruce, enraivecido, pondo a filha mais nova para fora de casa por, segundo ele, "desobediência".

— Está de brincadeira? — ela faz uma pergunta retórica a ele. — É a nossa *filha*.

— Tudo bem — digo. — Para mim, basta

Já vi e ouvi o suficiente para saber que Leah está certa. Acredito nela porque Bruce se comporta na minha frente igual a como ela o descreve em casa e também por causa de como me sinto em relação a ele. Como terapeuta, tenho três fontes de informação: o relato de cada cliente, o que acontece à minha frente na sala e como me sinto com o cliente.

Ao longo desse diálogo, Bruce ficou olhando pela janela, de algum modo conseguindo, ao mesmo tempo, tanto se ausentar emocionalmente quanto ficar furioso.

Olho para ele. — Então, Bruce, você fez essas coisas?

— Bom, fora de contexto, imagino que eu...

— Tenho uma regra de setenta a trinta do não uso de subterfúgios — digo. — Se o que é dito é setenta por cento preciso, já vale para nossos propósitos.

— Claro — ele concede, magnânimo. — Setenta por cento.

Olho para ele por um tempo e ele olha de volta.

— Bom, este é um momento do "vai ou racha" em terapia — digo.

— O que isso quer dizer? — ele desafia.
— Ou você está dentro, ou está fora.
Ele espera. Sigo em frente.
— Bruce, tenho uma boa e uma má notícia. Qual você quer ouvir primeiro?
Ele pensa por um milésimo de segundo. — A boa.
— Eu ficaria surpreso se não conseguíssemos salvar seu casamento.
Ele balança a cabeça.
— Quer ouvir a ruim?
Ele acena pela segunda vez.
— Você é um tirano — digo. — Se acha no direito de fazer o que quiser, é egoísta e pisa duro quando não consegue o que quer.
— Você chegou a essa conclusão em trinta minutos? — ele pergunta, se divertindo, sorrindo com ironia.
Em parte, quero apagar aquele sorriso do rosto dele.
— É o suficiente — digo, implacável. — Quer saber por quê?
— Claro — ele responde, generoso, sem nada a perder.
— Em primeiro lugar, você não nega isso. Mas, mais do que isso, você tem sido, se me der licença, estúpido o bastante para agir da mesma maneira na minha frente.
— Agora? — ele pergunta, sem acreditar.
— Na sessão.
Por fim, sua fúria extravasa.
— Isso é *ridículo!* Onde foi que você estudou? — grita para mim e depois olha para Leah. — De onde foi que você desencavou esse charlatão?
— Como agora — digo, com calma. — Você está tiranizando neste exato momento.
— Tem uma diferença — ele diz, com os dentes travados — entre ser um tirano e apenas...
— Ei, Bruce, veja isso. — Viro-me para Leah. — Numa escala de um a dez, o quanto estou sendo preciso na descrição do seu marido?
— Dez — Leah diz sem hesitar.
— E, numa escala de um a dez, qual a importância que você dá ao problema da tirania dele?

– Quinze – ela diz. – Cem.

Viro-me para Bruce.

– Se quiser continuar com ela, o que entendo que talvez você não queira, mas, se quiser, Bruce, eu levaria isso a sério.

Ele se recosta no sofá e me encara por um longo minuto, decidindo, imagino, se está dentro ou fora da nossa terapia.

– Tudo bem – diz, por fim. – Então ela diz que sou um bruto. E quanto às minhas queixas?

– Que ela é fria, indisponível, nada sexual, nada afetiva? – estou conjeturando. Já escutei a lista muitas vezes, de inúmeros Bruces. Ele é como o grandão na gangorra, reclamando da esposa que está no alto, sem fazer ideia do quanto o seu comportamento tem a ver com isso.

– É – ele diz, projetando o queixo, como um menino em desafio. – Bem isso.

– Tudo isso é real, Bruce. Quero lidar com tudo isso. Tudo isso tem que mudar.

– Mas? – ele propõe.

– Você primeiro – digo. – Ela não vai se mexer até você descer.

– Descer? – De novo o sorrisinho. – De onde?

Respiro fundo.

– Bruce, vamos conversar um pouco sobre grandiosidade.

O PODER SEDUTOR DA GRANDIOSIDADE

Durante meio século, a psicologia se esforçou para ensinar as pessoas a subirem a ladeira da vergonha, mas fez um péssimo trabalho na hora de ajudar as pessoas a descerem do pedestal da grandiosidade – a sensação de estar acima dos outros, depreciando as regras. Uma autoestima saudável é uma postura de "igual a", vendo-se nem como melhor nem como pior do que ninguém. A autoestima nociva pode se parecer com a vergonha – sentir-se inferior, *menos do que*, imperfeito. A autoestima nociva também pode se parecer com a grandiosidade – sentir-se superior, *melhor do que*, com direito a.[1]

Eis algumas coisas a saber sobre grandiosidade e, em especial, sobre a diferença entre grandiosidade e vergonha. Em primeiro lugar, as duas são mentiras, são coisas delirantes. Um ser humano não pode ser fundamentalmente superior ou inferior a outro. Não *fundamentalmente*. Seja um serial killer, seja um santo, Mahatma Gandhi ou um alcoólico sem teto, todas as pessoas têm igual importância, valor e dignidade imprescindíveis. Seu valor essencial vem de dentro para fora; não pode ser ganhado ou perdido. É seu de nascimento, e será seu até a morte.

Esse princípio é, sendo lógico, o baluarte da democracia. Nossa sociedade é construída sobre a ideia de que todos temos a mesma criação, o direito a voto e que há uma regra ou lei para todos. Pelo menos é assim que acontece em teoria. Todos nós sabemos que a igualdade não chega nem perto da perfeição em nenhuma sociedade humana. E aí está a dificuldade. Porque, ainda que todos nós tenhamos um valor igual e irredutível, é difícil ver essa igualdade na vida cotidiana. Quer nos permitamos ou não reconhecer isso, a maioria de nós tem uma consciência primorosa, em qualquer ambiente, de onde estamos de fato na hierarquia. E também de onde estão os outros. O único problema com esse tipo de julgamento é ser uma completa bobagem.

Você pode ser um tenista medíocre, que sempre é derrotado. Você tem aulas, pratica e pratica, e seis meses se passam. Um dia, você dá uma surra no sujeito que antes ganhava de você. Você se sente o máximo? Espero que sim. Você mereceu isso. Agora você é um tenista melhor do que seu modelo. Parabéns! No entanto, você não é uma pessoa melhor. Pode ser mais inteligente, mais rico, baixo ou alto – tudo isso importa até certo ponto, mas nada disso importa na essência. O valor essencial vem de dentro.

O mundo do *nós*, da interdependência, se apoia numa estrutura de colaboração: colaboração com a natureza, de uma pessoa com a outra, com a inspiração que às vezes nos atravessa. O mundo do *nós* é um campo de inovação e abundância. O mundo em que só há ganhadores. Mas o individualismo se apoia numa estrutura de competição: competição com a natureza, competição de um com o outro. Ele confere uma sensação arrogante de que você é sua própria fonte de inspiração. É o mundo do *ganha-perde*. Na nossa vida cotidiana, o mundo em que vivemos depende a todo momento de em qual parte do nosso neurocircuito estamos – hemisfério esquerdo ou direito, partes cortical ou subcortical do cérebro, abordagem simpática ou evitação parassimpática.[2]

Assim como muitos dos homens bem-sucedidos que atendo, Bruce passou a maior parte da vida numa conscientização do *você e eu*, e o mundo recompensou-o bem. Ao mesmo tempo, isso fez da sua vida pessoal um desastre. Nossa cultura gratifica as Crianças Adaptáveis, porque os valores e costumes daquela nossa parte menos madura, mais individualista e não relacional espelha os valores e costumes do individualismo da nossa cultura. Vivemos numa sociedade antirrelacional narcisista, cuja essência tem sido, durante séculos, o mundo em que um está acima, enquanto o outro está abaixo, típico da competição capitalista.[3]

Quando meus filhos eram pequenos, compareci a um jantar da Associação de Pais e Mestres. Ao nos sentarmos, um pai jovem, que eu não via havia um tempo, começou a conversar comigo. De imediato, notei que ele estava mais magro e parecia em boa forma. Foi então que me dei conta da minha própria barriga não tão jovem e fiquei muito envergonhado. Senti-me gordo e velho. Então, de repente me lembrei de que aquele homem era um garoto nascido em berço de ouro, nunca tinha trabalhado na vida. *Claro,* pensei, *ele pode se dar ao luxo de ser um rato de academia, se quiser, com a família pagando as contas.* Pronto! Era eu que estava por cima, porque meu dinheiro foi ganho com o meu trabalho. E enquanto eu estava lá no alto, olhando para baixo, notei que eu ainda tinha mais cabelo do que ele. A-há!

Mas então pensei: *Espere um pouco, ele tem dinheiro. O cara é rico. Eu não sou rico. Por que eu não sou rico? O que fiz de errado?* Pronto, eu estava por baixo. Subi e desci, fui e voltei, até sair dessa e dizer comigo mesmo: *Ei, por que não escuta o que o sujeito parado na sua frente está tentando dizer?*

*

Bruce se coloca acima dos outros, grandioso. Controla, diminui e pune quando não consegue o que quer. Embora casado e com filhos, se vê no direito de beber como um garoto de faculdade e gastar milhares em boates de striptease. É cruel com a esposa. "Tudo isso", reflito, "e *ele* está pensando em deixá-*la*". Desdenha da mulher e das regras. Já está se preparando para vivenciar o divórcio com o mínimo de sofrimento possível. E, aliás, ele tem razão. Leah ficou fria e não aceita mais certas imposições no sexo. Está menos condescendente de todas as maneiras. Ao encontrar sua voz, Leah está mudando as regras. Isso tem que ser reconhecido. Mas as regras individualistas, chauvinistas, precisam ser quebradas para o bem dos dois. Lembre-se, quero que o fraco se empodere e o que forte se dissolva. Durante séculos, as mulheres foram ensinadas a sacrificar suas necessidades "pelo bem do relacionamento". Vou ser bem claro. Não é disso que estou falando. Para muitas mulheres, assumir uma voz plena e declarar suas necessidades é entrar num relacionamento. A conscientização do *nós* exige uma afirmação autêntica, não uma concessão. A recente segurança de Leah é boa para o casamento deles, embora desconfie que terei dificuldade em convencer Bruce disso.

– Me fale da sua infância – peço a ele.
– O que você quer saber?
– Sobre seus pais.
– Não tive nenhum dos dois.
– Como assim? – pergunto.
– Minha mãe se mandou quando eu tinha uns 3 anos. Nunca mais soube dela.
– Isso é duro – sugiro.
Ele só concorda com a cabeça.
– E meu pai era um grande jogador e um bêbado.
– Ah, sinto muito – digo.
– Passei a infância em Vegas, jantando com estrelas cafonas de segunda, porque meu pai apostava pesado, quando apostava.
– Ele se saía bem?

— Ele era um jogador compulsivo – respondeu. – Fala sério! Fomos para o Alasca por um ano porque os agiotas estavam atrás dele.

Arrisco um palpite: – Quantos anos você tinha quando começou a cuidar do emocional dele?

De início, Bruce não entende bem a pergunta, depois se dá conta. – Eu não cuidava só dos sentimentos dele. Tinha que arrastá-lo para a cama quando desmaiava. Ele era um homem grande.

— Quantos anos você tinha quando isso começou? – pergunto.

— Ah, nossa, a partir de que idade? Quatro, cinco.

— Você não conseguia grande coisa.

— Não. Me lembro de estar em um quarto de motel barato e querer que ele viesse para a cama comigo. Puxava, cutucava, mas ele não acordava, e eu... não conseguia arrastá-lo. Ele era grande demais.

— E você, pequeno demais – acrescento.

— É.

— Você não passava de um garotinho.

— É. – Ele está olhando para dentro.

— O que você está sentindo?

— O quê?

— Neste exato momento, enquanto estamos tocando no assunto. Estou querendo saber o que você está sentindo em relação ao seu pai.

— Por quê? – Seu queixo está projetado, me desafiando.

— Por que quero saber como você se sentiu em relação ao seu pai?

— É – ele diz, na defensiva. – Por quê?

— Como seu terapeuta, é importante eu entender como você se sentiu, talvez ainda se sinta, em relação ao seu pai.

— Porque...?

— Porque – digo a Bruce, olhando bem para ele – você se transformou nele.

A MALDIÇÃO DO FALSO EMPODERAMENTO

Todos nós desposamos nossos assuntos inacabados. Nós nos casamos com nossa mãe e nosso pai. E nos nossos relacionamentos mais íntimos nos tornamos nossa mãe e nosso pai. Aquele garotinho impotente, tentando levantar o pai desacordado do chão é um exemplo de desempoderamento. Ele tinha 5 anos! E, no entanto, de maneira insidiosa, Bruce também estava recebendo de mão beijada uma mensagem: "Quando você crescer e se tornar um homem, vai poder fazer o que eu faço". Ao mesmo tempo, Bruce era abertamente desempoderado, o que o fez recalcar os problemas em relação à sua vergonha, e falsamente empoderado, o que o levou a sua grandiosidade, seu merecimento sexual, sua crueldade e seus ataques. A bebedeira e os ataques de nervos escondiam a vergonha que Bruce sentia. Seu pai era quase um alcoólico, quase um dependente sexual e com certeza um colérico. Bruce arrastava o pai do balcão do bar, e agora Leah espera o marido chegar em casa depois de horas em boates de striptease.

Aqui está o problema. Bruce amava o pai. Ele foi a única figura de apego e exemplo que Bruce teve. Em sã consciência, Bruce desprezava o pai deplorável, mas, no seu inconsciente, se juntou a ele, vivia no mesmo mundo que o pai habitara. Chamo isso de *manter-se em companhia espiritual do genitor*. Bruce havia passado de cassinos para boates, de mesas de jogos para investimentos especulativos. Ele era o sucesso para o fracasso do pai. Quando vivo, seu pai amava uma boa grana, e Bruce havia ganhado dinheiro suficiente para rolar nele pelo resto da vida.

– Acho que me provei para ele – Bruce me anuncia, enquanto discutimos sua riqueza.

– Provou-se para ele? Você completou o ciclo, endireitou o que estava errado, cumpriu o legado.

Bruce olha para mim, e seus olhos estão brilhando de lágrimas.

– Você tem sido um filho leal – digo a ele.

Quando estou lidando com alguém que esteja no *você e eu*, na conscientização da Criança Adaptável – digamos raiva, ou ressentimento mudo, ou busca furiosa –, sempre penso nele relacionalmente. Ao que essa Criança Adaptável está se adaptando? Lembre-se, há duas vias de interiorização que formam a Criança Adaptável. Uma delas, a reação, tende à resistência. O impulso de Bruce em ser bem-sucedido no que o pai havia fracassado espetacularmente – em resistir à sina do pai – alimentou seu vício em trabalho. Mas a outra via é o espelhamento, e com frequência, de modo inconsciente, copiamos maneiras de estar no mundo que desprezamos conscientemente.

– Escute, Bruce – começo. – Seu pai parece ser um alcoólico, um jogador compulsivo. E ele se enfurecia?

– Ah, sim.

– Com você?

– Ah, sim.

– Mas você o amava – digo. – Você o amava do jeito que ele era.

– Éramos nós dois contra o mundo – ele me conta.

Recosto-me na cadeira e olho para ele, seu rosto fica desarmado por um momento. – Ainda é. Bruce, seu pobre pai era um desastre. Era um adicto, alcoólico...

– É – Bruce concorda.

– Na verdade, ele era um pai totalmente indisponível para você.

– É.

Inclino-me para ele, falando com calma.

Vou te ensinar uma maneira de permanecer próximo a um pai que tem zero capacidade de estar próximo de você. Você pode não conseguir nada dele, e ainda assim se sentir próximo a ele.

– Como vai fazer isso? – pergunta.

– *Seja* como ele – digo. – Viva no mundo dele com ele. Nesse caso, viva num mundo zangado, grandioso, autoindulgente, em que o ego é rei.

Bruce se recosta no sofá, as mãos cruzadas, com uma quietude anormal.

– Acho que você ama seu pai – falo baixinho.

E então as lágrimas surgem. Não muitas; Bruce mal chora, mas mesmo assim está sofrendo e se suavizando.

– Você não pode salvá-lo – digo ao homem, mas mais para o garotinho dentro dele. – Você não pode recuperá-lo.

– Ele está morto.

– Não importa. – Ficamos juntos, em silêncio, por um bom tempo.

– Então, e agora? – ele, enfim pergunta.

– Depende de você – respondo. – Você precisa decidir a quem você pertence: ao seu pai insensato e grandioso, ou à sua esposa e aos seus filhos. Que tipo de homem você quer ser, um condescendente consigo mesmo, como seu pai, ou um verdadeiro homem de família?

– Eu amo a minha família – Bruce diz bem baixinho.

– Que família? Aquela com quem você cresceu ou aquela com quem você vai envelhecer?

Bruce olha tímido para Leah. – Não quero ser como meu pai. – Ele procura a mão de Leah, e ela a estende para ele.

– Você cresceu quase selvagem – digo a Bruce. – Mas agora você tem uma família. Escolheu bem, Bruce. Tem uma bela família. A única coisa que está faltando nela tem sido você.

Apertando um maço de lenços de papel usados, Leah se dobra ligeiramente e chora.

Bruce agrada sua mão.

– Essas lágrimas são para você – conto a Bruce. – Ela quer você. Quer você em casa e normal.

– Normal é uma novidade para mim – me diz.

– Eu sei. Vou te ajudar em cada passo do caminho, se você quiser.

Bruce olha fixo para Leah, que tem o rosto contraído. – Eu quero.

– Tudo bem – respondo. – Então está na hora de dizer oi para sua mulher e seus filhos.

– Está bem – diz.

– E se despedir do seu pai – digo a ele.

Seus olhos se enchem de lágrimas não percebidas.

– Talvez seja hora, imagino – me diz.

– É, talvez seja hora – concordo com ele.

A GRANDIOSIDADE ATUA NO ESCURO

A atitude disfuncional que repetimos *as aeternum* nos nossos relacionamentos é impulsionada pela nossa Criança Adaptável, que se adaptou, com uma mescla de resistência e espelhamento, ao tratamento recebido quando éramos crianças. A maioria de nós está dolorosamente ciente dos aspectos desempoderadores da nossa infância, mas estamos muito cegos ao falso empoderamento – nossa grandiosidade –, seja direto, por meio de um genitor que nos estimula, seja indireto, ao imitar seu comportamento e pensamento grandiosos. Abandonar a postura relacional grandiosa significa com frequência se separar do relacionamento inicial em que a atitude foi incorporada.

Bruce estava enredado com o pai. Quando criança, cuidava dele emocional e fisicamente, e não o contrário, como deveria ser. Sempre é possível dizer se um cliente está enredado com um dos genitores, porque relata que, quando criança, sentia pena dele. – Não é para as crianças terem pena dos pais – conto a Bruce. – Os pais devem ser velhos o suficiente para cuidar de si mesmos.

Por que tendemos a estar atentos a uma história de desempoderamento e desatentos a uma história de falso empoderamento? Porque a grandiosidade atua no escuro. Quando você está num estado de vergonha, a sensação é ruim. Você sabe o que sente e quer se ver livre disso. O segredo conhecido entre os terapeutas é que, quando alguém se sente grandioso, metade do tempo não percebe e, mesmo quando percebe, a sensação não é ruim. Na verdade, no momento, parece muito boa. É boa a sensação de se livrar das restrições e dizer a verdade ao seu chefe, ou berrar com os filhos, ou transar com um colega. A sensação é boa, mas pode arruinar sua vida.

Você precisa pensar em si mesmo, dispensando a grandiosidade. Como quando resiste àquela terceira dose ou a repetir a comida, precisa abrir mão de uma recompensa imediata em benefício de um bem maior – seu corpo, ou sua paz de espírito, ou o bem-estar emocional dos seus filhos. Tem que ultrapassar o impacto do prazer a curto prazo, pelo bem daquele prazer mais profundo, de mais longo prazo, que é sua família, ou sua vinculação, ou sua saúde. Para o seu bem. Abrir mão da sensação de ser superior, vinda da grandiosidade, é um investimento capital na sua própria felicidade de longo prazo. Faça isso pela sua família, sem dúvida, mas, mais ainda, faça isso por você. Digo a homens grandiosos como Bruce que o privilégio por direito é como uma faca que só tem lâmina – corta a mão de quem o empunha.⁴ Desça. Saia do espaço frio exterior para o calor da conexão humana. Venha para casa.

É compreensível que o campo da psicoterapia seja obcecado em ajudar os clientes a se erguer da inferioridade da vergonha. Mas, para ajudar as pessoas a vivenciarem uma verdadeira intimidade, elas precisam ser *iguais-a*. Não se pode amar do alto ou de baixo. O amor exige democracia. Mais importante, no nível mais fundamental, não existe tal coisa como acima e abaixo. Pensar em si mesmo como *melhor do que* ou *menos do que* é um engano, mas um engano com garras afiadas.

VIVER LIVRE DE MENOSPREZO

Eis aqui um insight que tive quando estava entrando no carro. De repente me veio que a emoção da grandiosidade e a emoção da vergonha, essas duas energias psicológicas, não eram, de fato, dois sentimentos separados, *mas o mesmo sentimento indo em direções diferentes.*⁵ A emoção que aciona tanto a vergonha quanto a grandiosidade é o menosprezo.

Pense nisso como uma lanterna. Quando o facho do menosprezo se dirige para o outro, nós o chamamos de *grandiosidade*: "Não posso acreditar em como esse cara foi idiota!". Quando o facho do menosprezo se volta para nós, chamamos de *vergonha*: "Não posso acreditar em como sou idiota!". É o mesmo sentimento, às vezes expresso com as mesmas palavras. Como tenho dito ao longo da minha carreira, o menosprezo é uma violência emocional. Envergonhar alguém, tratando-o como se fosse inferior, é psicologicamente traumático. Psicólogos que escrevem sobre raça criaram o termo "microagressão" para descrever os desrespeitos e insultos, às vezes não intencionais, que as pessoas não brancas sofrem a toda hora.⁶ A microagressão é um exemplo da violência emocional do menosprezo.

O menosprezo não está na raiz da violência emocional; o menosprezo *é* a violência emocional, quer ela seja direcionada a outros, quer seja direcionada a você mesmo. Convido-o, neste momento, enquanto você reflete sobre o que está sendo dito, a estabelecer um compromisso que com certeza terá o poder de mudar sua vida. Um compromisso de viver sem violência. Sem violência entre você e os outros, e sem violência com você mesmo.

Você pode construir uma existência não violenta, livre de menosprezo, ao se comprometer com o que, no meu livro *The New Rules of Marriage* [As novas regras do casamento], chamei de *vivência com respeito total*.[7] A vivência com respeito total é uma prática. Assim como a maioria das práticas a que você será introduzido neste livro, trata-se de uma disciplina de atenção minuto a minuto. Antes de falar qualquer coisa, você para e se pergunta: "Isso que estou prestes a dizer ultrapassa o nível de respeito básico?". Se você achar que é desrespeitoso, tenho um ótimo conselho a lhe dar: cale a boca. E se empenhe com sinceridade, desse momento em diante, a fazer o possível para refrear atos e palavras que envergonhem o outro.

De igual maneira, se alguém for desrespeitoso com você, não fique parado, sem fazer nada. É possível que você não consiga controlá-lo, mas, sempre que achar que seja do seu melhor interesse, você pode, na maioria dos casos, se manifestar ou até ir embora. Nem trocando insultos, nem os recebendo você acaba com o menosprezo e o desrespeito. É para o seu bem, é importante ter isso em mente. Como, com frequência, a grandiosidade é uma sensação boa, e como, em geral, ela vem envolta em moralismo, você precisa pensar na maneira de deixar passar. Aquele cretino que acabou de te fechar na estrada pode merecer sua raiva, mas *você* merece uma vida livre de raiva. Outra pessoa terá que confrontar o péssimo jeito de ele dirigir. Não você.

Aqui está um exercício que gostaria que você experimentasse. Durante cerca de dez dias a duas semanas, mantenha um diário de autoestima. Reserve alguns minutos no final do dia e anote, no celular, no computador ou num pedaço de papel, os momentos em que você se sentiu para baixo naquele dia e momentos em que se sentiu para cima. Qual foi o gatilho? O que aconteceu pouco antes de você oscilar? Quais eram os pensamentos, as sensações? Por fim, qual foi a sensação física? Carregamos vergonha e grandiosidade no nosso corpo. Como você se porta quando está se sentindo inferior, e como se porta quando se sente superior? Aprenda a conhecer essas posturas físicas. Uma vez que se familiarize com elas, pode começar a usá-las como sinalizadores, como dicas para quando se sentir para cima ou para baixo.

Depois de fazer esse exercício de observação por uma ou duas semanas, recomendo que comece a prática da intervenção. Difícil de realizar, ainda assim a intervenção é bem simples de aprender. Se você estiver se sentindo para baixo, em sua imaginação você desce os braços para si mesmo e se ajuda a levantar até ficar *igual-a*, nem melhor, nem pior. Se estiver se sentindo para cima, estenda os braços e se traga para baixo. Pia Mellody nos deu um mantra para ser usado nesse momento: "Toda pessoa tem um valor inerente. Nem mais do quê. Nem menos do quê".[8] Eu diria que é a democracia em ação. A democracia da nossa mente.

NOSSA RELAÇÃO CONOSCO

Tendemos a nos considerar da maneira com que fomos considerados. Se você foi tratado com aspereza, a probabilidade é que sua conversa interior seja dura. Se foi mimado... e assim por diante. Deixar para trás a Grande Mentira do individualismo, da superioridade e da inferioridade significa chegar a uma autoestima saudável. Para mim, a autoestima saudável significa exatamente o que o termo diz: é nossa capacidade de gostar de nós mesmos, de nos amparar com carinho e ternura perante nossas cretinices e imperfeições. Você é perfeitamente imperfeito, como diria Pia Mellody.[9]

Na Terapia de Vida Relacional, fazemos a distinção que o grande pediatra norte-americano Benjamin Spock ensinou uma geração a compreender: a diferença entre o comportamento e a pessoa.[10] Antes do Dr. Spock, era comum educarmos uma criança pelo que ela era: "Não seja uma menina malcriada! Não seja um menino mau!". Foi o Dr. Spock quem nos ensinou a dizer: "Ora, Dick, você é um bom menino. Por favor, leve esse bastão para longe do seu irmãozinho". Você se concentra no comportamento da pessoa, não no seu caráter. Sentir-se mal em relação a um comportamento ruim é bom para nós, nos mantém responsáveis e atentos. Não se sentir mal em relação a um comportamento ruim é desavergonhado, grandioso, superior. Mas se sentir mal sobre quem você é como ser humano leva-o do remorso a um ataque pessoal; é vergonhoso. Os maus sentimentos que você tem sobre seu comportamento deveriam ser proporcionais à gravidade do comportamento. Você não deveria se sentir horrível por passar por cima de um brinquedo de criança nem achar que é normal atropelar uma criança. Mas, independentemente da leveza ou seriedade da transgressão, pare um pouco antes daquele hábito interno que chamo de *acabar consigo mesmo*.

Depois da nossa sessão, Bruce foi para casa e caiu em profunda depressão. No início, achei que era bom, um degelo das suas defesas. Mas ele continuou. Tinha dificuldade em sair da cama e se arrastar ao longo do dia. Tinha caído no que todo companheiro de uma pessoa grandiosa e muitos terapeutas temem. Ao confrontar seu pensamento defensivo e seus comportamentos agressivos, passou da inflação para a deflação, da grandiosidade para a vergonha. Ficou estarrecido e com repulsa da maneira como havia sido.

Na verdade, é isso que busco. Lembre-se, para destravar uma via neural já estabelecida, primeiro eu e o cliente precisamos tornar explícito o que estava implícito; no caso de Bruce, a grandiosidade que ele nunca reconhecera, uma grandiosidade muito parecida com a do pai. E, uma vez que a tornássemos explícita, Bruce precisava sentir a discrepância entre como estava vivendo comparado a como queria viver. Ele deveria recuar, deveria responder não! A grande feminista e terapeuta de família Olga Silverstein, do Ackerman Institute for the Family, em Nova York, me ensinou como harmonizar tais colisões entre como o cliente se vê e como ele de fato age.[11]

Como muitas pessoas em geral, e homens em particular, Bruce se esvaziou. Quando um cliente passa da falta de vergonha para a vergonha tóxica, ele vai de uma forma de autopreocupação para outra. A pessoa continua preocupada consigo mesma, mesmo que esteja se dizendo que é uma pessoa terrível. Enquanto a vergonha tem a ver só com você, a culpa foca sua energia na pessoa que você magoou. Para reparar um relacionamento, não ajuda em nada ficar se criticando. É preciso voltar a atenção para a pessoa que você prejudicou. De um jeito ou de outro, não se trata de você. A responsabilização para com a pessoa que você magoou soa como *Sinto muito ter te magoado. O que posso fazer para que se sinta melhor?*

Numa sessão posterior, conforme Bruce insiste em dizer que ele é uma pessoa ruim, explico a diferença entre vergonha e culpa.

– Custa um pouco se livrar da posição de "Pobre de mim" para "O que posso fazer por você?". Não é fácil superar a vergonha. Te dou sessenta segundos.

Bruce relaxa visivelmente.

– Ótimo – digo. – Agora, deste ponto, olhe para sua esposa e diga a ela, com sinceridade, alguma coisa que você ache que ela precisa ouvir neste momento.

Ele se vira e, sob minha orientação, pega nas mãos da esposa. Respira fundo e solta o ar devagar, aos solavancos.

– Bom – ele começa, hesitante –, tenho sido um... tenho me *comportado* como um idiota. Tenho sido egoísta. Tenho sido insistente.

Leah ergue as sobrancelhas, esperando.

– Tá bom, tá bom, direto ao ponto. Tenho sido cruel.

Ela começa a chorar.

– Nunca mais vou te trancar para fora – ele começa.

– Isso é muito simplista – digo, pressionando-o um pouco.

– Olhe – ele diz a Leah, me ignorando. – Tenho sido um merda, e tenho te tratado como merda.

– Não sou sua empregada – ela retruca.

– Eu sei – ele diz com calma.

– E não sou uma garota de uma boate qualquer – ela acrescenta, chorando um pouco e irritada consigo mesma por causa das lágrimas.

– Me desculpe. – Ele tira o cabelo dela dos olhos, enxugando suas lágrimas. – Você tem razão.

– Acho que esses encontros em boates acabaram – digo a Bruce. – Você vai ter que dizer aos seus clientes empolgados que você se casou.

Bruce sacode a cabeça.

– Eles também são casados! – ele diz, mas entende.

– Está na hora de se lembrar que você tem uma família – digo a ele.

– É, eu sei – ele diz, olhando para Leah. – Entendi.

E entendeu. Continuei a atendê-lo por mais alguns meses, mas nosso trabalho pesado ficara para trás.

Com frequência falo com os homens que atendo sobre aprender a se tornar um verdadeiro homem de família, homens que se esforçam e dão mais. Quase no final do nosso trabalho em conjunto, digo a Bruce: – Uma pergunta de um menino para o mundo é: "O que você tem para mim?". Uma pergunta de um homem é: "O que este momento exige de mim? O que preciso dar?". Se o fato de ter uma companheira não o faz crescer, ter filhos vai obrigá-lo a isso, desde que você permita.

Às vezes, Belinda e eu escutamos um amigo dizer algo que nos parece afetado, como "Tenho que cochilar às 3, toda tarde, ou fico imprestável". Nós nos entreolhamos com uma expressão que diz: "Esse cara nunca teve filhos!".

Em uma ocasião, quando nossos filhos eram bebês, Belinda, que tem um consultório médico próprio em tempo integral, havia ficado acordada por três noites seguidas. Naquela noite, por volta de 2 da manhã, acordei com o choro do nosso mais novo e a sensação de um cotovelo nas minhas costas. "Sua vez, querido", ela resmungou.

"Mas, Belinda", eu disse, "amanhã eu tenho uma baita palestra. Vou estar na frente de mais de mil terapeutas!"

Ao que minha querida esposa disse algo muito simples, que mudou a minha vida para sempre. Ela disse: "Faça a palestra cansado".

Isso é um homem de família. Você não é a prioridade máxima.

Estudos mostram que dar proporciona uma felicidade que dura muito mais tempo do que receber.[12] Uma vez que barganhamos a Grande Mentira da superioridade e inferioridade, podemos adentrar a humildade de saber que não estamos acima de nosso casamento, nossa família, nossa sociedade, nosso planeta, mas, sim, fazemos parte deles. Muitos dos meus clientes insatisfeitos desejam que seus cônjuges pudessem se expor mais, enriquecer a relação com sua presença. Mas você não pode se fazer presente ao seu companheiro a menos que esteja com ele no tempo presente. E muitas vezes nosso passado problemático domina nosso presente. Já não estamos mais no "aqui e agora". Estamos, na verdade, no "lá e então".

Livrar-se do trauma significa se mudar para o agora, em conexão com o que quer que esteja acontecendo – com você ou entre você e os outros – sem sentir a necessidade de controlá-lo ou moldá-lo. Ultrapassar nosso trauma significa se abrir para o processo natural da nossa própria vida, trabalhando com ela ao aceitar o que ela é. Uma vez livre da arrogância, você pode relaxar. Vai se descobrir mais capacitado a deixar as coisas emergirem, ouvir outras vozes, escutar o não dito. Começará a desenvolver, qualquer que seja sua idade, a confiança básica que os psicólogos desejariam que você tivesse aos 2 ou 3 anos, a confiança simples de que as coisas se resolverão por conta própria, sem a chancela da sua vontade.

O que Bruce fez acima de tudo, nas semanas depois de ter percebido a grandiosidade com que tinha vivido, foi dormir.

– Não percebi a extensão do meu cansaço. Eu estava muito exausto – me conta na nossa última sessão.

– É preciso muita energia para se manter firme a cada passo, se impulsionar pelo universo – respondo.

– Um universo insensível – Bruce concorda, olhando para Leah.

– Acontece que o tempo todo era você o insensível – digo.

Bruce olha com intensidade nos olhos da esposa. – Você vai estar ao meu lado, me apoiando? – pergunta com uma vulnerabilidade comovente. – Apesar de eu ter te afastado?

Ela deixa as lágrimas responderem por ela.

– Fui um baita idiota – diz a ela. – Você pode perdoar um ex-babaca?

Ela ri alto, e então os dois riem.

— Esta é uma palavra importante, "ex".
— Na verdade, não é uma palavra — ele corrige. — É um prefixo.
— Isso não é bem um "ex" comportamento — Leah declara.
— Brincadeirinha. Juro, só estava brincando com você. — Ele pega na mão dela e sorri. — Não foi um bom momento, imagino.
— Sabe, Bruce... — Leah começa.
Mas eu a interrompo.
— Vamos considerar o seu marido como um diamante bruto.
— Cintila, cintila — Bruce tenta. Ela não parece achar divertido.
— Este é o momento de lidar com o homem que você tem e não com o que merece — digo a ela.
— E dá-lhe discrepância — ela comenta.
— Cintila, cintila.
— Ai, ai — ela geme, enquanto observa a cena do marido. — Algumas pessoas não se reprimem mais, e você meio que deseja que não o façam.
— Tome cuidado com o que você pede — concordo.
E essa foi a última vez que os vi.

Minha última fala por ora é esta: mesmo algo que soe individualista, como trabalhar a autoestima de alguém, acaba tendo um cunho social. Você não é melhor nem pior do que ninguém. Esses inúmeros outros que levamos na nossa cabeça, nos julgando e sendo julgados. Quem está por cima, quem está por baixo, quem está certo, quem está errado. Acorde. Nada disso importa. Quando penso em Leah e seu novo "ex", me vem à lembrança uma frase de Rumi, o antigo poeta persa, que uma vez escreveu:

>Existe um campo[13]
>Além do certo
>Ou errado...
>Encontro você lá.

7
SUAS FANTASIAS SE ESTILHAÇARAM, SEU RELACIONAMENTO REAL PODE COMEÇAR

— Não consigo respirar! Ai, por favor, não consigo respirar! — Ângela, uma mulher branca, miúda, cabelo escuro, vestindo uma bata de veludo roxa, com gola rendada branca, revira as mãos em desespero, enquanto arfa.

— Tudo bem — digo, esperando tranquilizá-la. — Fique calma.

— Não consigo — ela agarra o peito. — Meu coração...

— Acho que você pode estar tendo um ataque de pânico — digo.

Ao lado dela, o marido, Mike, se remexe na cadeira. Homem grande, quadrado, ele apoia os braços nos joelhos abertos e se inclina, muito preocupado.

— Ângela — digo —, quero que você respire fundo e devagar, exalando o ar bem aos poucos, assim — mostro a ela. — Coloque os pés inteiros no chão. Sinta seus pés no chão.

Com os olhos dela grudados nos meus, o cabelo preto preso para trás, Ângela apoia cada um dos seus sapatos pretos convencionais inteiros no chão e começa a respirar de forma lenta e profunda. Seu corpo magro estremece um pouco, enquanto ela se acalma.

— Isso — digo. — Bem devagar. Está indo bem.

Ela respira com as mãos abrindo e fechando no colo. Fecha os olhos para se concentrar, segundos depois os abre de novo, apavorada.

— Não se apresse – digo. – Apenas respire. Você está indo bem.
Com lentidão e sofrimento, Ângela se recompõe.
— Uau! – ela diz, por fim, olhando para mim e sorrindo. – Que coisa... – e então desata no choro. – Merda! – Bate na própria perna com força. – Merda! – Desmorona num choro e se agita. – Não suporto isso – murmura, enquanto chora. – Não aguento mais.
— Eu sei, eu sei – tranquilizo-a. Por dentro, penso: *Bem-vinda, minha querida. Entre. Você atravessou a fronteira de um reino chamado adultério, infidelidade, traição. Uma faca quente na sua garganta. Um porrete no seu crânio. Venha cá e me deixe fazer o possível para acalmar seu tormento humano tão miserável.*

Ângela já não vive no mundo em que vivia três semanas atrás. Naquele antigo mundo, que já não lhe está disponível, ela levava uma vida feliz e estável. Tinha três filhos, o mais velho com 14 anos, uma carreira sólida e um ótimo marido. Então, certa manhã, enquanto ele estava no chuveiro, tomada por impulso ou intuição, ela deu uma boa olhada no celular dele. Descobriu e-mails enfiados em contas ocultas. Muitos e muitos e-mails. E-mails quentes, devassos. De Loreen, ou, às vezes, apenas Lor. Lor, que mal podia esperar para saboreá-lo de novo, senti-lo no fundo da sua garganta, dentro do seu corpo.

Meu coração sangra por Ângela. Antes a pessoa sentia um perfume diferente na roupa do outro. Agora, com a internet, é possível ter acesso a todos os mínimos detalhes. Morte por milhares de cortes – e nem todos superficiais.[1]

— Eu precisava mesmo saber das coxas macias e suaves dela? Vá se foder! – Em vários momentos ela se vira para o marido como se fosse bater nele. Mas, em vez disso, desaba em mais choro. – Vá se foder – repete, com menos convicção.

ESTILHAÇO

Infidelidade, ser enganado, ouvir mentiras, ser traído: uma indescritível ruptura que começa no coração e vai em frente destruindo a própria realidade. Você não é quem fingia ser todos esses anos? Quem eu acreditava que fosse? Não te conheço. Quem é você? Com quem convivi todo esse tempo?

Em 2002, Ronnie Janoff-Bulman escreveu um influente livro sobre trauma, chamado *Shattered Assumptions* [Suposições estilhaçadas].[2] Esse título capta muito da natureza do trauma. O trauma estilhaça a pessoa, mas não nos lugares que se poderia esperar. Arranca o tapete que está sob nossos pés; arranca o próprio chão. Mira nas suas suposições, naquilo em que você confiou todos os dias da sua vida, sem nem pensar a respeito – como quando seu marido está na conferência em que disse que estava e não nos braços de alguma amante. O trauma significa que você se encosta na parede da cozinha e, de algum modo, se afunda nela. O mundo já não se comporta de maneira confiável. Existe mais do que um tom de horror nisso. Bom, se você pode se afundar numa parede, o que mais pode acontecer?

E depois vem a constatação que de fato pode transformar suas entranhas em gelo: se seu marido pode fazer *isso*, o que mais ele pode fazer? Tudo em que você acreditava foi abalado. Você pergunta: "Há quanto tempo isso acontece? Quantas mentiras você contou? Foi seu primeiro caso? O único? Na verdade, você vem me traindo ao longo de toda a nossa relação?". Essa enxurrada de emoções é vasta, insana e intensa, confusa ao extremo. Aquela pessoa em quem você, com certeza, buscava conforto agora é a causa da sua angústia. Amor, raiva, desespero, repulsa, lascívia, desgosto, necessidade cega – tudo gira em louca sucessão. Em toda sua vida, você nunca suportou tal tempestade emocional.

Agora, deixe-me fazer uma alegação radical. Tudo o que acabei de descrever indica que Ângela e Mike estão num mau casamento? Não. Eles estão num momento tenebroso no que poderia, a longo prazo, provar ser um casamento excepcional. É cedo demais para dizer. Na Terapia de Vida Relacional, não temos o menor interesse em ajudar um casal devastado por traição a retomar o antigo equilíbrio. Nossa meta vai além. Não estou interessado em apenas ajudar Mike e Ângela a sobreviver à crise. Quero usar essa crise como um trampolim para uma transformação fundamental – em cada um deles e no próprio casamento. Como terapeuta familiar capacitado em teoria geral de sistemas, sei que na crise há uma oportunidade. Tanto a transformação quanto a dissolução começam com crises, com desequilíbrio. Um desequilíbrio pode ser suficiente para pressagiar morte ao sistema da maneira que está. Mas mesmo assim pode não ser o fim da história.

– O casamento que vocês tinham acabou – conto a Ângela e Mike. – A única pergunta é, vocês conseguem criar outro?

Minha colega Esther Perel brincou: "Espero ter seis casamentos na minha vida, e espero serem todos com o mesmo homem!".[3] Algumas infidelidades acabam mesmo em divórcio, sem dúvida, mas a maioria, não. Conforme as estatísticas, dois terços dos casamentos sobrevivem ao golpe.[4] E isso não inclui recorrer à terapia em busca de ajuda. Ângela e Mike estão enfrentando o turbilhão, o período mais extremo, difícil e doloroso do casamento deles.

Qual foi o seu? A maioria de nós tem um, seja importante e doloroso como a infidelidade, seja um caso de desgaste cotidiano, de afastamento, morte por atrito. Grande ou pequeno, a maioria de nós enfrenta um abalo, uma mágoa, uma desilusão tão profunda que abre a possibilidade impensável de que, no fim das contas, talvez você não sobreviva. Deixe-me lembrá-lo, somos mortais. A morte é inerente à nossa condição humana, junto à limitação, à imperfeição e ao desequilíbrio. Nossas imperfeições colidem de maneiras que decepcionam, machucam e até, sim, traem umas às outras.

James Framo, pai da terapia de casal, disse uma vez que o dia em que você se virar para a pessoa que dorme ao seu lado e perceber que tem sido enganado, que aquela não é a pessoa por quem você se apaixonou e que tudo foi um engano terrível – esse, sustenta Framo, é o primeiro dia do seu verdadeiro casamento.[5] Bem-vindo à humanidade. Aqui não há deuses ou deusas. E que coisa fantástica isso acaba sendo. Embora desejemos ser casados com a perfeição, na verdade o que acontece é a colisão das suas imperfeições com as minhas – e a maneira que nós, como casal, lidamos com essa colisão – que é a coragem, a verdadeira essência da intimidade.

Harmonia, depois desarmonia, depois reparação, esse é o ritmo essencial de todos os relacionamentos pessoais.[6] É como andar. Você tem seu equilíbrio, e então tropeça. Você se segura e se reequilibra.

Esse ciclo de harmonia, desarmonia e reparação começa quando somos bebês. No início de um dos famosos videoclipes do Dr. Ed Tronick, um bebê está aninhado nos braços da mãe, confortável, tranquilo, satisfação total.[7] Então, algo acontece: gases, ou um barulho, ou fome. O bebê começa a ficar nervoso, se agita, chora, se recusa a se acomodar. A mãe também fica nervosa, o rosto tenso, seus movimentos mais frenéticos. Tem o olhar zangado e ameaçador de frustração para a criança. O bebê, por instinto, cruza os bracinhos para cobrir e proteger o rosto, bloqueando a mãe. E, por milagre, a chupeta é aceita, ou os gases passam, o barulho silencia, e então – ah – aninhado de novo. Tudo isso acontece em quarenta segundos.

Freud descreveu o início do relacionamento entre mãe e bebê como um "sentimento oceânico".[8] Mas foi preciso estudiosos como Ed Tronick e T. Berry Brazelton para de fato colocar uma câmera na frente das mães e dos seus bebês e observar o desenrolar de uma ligação, sua perda e seu reencontro.[9] O circuito sem fim de esconde-esconde é a primeira brincadeira fascinante de muitos bebês: cadê, foi embora, achou.

Todos nós conhecemos a fase harmoniosa, a lua de mel, aquela maravilhosa época de estar apaixonado com o coração a mil, em que uma inebriante infusão química chega ao cérebro. Um dos principais elementos químicos dessa infusão é a dopamina, a recompensa química, e o mesmo elemento químico liberado pela cocaína para provocar dependência. Outro é a noradrenalina, uma substância química fundamental para o estado de luta ou fuga, que traz uma sensação estimulante similar ao barato de quem pratica corrida. Os níveis de testosterona e estrógeno também aumentam, dois hormônios que criam o acelerado pulso do desejo.[10] O que acontece no cérebro de jovens amantes é tão parecido com um processo adictivo – incluindo até sinais fisiológicos de abstinência, quando o objeto do amor está ausente – que os psicólogos há muito já fazem o diagnóstico da adicção ao romance ou ao amor.[11] Eu mesmo já encontrei almas atormentadas que eram tão dependentes dessa mescla de "drogas" endógenas quanto qualquer adicto de drogas.

Seu nome é Pam, uma bela sulista, com aquele encanto sedutor solícito, característico das mulheres privilegiadas de Savannah. Eu estava "do outro lado da mesa", por assim dizer – como participante de um grupo de final de semana de cura profunda. Pam nos conta sobre sua ida ao fundo do poço, o momento que catalisou sua recuperação de um padrão de longa data de adicção ao amor ("erotomania", nome dado pelo seu psiquiatra). Pam havia se apaixonado de forma obsessiva por um escritor famoso, que se mudara havia pouco para perto dela, na sua região rural.

Ela nos conta que, certa noite de verão, o objeto da sua adoração saiu de viagem no fim de semana, deixando seus dois dobermanns amarrados no quintal em longas guias. A excitação da oportunidade percorreu seu corpo. No automático, se viu revirando a geladeira. Ah, lá estava, hambúrguer. Colocou a carne moída num prato e depois amassou nela oito cápsulas de tranquilizante. A seguir, foi até o quintal do vizinho e deu o sedativo aos cães que, em menos de trinta minutos, desmoronaram num sono profundo, roncando. Satisfeita com sua obra, ela se agarrou na treliça do vizinho e subiu até o quarto dele, no segundo andar. Inclinando-se da treliça, ela se esticou em direção ao peitoril da janela do quarto. Olhou para dentro do cômodo como se olhasse um templo, as roupas dele espalhadas, livros por toda parte.

– Quase podia sentir o cheiro dele – Pam nos conta. – Senti a maior paz. Perto dele, daquele homem glorioso. E foi *aí* que os cachorros acordaram.

Nós, que escutávamos, não sabíamos como reagir. Deveríamos rir? Sentir pena? Blake, um rapaz alto e magérrimo, apenas diz "Ai, merda" e franze o rosto como se tivesse comido algo azedo.

– Então, ali estava eu – Pam continua –, na ponta dos pés na treliça, literalmente pendurada pela ponta dos dedos, e dois dobermanns rosnando abaixo de mim. – Ela percorre nossos rostos. – Foi aí que eu disse as palavras que mudaram a minha vida. Olhei para meu próprio rosto miserável no vidro da janela e disse em alto e bom som: "Menina, você precisa de ajuda".

De algum modo, Pam conseguiu descer intacta e foi para sua primeira reunião de Codependentes Anônimos. Desde então, a vida melhorou para ela.

Sem tratamento, muitos dependentes de amor apenas passam de uma fase de lua de mel para outra, em geral deixando uma trilha de destruição atrás deles. Russel, nos seus 70 e poucos anos, era bem-sucedido o bastante para realizar tal tragédia com estilo. Ele se apaixonava de forma louca e logo se casava. Por alguns anos, as coisas eram maravilhosas, e então, "no terceiro ou quarto ano, a verdadeira pessoa se revelava. Que saco!". Quanto mais suas esposas reclamavam, mais Russel recuava, até passar para o próximo caso. Alguns anos se passavam e então ele largava a primeira esposa pela amante, agora transformada em esposa dois, apenas para fazer tudo de novo. Quando o conheci, ele estava no que descrevia como "esposa cinco-B". Segundo ele: "Pedi a cinco-A em casamento, mas ela foi perspicaz o bastante para dizer não, então acabei me casando com a próxima". Com cinco esposas, sete filhos e uma infinidade de netos, Russel descrevia sua vida como "um vazio absoluto e crônico".

Assim como um carro que não engata a segunda marcha, Pam e Russel estavam emperrados na primeira fase de um relacionamento. Nenhum dos dois havia conseguido grande coisa nas suas relações, trocando realidade por fantasia, gratificação por intimidade. Chamo essa primeira fase de relacionamento de *amor sem conhecimento*. Você pode ter uma profunda intuição de que aquela é a pessoa certa para você, um encontro de almas, mas você não faz ideia de como ela paga as contas, ou lida com a família, ou quais as condições do chão do banheiro dela.

Mais cedo ou mais tarde, a realidade começa a interferir e a harmonia é substituída pela desarmonia, o segundo estágio do relacionamento. A idealização característica do primeiro estágio cede espaço para uma desilusão por vezes avassaladora. "Você não é nem um pouco quem eu pensei que fosse." Para muitas pessoas, a desilusão vem quando a alegria extraordinária da fase de harmonia se rende ao desapontamento da vida mundana, entediante. Mas para outras, como Ângela, a desilusão vem de repente, um soco no estômago. A familiaridade cotidiana nos acomoda em desilusão. Uma traição como infidelidade arranca a cortina das nossas ilusões com um maldito rasgão.

Severa, e de aparência frágil, Ângela luta com tal enxurrada de desencantos que é difícil para ela chegar aos próximos cinco minutos. Ela está num estado de choque extremo. Olha para Mike e faz a mesma pergunta que vem repetindo sem parar, desde que descobriu o caso. "Como você pôde?" Essa é uma das duas perguntas que quase com certeza assombra todo cônjuge ferido. "De verdade, o que você estava pensando quando deixou a cama dela para ter um jantar aconchegante com sua família? Como pôde fazer isso?"

Uma vez que a desilusão advinda da infidelidade quase sempre causa choque, a outra pergunta comum a todo cônjuge ferido é "Como posso saber que você não vai fazer isso de novo?". A realidade foi dilacerada. Cônjuges feridos, como todos os sobreviventes de traumas, são levados a reconstituir a realidade. Ângela tem uma centena de perguntas não respondidas. "Quando você disse que estava em Chicago, no Natal passado, na verdade você estava..." Ela precisa saber a marca e o modelo do caminhão que acabou de atropelá-la. Mas a infidelidade é apenas a forma mais dramática de um processo comum a todos os relacionamentos: a sensação acachapante de que aquilo não é o que deveria ser.

Em terapia familiar, aprendemos a pensar que os casais têm um "contrato conjugal", em geral velado.[12] Talvez seja *Vou te proteger e evitar que sofra*. Ou *Vou sempre te compreender e estar do seu lado de um jeito que ninguém nunca esteve*. Ou *Você será a minha estabilidade, e eu trarei paixão para a nossa vida*. Esses contratos não verbais funcionam muito bem – só que não. *Você será a minha rocha* muda para *Não preciso de um pai*. *Trarei paixão para a nossa vida* se torna

E para a vida do Harry e do Bill também. Mais cedo ou mais tarde, e num grau quase inevitável com a chegada das crianças, o sonho se desfaz, e a própria coisa da qual seu companheiro ajudou-a a escapar lhe é servida de bandeja.

Quer você reconheça, quer não, apaixonar-se significa que você pensa: *Com essa pessoa ficarei curada, ou, no mínimo, evitarei e compensarei minhas insuficiências e meus danos de antigamente*. A desilusão vem com a fria compreensão de que não apenas seu companheiro não a curou diretamente, como também ele foi escolhido a dedo para enfiar a lança ardente bem no seu olho.

O que acontece com a fase de desarmonia é que ela dói. Quero dizer, dói demais. Por mais de vinte anos, tenho falado sobre o que chamo de *ódio conjugal normal*. E nem uma vez alguém veio depois aos bastidores e perguntou: "Terry, o que você quis dizer com isso?".

Minhas primeiras preocupações com Ângela, considerando o estado em que ela está, são concretas. Ela está comendo? Dormindo? Está atormentada por pensamentos intrusivos? (*As coxas suaves*.) Ela deveria tomar algum medicamento leve para dormir, ou se sentir menos deprimida, menos destruída? Deveríamos fazer algum trabalho sincero de recuperação de trauma, talvez alguma EMDR (em português, dessensibilização e reprocessamento através do movimento ocular) para ajudar nas tortuosas repetições sexuais que circulam no seu cérebro?[13]

Então, volto-me para Mike. Por que ele a traiu? A grande barreira daquela questão para o infiel: por quê?

Em geral, em resposta, ouço dois tipos de motivos. O primeiro é apenas egoísmo. "Não sei. Eu estava viajando a negócios. Todos nós estávamos bebendo, e eu..." Certo. E o segundo é "Puxa, de certo modo, aconteceu do nada. Não sei. Na verdade, não fiz que acontecesse. Mal estava ali". Claro. O problema com essas linhas de defesa é a total falta de responsabilidade. Para começo de conversa, foi irresponsável trair, e agora você junta isso com suas tentativas toscas de assumir a responsabilidade. E, como assim, *aconteceu do nada*?

— Mike — digo —, a gente não pergunta à pessoa por que ela trai, isso é óbvio. As aventuras amorosas são lisonjeiras, novas, excitantes, sexualmente prazerosas. Perguntamos por que ela não trai. O que leva alguém a dizer não?

Mike se remexe na cadeira, pronto para falar. Mas continuo:

— Eu digo não hoje em dia, e tenho feito isso há algum tempo. Posso te dizer por quê?

Mike assente.

— Porque não quero magoar minha companheira. Não quero olhar nos olhos dos meus filhos e ter de explicar por que o papai traiu a mamãe. Não quero arruinar minha reputação. E, acredite ou não, prefiro viver num estado de integridade. Esses são meus motivos. Mas algo em você se sobrepôs ao seu não. Nossa função é descobrir o que foi.

Com o passar dos anos, descobri dois fatores gerais que se sobrepõem ao não. As aventuras amorosas ocorrem quando:

1. O cônjuge infiel tem limites internos insuficientes. Em outras palavras, seu egoísmo supera sua relacionalidade. Mais cedo ou mais tarde ele trai alguém. O problema nesses casos é o narcisismo e o merecimento. *A vida é curta. Eu mereço.*
2. O relacionamento se tornou tão insatisfatório – tão litigioso, distante ou morto – que o traidor sente que não existe muita coisa que mereça ser protegida. *Se alguém descobrir, bem, tanto faz, esse casamento não está uma beleza mesmo.*

Enquanto os terapeutas incumbidos de ajudar o casal focam a intimidade, em geral procuro determinar se o problema principal é o caráter do traidor, o estado da união deles, ou as duas coisas. Acontece que o caso de Mike é bastante simples. Ainda que esteja casado há dezesseis anos, ele nunca deixou de fato o ensino médio. Sai sempre com os amigos nos fins de semana, bebe feito um gambá e se diverte como se tivesse 19 anos. Muito autocentrado, é raro ajudar com a casa ou com as crianças. Trabalha até tarde, tem uma remuneração estável e, quando chega em casa, prefere ficar sozinho. Seu trabalho puxado como eletricista e seu pagamento são o suficiente para uma contribuição à vida familiar, segundo seu ponto de vista.

Quando Mike conheceu Ângela no ensino médio, ele era o *maluco* e ela era a *boazinha*. Era esse contrato conjugal não verbalizado dos dois. Ele a provocava para se soltar, dançar e fazer um sexo incrível. Ela era a estabilidade dele e sua bússola moral. O pai de Mike era um beberrão e mulherengo; a vida na casa dele era cheia de brigas e caos. A família agradável de Ângela parecia abençoada de tão normal. Seria ele quem ensinaria Ângela a se divertir; ela lhe ensinaria sobre responsabilidade. O único problema era que Ângela, como esperado, acabou se revelando a melhor aluna. Teve pouca dificuldade no quarto, trocando suas peças de algodão por lingeries atrevidas e algemas aveludadas, enquanto Mike teve pouca dificuldade em trocar Ângela por, bem, qualquer pessoa disposta a aceitá-lo.

Mike tinha tido uma série de atividades com seus colegas de faculdade: saía com os mesmos "moleques", como os chamava. Bebia com eles, pescava com eles, às vezes caçava, "às vezes pegava meninas". Nunca aceitou que já não fosse solteiro. Com seu pai desprezível como modelo inconsciente e com seus amigos de infância de South Boston incentivando-o no mau caminho, via a família como a base de onde partir para suas aventuras. Nunca lhe ocorreu ficar sentado calmo, na própria casa, com a esposa e os filhos e se divertir. Para Mike, a família era uma obrigação, o divertimento estava em outros cantos. Mike estava vivendo o que alguns terapeutas chamam de *cisão amor-luxúria*. O lar era estável, bom, responsável e morto. Lá fora, a rua era excitante, ruim, egoísta e viva.

– Sabe – Mike me conta, depois que explico isso a ele. – Tenho um grande coração. – Ele tem mesmo, noto. – Não sou um desses tipos desligados, que não sente nada. Certo? – Ele se vira para Ângela, que mal concorda com a cabeça. – E tenho um corpo. Quero dizer, posso me mover, digamos, sexualmente.

– Sei.

– Só parece que não consigo fazer as duas coisas com a mesma mulher.

– Tudo bem – digo e faço uma pausa. – Mike, me fale sobre sua mãe.

Não fico surpreso em saber que a mãe dele era uma verdadeira santa, uma mártir resignada, fruto direto dos católicos irlandeses de Boston. Enquanto o pai chamuscava a terra, a mãe mantinha o fogo de casa aceso.

— Certo. Agora entendo de onde vem seu senso de direito.

— Senso de direito? O que você quer dizer?

— Sua expectativa, Mike, de que Ângela tolerará sua baboseira.

Ele abaixa a cabeça, furioso.

— Assim como a sua mãe fez – continuo. – Você recriou o casamento dos seus pais.

Mike fica chocado, mas me sinto um pouco otimista. Pelo menos, ele estava em terapia de casais, e se esforçando. Não sei dizer quantas mulheres muito transigentes atendi ao longo de décadas, que suportam o mau comportamento dos maridos durante anos, com medo de entornarem o caldo, para acabarem, mesmo assim, sendo deixadas por outra mulher. Falo com os casais com os quais trabalho sobre *intimidade intensa*, a coragem de encarar um ao outro com habilidade quando estão num estado de desarmonia.

Ângela e Mike se conheceram no ensino médio. Os dois tiveram criações parecidas, isso quer dizer as do South Boston irlandês, e Mike não era tão louco a ponto de imaginar que a esposa, de algum modo, aguentaria o sofrimento decorrente das suas várias artimanhas. Sua mãe aguentara, mas, como digo a ele, os tempos mudaram.

— Eu detestava sua bebedeira, você me deixar e ir se divertir com seus amigos – Ângela nos diz. – Mas achei que você sairia dessa. Perceberia. Só que... – Ela abre as mãos e olha entre elas, como se tivesse acabado de desenrolar um mapa – Nunca imaginei. Confiava em você, Michael. Pensei que tivéssemos uma ligação.

— Nós temos, Ange – ele geme.

— Tínhamos, Michael. Você quebrou isso – ela desvia o olhar. – Não sei onde estamos agora.

Onde eles estão agora, penso, *é à beira do abismo*. A dor reduziu Ângela à sua essência. Mas posso ajudá-los a passar por isso? Existe possibilidade de conserto?

— Você ainda o quer? – pergunto a Ângela.

— Não com a configuração atual — ela responde, com uma objetividade e força admiráveis.

— O que precisa mudar?

— *Ele*! Cada maldita célula nele. — Ela se vira para o marido. — É simples, Mike. Cresça ou desapareça.

Nossa, Ângela, no fim das contas você não é nada boba.

— Agora — ela acrescenta. — Mude agora. Ou não. Não vou esperar muito mais tempo.

— Ai, Ange — ele implora. — Meu bem, não...

— Não venha com "meu bem" para cima de mim — ela replica. — Guarde seus "bens" para suas namoradas.

Ele olha para mim, impotente. *Faça alguma coisa*, sua expressão diz.

— Mike, quer que eu fale?

Ele concorda com vontade, como que dizendo *Socorro! Me jogue um salva-vidas*.

— Tudo bem, vou dizer o que acho. Ela tem razão. Você tem sido um rolo compressor. — Explico sobre a grandiosidade de se achar no direito de *ser um garoto rebelde*. — Você é um delinquente de ensino médio aos 36 anos.

— Ei, nunca fui... — ele diz.

— Você sabe o que quero dizer — recuo. — Você poderia muito bem ter um cigarro enfiado atrás da orelha e uma camisinha no bolso de trás.

Ele ri da minha cara. — Acho que você deve estar na época errada. Mas eu não estou rindo. — Por que você se casou? Por que teve filhos?

— Amo a minha esposa — ele diz, incomodado. — Amo meus filhos.

Inclino-me para encará-lo. — Então, tome tento e proteja-os. Toda vez que você sai do seu casamento, você os coloca em perigo.

Ele não parece feliz ao me escutar dizendo isso.

— Mike — concluo —, tenho uma ótima novidade, que acho que você ainda não entendeu por completo.

— O que é? — ele pergunta.

— Você tem uma família.

*

Retornar. Reparar. Como você recoloca as peças? Por que até mesmo tentar? Chamo a fase harmônica de um relacionamento de *amor sem conhecimento*. À fase de desarmonia dou o nome de *conhecimento sem amor*. Agora, você sabe com muita certeza sobre todas as falhas e defeitos do seu companheiro. Vê tudo. Mas não o ama muito. Está por inteiro na conscientização do *você e eu*, encarando um adversário, lutando pela própria sobrevivência psicológica.

Como Ângela lida com Mike terá tudo a ver com as particularidades da Criança Adaptável dela. Só que sua adaptação costumeira – ser complacente, ser boa – acabou de se romper e cuspir no olho dela. Talvez esteja na hora de uma mudança. E essa é a recompensa conquistada de forma dolorosa e árdua pela desarmonia.

Lembre-se, para destravar uma via neural, o implícito precisa se tornar explícito. Para Mike é *tenho sido um adulto adolescente*. Para Ângela é *para encontrar a paz, tenho sido um capacho*. E o velho hábito não deve dar mais o ar da graça. *Prefiro estar presente para a minha família*. E *estou aprendendo a me colocar e ficar com os pés no chão*. Em outras palavras, ao tocar no fio condutor das infidelidades de Mike, ambos, com a minha ajuda, poderiam alterar sua maneira de ser para traços e comportamentos mais maduros, característicos das suas personalidades Adulto Sensato. *Minha família precisa que me faça presente para eles*, pensa o novo Mike. *É melhor eu me afirmar e enfrentar*, pensa a nova Ângela. Dessa maneira, ambos transformam sua natureza radicalmente, e o casamento entra num novo estágio de desenvolvimento, um estágio que pode incorporar a capacidade de reparação.

Fazer uma mudança permanente na atitude da Criança Adaptável envolve o que os neurobiólogos chamam de *reconsolidação da memória*, assim como mudar as expectativas automáticas da imagem negativa central.[13]

O entendimento emocional prévio de Ângela era "Se eu ficar passiva e complacente, vou me manter segura". Mas isso foi destruído pela traição, o que a tornou, no momento, bastante flexível.

A benesse da discórdia é a oportunidade para uma reconsolidação da memória. O novo entendimento de Ângela é "Me impor vai me manter a salvo. Não vou depender de Mike para me manter a salvo". Como não pode ser verdade que tanto a complacência quanto o fato de se impor a manterão a salvo ao mesmo tempo, chega-se à refutação, e ela tem uma nova verdade, um novo entendimento emocional, na rede neural implícita.

A reconsolidação da memória é uma mudança direta na Criança Adaptável (entendimento emocional implícito, subcortical) e não uma mudança no Adulto Sensato (córtex pré-frontal ligado e responsivo ao subcortical). Isso torna muito mais fácil para o Adulto Sensato estar no comando, porque ele tem menos a controlar no sistema subcortical. Experiências repetitivas nos encontros de vida real, refutando nossas expectativas negativas, têm o poder de curar relacionamentos pessoais e até, em alguns casos, se as condições forem adequadas, traumas severos. A bondade pode curar. A empatia pode curar, ainda que de forma indireta. A melhor maneira de abrir o coração de alguém, na verdade, é abrir o nosso.

O BENEFÍCIO DA REPARAÇÃO

A reparação é a terceira parte do ciclo de harmonia, desarmonia e reparação. Chamo a fase de reparação de *amor compreensivo*. Aqui você está bem ciente das falhas e insuficiências do seu companheiro – o temperamento que é intenso demais, o afeto que é pequeno demais, o desleixo, ou mesquinhez, ou o impulso de controlar – e ainda assim você escolhe amá-lo. O que o relacionamento lhe dá supera de longe o que ele tem em falta. Então, você assume aquelas partes do seu companheiro que, em outras circunstâncias, você evitaria.

Mike é toxicamente egoísta e dolorosamente imaturo. Ele também adora a esposa e os filhos – embora nunca se saberia disso pela maneira como ele vem se comportando. Será que Ângela ainda o quer? Sim, se ele conseguir crescer e permanecer fiel. Ela ama seu brutamonte. Ele é o marido mais sensível do mundo? Claro que não. Mas ele a anima com seu sorriso irritante, e, quando os cinco estão juntos, o que mais ela pode dizer? É o seu lar.

– Você tem uma escolha – digo a Mike. – Pode se conformar que é casado ou pode ficar livre e voltar a ser solteiro. Só não dá para fazer as duas coisas ao mesmo tempo.

Mike olha com tristeza para a esposa, por um bom tempo. Está tão desajeitado com seus sentimentos, tão inarticulado, que quase tenho pena dele até me lembrar de todo o dano que ele causou.

– Sinto muito, Ange – ele diz. – Não sei o que mais... Sinto muito, querida.

Sentada ao lado dele, ela fica ouriçada.

Intervenho. – Escute – digo a ela. – Só escute o que ele diz.

Mike olha para o chão.

– Olhe para ela – digo. – Fale com ela.

– É que... – ele começa, frustrado por não conseguir encontrar um jeito melhor. – Ângela, você é a melhor coisa que já me aconteceu. Você e as crianças, quero dizer. Vocês são *tudo*.

– Então, aja de acordo – ela responde com frieza.

– Eu sei, eu sei. Eu tenho sido um baita de um merda, sei disso. – Ela olha para ele. – Sou um babaca. Sei disso. Não mereço, mas se você pudesse, Ange, se de algum modo você pudesse me perdoar, eu nunca mais...

– Nunca mais o quê? – ela diz, esperando, sem se impressionar.

– Nunca mais te magoaria. Não assim. Jamais, Ange. Nem poria minha família em risco. Se você pudesse... Eu sei. Eu sei. Não sei por que você perdoaria. Mas, se você *pudesse* me perdoar, aprendesse a confiar de novo em mim... – Ele se cala e olha para ela.

Ela ergue o rosto para ele.

– Nunca mais, querido. Mal posso lhe dizer.

Suave, desprotegido, Mike expõe sua defesa. – Nunca mais vou te magoar assim. Farei qualquer coisa – diz.

– Ótimo – digo a ele. – Vou cobrar essa promessa.

*

Mando Mike embora. Sob minha orientação, ele vai para um tratamento intensivo no Arizona. Durante essa semana, meu grande imbecil de Boston faz psicoterapia, trabalho corporal, psicodrama, EMDR[14], terapia equina – pode escolher. Ele volta, como eu esperava, um homem mais flexível, mais conectado. Na nossa primeira sessão de retomada, ele chora seu remorso, e Ângela é generosa o suficiente para acreditar nele. Nos meses seguintes, faço uma escala nas sessões deles. Uma semana com os dois, uma semana só com Mike – sessões paralelas de treinamento em habilidade relacional, em assumir o papel de marido e pai. Não sou apenas o terapeuta de Mike, mas também seu mentor.

E essa é outra diferença-chave entre Terapia de Vida Relacional e terapia convencional. Os terapeutas de Vida Relacional, homens ou mulheres, passam com naturalidade a uma relação de aconselhamento. Falamos com a autoridade da nossa formação e experiência clínica, sem dúvida, mas estamos fundamentados na nossa própria recuperação relacional com mais profundidade. Somos mais como padrinhos dos doze passos do que terapeutas tradicionais, que mantêm certa distância. Veja o poder que desperdiçamos quando nós, terapeutas, nos escondemos atrás do muro do "profissionalismo" e da "neutralidade".

– Se você vem de uma cultura patriarcal individualista disfuncional, Mike – digo –, eu também venho. Se você cresceu numa família disfuncional, eu também cresci. Eu costumava ser a minha versão de você, Mike. Magoado, magoando, cheio de direitos, sem noção. Mas, com a ajuda certa, cresci. E sabe de uma coisa, meu caro amigo? Se eu consegui, você também consegue.

Mike não está olhando para mim. Enquanto falo, ele olha para a esposa.

– Esse olhar que você deu a ela é bonito – observo. – Consegue pôr esse olhar em palavras?

– É que eu...

– Fale para ela.

Ele se vira, de modo a todo o seu corpo ficar de frente para a esposa. – Não sei, quero dizer, entendo por que você não confia em mim, Ange. – Ele abaixa a cabeça.

— Olhe para ela — instruo, e, quando ele ergue o rosto, algumas lágrimas tímidas escorrem dos seus olhos.

— Quero dizer, não sei como, quero dizer, onde é que você vai buscar a... você sabe, para voltar a confiar em mim. — Ele estende o braço, ela pega na sua mão. — Mas você pode confiar em mim. Não precisa acreditar ainda. Quero dizer, sei que tenho que provar isso a você — suspira. — Mas eu sei. Pode ser que você ainda não saiba, mas eu sei. Aprendi — e agora as lágrimas correm soltas — que você é a melhor coisa que já me aconteceu. — Ele para, respira fundo de um jeito entrecortado. — Vou te tratar da maneira que me sinto em relação a você. De verdade.

Ela se vira para ele. Ele pega a mãozinha dela e aperta-a no seu peito, junto ao seu coração. — Daqui de dentro — ele diz, pressionando o peito. — Daqui de dentro.

Ângela se vira para ele.

— Quer que ele te abrace? — pergunto, e ela confirma com a cabeça. — Vá em frente — digo, enquanto eles sucumbem um ao outro. — Abracem forte. Abracem forte.

Harmonia, desarmonia, reparação.

Nossa cultura fica deslumbrada com a fase harmônica dos relacionamentos. Um ótimo relacionamento não tem uma discordância real, assim como um ótimo corpo não tem gordura na barriga, e uma ótima vida sexual é como a de alguém com 20 anos. Hoje em dia, pelo menos na minha área, a palavra de ordem é *sintonia*. Pais são aconselhados a terem uma sintonia infinita com seus filhos; cônjuges são ensinados a serem "ambientes acolhedores" extraordinários um para o outro. Mas, se você me perguntar, estou com Ed Tronick. O que garante a confiança num relacionamento não é a harmonia contínua, seja parental, seja conjugal. Pelo contrário, são as incontáveis repetições de sobrevivência ao caos. Como aponta Tronick:

> Mais do que uma sensação de desamparo, um bebê que tenha passado por incontáveis momentos de engano para se reconectar

desenvolve uma maneira esperançosa de interagir com seu mundo. Ele criou um significado específico com sua experiência, de expectativa otimista, o que lhe dá uma sensação de resiliência.[15]

Ouçam todos vocês pais superprotetores ansiosos: a resiliência não decorre da ausência de desarmonia e discórdia, mas da sobrevivência dela em vocês, *como um par*. A vida é confusa, mas vocês estão nisso juntos. Vocês passam por desarmonia, divergência e fracassos em sintonia, como perturbações no campo relacional, mas não como rupturas insuperáveis.

Além disso, seja para seu relacionamento, seja para sua parentalidade, deixe-me compartilhar algo que a maioria dos meus clientes, assim como eu mesmo, achamos tranquilizador. Embora algum nível de desarmonia possa ser bom para o relacionamento, quando é que isso fica além da conta? Bom, acontece que Tronick, e a geração de especialistas em desenvolvimento infantil que veio depois dele, tem uma fórmula. Qual a proporção de sintonia e divergência que forma uma criança saudável? Quanto de desarmonia um relacionamento suporta para continuar sendo um ambiente acolhedor "bom o suficiente"? Setenta a trinta é o princípio usado pelos estudiosos.[16] Setenta por cento de desajuste e trinta por cento de sintonia – desde que o desajuste seja reparado. É como um jogador de futebol. Se em três de dez vezes você fizer um gol, você é ótimo – desde que seus companheiros de time o abracem nas vezes em que chutar para fora.

Então, como de fato fazemos uma reparação? Como nos reconectamos, uma vez que ocorra o rompimento? Para pais e bebês é simples, eles só precisam se reencontrar. Para adultos que já têm uma bagagem é mais complexo. Somos provocados. Dores novas evocam dores antigas. Conflitos atuais estão cheios de cicatrizes causadas por danos antigos. Povoamos nosso presente com expectativas do nosso passado. Um tratará o outro como foi tratado.

Os neurobiólogos falam de tais expectativas negativas como parte da nossa memória implícita, as suposições projetadas sobre nós mesmos no mundo e como o mundo reagirá a nós. Nossas expectativas negativas no presente são transferências, um tipo de aprendizado, por assim dizer, do nosso passado – de discórdia que foi excessiva ou muito intensa, ou seja, traumática – ou de discórdia que foi deixada com frequência sem conserto, como em *Bom, afinal de contas, você me fez fazer isso! Dói mais em mim do que em você.*

A chave está na experiência sentida de segurança,[17] e segurança, pela minha perspectiva de terapia familiar, é uma questão de limite – uma questão de regulação de distância. Você não vai me bloquear e me abandonar; nem vai me invadir e tentar me controlar. O neurocientista Stephen Porges coloca que sentir segurança em outra pessoa com quem interagimos consiste em duas características importantes: a ausência de um plano e a ausência de julgamento.[18] *Não vou invadir nem desaparecer.* O que precisa ser acrescentado ao insight de Porges é que a situação não é estática nem individual. Os membros de um casal com frequência regulam um ao outro. Se você se sente invadida, pode dizer: *Ei, dá para fazer o favor de tirar o pé do meu pescoço? Não gosto disso.* Ou, se seu companheiro some, você pode dizer: *Ei, volte aqui. Sinto sua falta.* Companheiros num relacionamento saudável chamam um ao outro de volta ou puxam um ao outro para dentro. Eles regulam a distância um do outro. E esse é outro grande dom da discórdia; é a chance de se colocar e remodelar elementos do relacionamento.

NÃO SEJA UM PASSAGEIRO NA SUA PRÓPRIA VIDA

Na cultura individualista dominante, nosso relacionamento com relacionamentos é passivo. Conseguimos o que conseguimos e reagimos. Mas aprender a viver relacionalmente, com arte e esmero, abre a possibilidade de que nossa opinião será ouvida nos nossos relacionamentos. Você é mais do que um passageiro indefeso, saturado de expectativas negativas, conduzido pelas estratégias perdedoras da Criança Adaptável. Mesmo quando você é provocado, pode tirar um minuto, ou vinte, e acessar seu eu Adulto Sensato, sua parcela que pode parar, pensar, observar e escolher. A desarmonia é, para seu relacionamento, o mesmo que a dor é para seu corpo físico.

É um sinal de que algo está errado, de que alguém precisa repensar. Nosso córtex pré-frontal pode processar esse sinal e escolher o que fazer a respeito. No entanto, a conscientização do *você e eu* sabe bem o que fazer em tempos de desarmonia: (1) se envolver em certezas, (2) tentar controlar o outro, (3) soltar toda emoção e violação, (4) retaliar, (5) se fechar – ou qualquer combinação de todas essas cinco estratégias perdedoras.

Quando somos provocados, os danos do passado vêm à tona. Nossa varredura corporal nociceptiva (*Estou seguro? Estou seguro? Estou seguro?*) diz não! Nossa reação automática nos puxa para a conscientização do *você e eu*. Danos no presente evocam danos do passado, e tendemos a escolher companheiros que, não importa o quanto pareçam ótimos no começo, são projetados para nos jogar de volta no nosso estrume da infância. Esse não é um casamento ruim; para a maioria, *isso é* um casamento. O que torna um casamento ruim ou bom não é a extensão da desarmonia, mas a presença ou a ausência de reparação.

Assim como quase todos os meus clientes, Mike e Ângela não faziam ideia de como era uma reparação. Com certeza, ele nunca havia visto isso na infância, nem Ângela. Conflitos e sua solução não eram itens importantes na família de Ângela, em que nada jamais era abordado ou processado com clareza. Todos, de modo estoico – e se você perguntasse a eles, eles diriam que com bastante alegria –, apenas iam tocando. Foi essa a estratégia de Ângela no casamento, não admitir nem mesmo se permitir ver. O custo da sua postura sempre boa de Criança Adaptável era não reconhecer a sombra. E talvez tenha sido esse o motivo pelo qual ela escolhera aquele garoto rebelde como marido. O custo da sua adaptação foi sua substância, sua autenticidade e sua garra, todas as qualidades que sua crise atual leva-a, agora, a reclamar.

Todos nós nos casamos com nossos assuntos inacabados. A maioria de nós acaba associada a algo muito familiar, seja incapacidade, seja limitação ou transgressão. Somos atirados de volta ao caldo dos nossos traumas relacionais da infância. O que faz um grande relacionamento não é evitar a repetição desse trauma, mas lidar com ele. E – se tivermos sorte, como Ângela – também casamos com o próximo passo do nosso próprio desenvolvimento. Ângela escolheu Mike para obrigá-la a se abrir. E, de uma maneira bastante ignorada, Mike sabia que, cedo ou tarde, Ângela o colocaria na berlinda.

No entanto, para usar a crise, em vez de ser abafado por ela, é preciso se manter acima do fluxo de reatividade que ameaça nos engolfar. Você precisa ter uma habilidade que possa ser cultivada e reforçada, a habilidade da autorregulação. Mas assim como Tronick, e todos os neurobiólogos interpessoais nos mostram, a capacidade de autorregulação emerge de experiências bem-sucedidas de reparação. É difícil ser otimista sobre uma reparação ser possível ou não se você nunca passou por uma.

Provoco Belinda, dizendo que um dia escreverei um livro de memórias do nosso casamento (eu, hein!). Tenho até um título provisório: *Uma luta que vale a pena*. E é assim que é ser humano. Uma mágoa que vale a pena suportar. Nós fincamos o pé, fundamentados na humildade das nossas próprias imperfeições. Quem somos nós para nos considerarmos todo-poderosos? O poeta W. H. Auden escreveu no seu belo poema "As I Walked Out One Evening" [Enquanto eu saía certa noite]: "Você deve amar seu vizinho desonesto / com seu coração tortuoso".

É possível que você esteja se perguntando: Qual é o lado escuro do meu relacionamento atual? Do que sinto falta? O que fica dando errado? E depois pode se perguntar: Como lido, em geral, com esses problemas? Eu cobro, reclamando? Ponho tudo em pratos limpos, em termos assertivos, demonstrando minha retidão? Desabafo? Retalio? Fecho-me e evito? E, por fim, se a jogada fosse minha, se eu pudesse ficar só mais alguns minutos investido do meu Adulto Sensato, como lidaria com as coisas de um jeito diferente? Como seria se recebesse meu companheiro com compaixão, em vez de julgamento ou controle? Que mudanças precisaria fazer dentro de mim para evocar minha própria maturidade, e nela me ancorar, seja qual for a reação do outro?

No capítulo 8, analisarei as ferramentas e as etapas práticas da reparação. Mas o primeiro passo crítico é se lembrar do amor, se apoiar numa parte sua que quer reparação, para começo de conversa. Por mais que você sinta mágoa, desilusão e raiva, ainda assim, diga ao seu companheiro abalado: "Bom, de fato, às vezes você consegue ser um verdadeiro idiota. Sabe, tem vezes que nem mesmo sei se te amo ainda, ou você a mim. Mas, por favor, não fique aí parado na porta, ensopado e com frio. Você sabe que, às vezes, pode ser um desastre imperfeito, danoso e decepcionante. Mas, ei, tudo bem. Tenho quase tantas imperfeições quanto você. O que está esperando? A porta está aberta. Por que você não entra?".[19]

8
INTIMIDADE INTENSA, PODER SUAVE

Ninguém se deu ao trabalho de lhe dizer que estava acabado. Nem seu marido catedrático, nem seus amigos, sua família, e com certeza nem os filhos que eles estavam criando juntos. Houve sinais, é claro, bandeiras vermelhas, indicações às quais uma mulher mais sensata poderia ter prestado atenção: o fato de ele só chegar em casa tarde, as súbitas viagens de negócios, suas evasivas grosseiras, o aumento da sua irritabilidade, em especial quando era mais questionado. Todos os seus amigos lhe diziam para deixar o canalha, mas ela não o culpava de fato.

Não em retrospecto. Não era boba. Se seu casamento estava morto, os dois tinham-no matado juntos. Agora, quando o vasto platô da solidão se estendia à sua frente, ela se culpava tanto quanto a ele. Eles tinham aberto mão muito tempo atrás, anos atrás. Todo esse tempo, ela tinha dito para si mesma que era apenas uma fase difícil na longa história da vida deles. Ele estava muito ocupado com o trabalho, e três filhos exigiam muito. Ela sabia que eles tinham sofrido como casal, mas, segundo ela, era apenas uma época que não lhes pertencia. Deixe as crianças crescerem um pouco. Deixe-o se firmar na carreira. Eles já tinham sido uma dupla. O tempo deles voltaria. Era assim que ela pensava. Então, deduziu que os dois pensavam assim. Mas estava errada.

*

— Eu te disse — Phil afirma na nossa primeira, e talvez última, sessão. — Querida, eu estava sentado ao pé da escada, chorando feito um bebê, dizendo que você estava me perdendo. Você não se lembra?

Sentada ao lado do marido no sofá, Liz, de forma inconsciente, acaricia seu longo cabelo castanho. Com óculos redondos sem aro e um vestido simples cinza-claro, é como se ela fosse irromper numa canção de protesto a qualquer momento, juntar-se a um comício, marchar por uma causa; qualquer coisa, menos estar ali com o marido. Sua seriedade se equipara à sua absoluta perplexidade. Ela abre as mãos, implorando. — Mas pensei que você estivesse feliz — diz, pelo que ele considera ser a centésima vez.

— É, sei que você pensava. — Ele se vira para ela. — E posso te dizer por quê?

Fico a postos, pronto para intervir, se necessário.

— Posso te dizer por que você pensou que nós dois estávamos tão felizes?

Liz se encolhe na sua cadeira.

— Porque — ele diz —, porque você tem sido totalmente sem noção, é por isso!

— Bom, é possível, talvez — ela tenta.

Phil se vira para mim. — Não tem nada errado, a não ser que se Liz acordar de manhã e me vir esparramado na escada, com a garganta cortada, vai passar por cima de mim, dizer "Bom dia, querido" e me preparar uma xícara de café.

— Isso é muito injusto — ela diz, provocada.

— Liz — ele continua (branco, magérrimo e autoritário) —, eu disse, gritei, deixei os malditos e-mails dela abertos no meu computador...

— Ah, Phil — ela diz —, achei que fosse bobagem. Uma paixonite de menina de escola. Olhe, você é carismático. Eu pensei...

— Só que não é uma paixonite. Ela não é uma menina e não é uma das minhas alunas.

— Agora eu sei disso — Liz concede, repreendida.

— Você precisava do quê? — Phil continua, furioso. — De uma flecha pintada com batom?

— Tudo bem — intervenho. — Já basta.

Ele se recosta no sofá, se refazendo. — Nós abrimos mão, Lizzie — ele diz, baixinho. Sob a raiva, consigo sentir nas suas palavras uma mágoa reprimida.

— Acho que se você fosse bem honesto, Phil, diria que ela abriu mão de você — digo com calma.

— Não. — Ele sacode sacode a cabeça. — Não, foi um trabalho de equipe. Negligência de equipe — ele acrescenta, amargo.

— O que isso quer dizer?

— Sabe quando dizem "Nós nos afastamos"?

Confirmo com a cabeça.

— Bom, nós não nos afastamos. Nós evaporamos, fomos lá para cima. Ela colocou tudo nas crianças. Eu fui trabalhar e — ele se volta para a esposa —, antes de nos darmos conta, restava muito pouco. Estávamos esgotados. Jogamos a toalha.

Ao lado dele, Liz chora baixinho.

— Você não sabia? — pergunto a ela. — Não sabia o quanto ele estava infeliz?

Ela sacode a cabeça, enxugando as lágrimas. — Eu só...

— A gente não conversa — Phil responde por ela. — Eu e a Liz, entende? Somos executores, não faladores. Tem um projeto, alguém passando necessidade? Quer sair em um encontro duplo, uma excursão? Essa parte a gente faz muito bem.

— Minha nossa! — Liz exclama, pálida, magoada e devastada. — Eu pensava que tudo aquilo era muito divertido.

— Era, querida — ele diz a ela. — E você fez tudo isso. Você era o lar. Você era os encontros das crianças com os amigos, o esqui, o teatro das crianças. Sou muito agradecido...

— Bom, então, por que...

— Só que não sobrou nada para mim, para nós.

— Mas isso tudo é nós — ela protesta. — Tudo o que você acabou de dizer...

– Para o conjunto, Elizabeth. Para nós cinco. – Ele se inclina mais para perto, tenso, zangado. – Mas não para *mim*. Não durante anos.

Liz suspira, esgotada e indefesa. Olha para o marido e pergunta com uma vulnerabilidade de partir o coração. – Então, e agora?

A mesma pergunta que eu também tinha em mente.

ELES TINHAM TUDO, MENOS UM AO OUTRO

Liz e Phil me lembram uma frase de para-choque da década de 1980 que dizia: MEU ESTILO DE VIDA ACABOU COM A MINHA VIDA. No papel, eles eram o máximo, tinham tudo. Eram bonitos, tinham os mesmos valores e apoiavam os mais necessitados. Na garagem, um SUV luxuoso estava pronto para levar as crianças para a proteção de suas escolas liberais. Mal fizeram sexo nos últimos quatro anos, mas como arrumar tempo, com crianças subindo na cama a qualquer hora e tantas coisas acontecendo?

Era raro eles brigarem; era raro discordarem cara a cara, e isso, na verdade, era parte do problema. Eles nunca foram da harmonia para a desarmonia, para a reparação. Em vez disso, iam da harmonia para cada um no seu canto. Seria possível dizer que, no casamento, tanto Liz quanto Phil eram individualistas ao extremo. Os dois se enterravam no trabalho – ele nas aulas e pesquisas, ela nas crianças e na família. O relacionamento do casal vinha em último lugar em relação ao tempo-energia, até não restar muita coisa mais. O casamento deles estava no limite, não por causa da crise aguda desencadeada pela infidelidade de Phil, mas, sim, por uma vida toda de abandono. O jardim deles havia murchado por anos de desatenção, não tanto por uma implosão, mas por uma simples deterioração.

Liz era uma individualista romântica expressiva, focada, como acontece com tais românticos, no desenvolvimento, no desdobramento da jornada singular de cada pessoa para chegar à evolução, o *Bildung*, como dizem os românticos alemães.[1] Mas ela não estava frequentando aulas de meditação ou pilates. Não era no próprio desenvolvimento que estava focada, e sim no crescimento interno dos seus três filhos, o que não devia ser negligenciado. Liberal, ela vivia como uma representante da mãe individualista romântica, acompanhando as crianças nas várias práticas esportivas e aulas de arte. Era o desenvolvimento dos filhos, o *Bildung* deles, que a preocupava e lhe dava sentido.

Phil estava envolvido na mesma medida. Protestando ineficazmente de tempos em tempos, ainda assim ele prosseguiu com o programa tradicional dos Estados Unidos. Ia trabalhar e era um pai interativo ao chegar em casa. Mas renunciou a tudo o mais que dizia respeito à família e ao romance do casal.

Já ouvimos muito, ao longo dos anos, que mulheres como Liz não têm voz nos relacionamentos. Que as mulheres abandonam suas necessidades para se acomodar. Na cartilha do patriarcado, uma boa mulher, como Liz, não tem necessidades próprias; isso seria egoísmo.[2] Uma boa mulher vive para servir os outros. Mas um homem como Phil também não tem voz. Com exceção de uma luxúria que talvez estivesse sempre a postos, um homem forte não deveria ter necessidades emocionais, nada vulnerável, com certeza. Um homem forte deveria ser tão sem necessidades quanto sua esposa, a bondade dela pelo poder dele. Uma "boa mulher" silenciada encontra um "homem forte" silencioso, nenhum dos dois capaz de dizer algo tão simples quanto *Ei, eu bem que gostaria de um abraço*.[3]

Liz e Phil são amostras do bom e velho tecido ianque da Nova Inglaterra. Nasceram para aquelas newsletters das festas de fim de ano, detalhando o mais recente sucesso de cada membro da família: a promoção de Phil, a peça escolar de Olívia, Brian arrasando na quadra de tênis e a pequena Amy balbuciando em francês. E Liz presidindo – mamãe, a deusa assexuada, toda prestativa. Phil e Liz tinham isso tudo – exceto um ao outro.

– A gente não conversa – Phil disse. – A gente *age*.

O que poderia ter sido bom, caso ambos estivessem em uníssono no contrato. Funcionou até Phil querer mais. Tentar afastar Liz das crianças foi quase impossível.

– Então – intervenho –, quem é a outra mulher?

Phil se encolhe, enquanto Liz se controla. Nenhum dos dois fala.

– Outra *menina*, se poderia dizer – Liz por fim me conta.

– Acabou. Não tem importância – Phil descarta com veemência.

– Por quê? – Liz pergunta. – Alguém perdeu o mordedor de dentes dela?

Phil sacode a cabeça, afastando uma contrariedade. – Não se trata do que eu tive com ela – ele informa. – É o que não tenho com você, Liz. O que paramos de ter um com o outro.

– Você me culpa? – ela pergunta, enfim brava. – Fui eu que fiz você me trair? É isso agora?

– A gente apenas se perdeu – ele diz, esvaziado.

– Então diga alguma coisa! – ela se lamuria. – Me pegue pela garganta e faça com que eu perceba.

– Eu tentei! – ele exclama.

– O que, aquela única vez? – Liz diz, incrédula, com mais energia. – Uma maldita vez, e eu nem ao menos sabia de que diabos você estava falando. "Você está me perdendo" – ela cita, com desprezo. – Jura, Phillip? Ótimo. Por quê? Como? Que merda eu deveria fazer a respeito?

– Você perguntou? – ele diz, sem convicção.

– Você propôs? – ela retruca.

E lá vamos nós, penso. *Xeque-mate. Não pergunte e não se ofereça.*

Liz e Phil, bem-educados pela família, eram cordiais demais para lidar um com o outro. Ambos foram criados por pais fechados, sempre harmoniosos. Eram como fantasmas, rodopiando, rodeando um ao outro, sem se tocar de fato.[4] Eram ambos esquivos ao amor, pessoas criadas em famílias fechadas, em que a pura erupção de conflito, mágoa e necessidade parecia bem deselegante.

– Somos executores, não faladores – Phil me informara.

Bom, penso, *isto é ótimo. E agora, aqui estão vocês.*

Eis como o jornalista John Taylor descreveu o fracasso da sua própria união: "Nosso casamento não era infernal, era só desanimador, um mecanismo tão afetado por pequenos ressentimentos e decepções insignificantes que suas partes não se encaixavam mais".[5] Os "pequenos ressentimentos" e as "decepções insignificantes" de Taylor foram, assim como os de Liz e Phil, com toda a certeza, deixados sem reparação.

Como quase todos os casais que encontro, Liz e Phil não possuíam, no seu relacionamento, um *mecanismo de correção*. Os bons casais regulam um ao outro – conflitos irrompem, ou a distância parece opressiva, mas eles discutem a respeito, e as coisas melhoram. Mas, para um casal como Liz e Phil, nada irrompe, a distância é normalizada, e nada melhora. Então, alguém enfim faz algo para fomentar uma crise – alguém fica doente, ou um filho se torna sintomático, ou um deles busca algo ou alguém, além de um ao outro. Segundo Thoreau escreveu em *Walden, ou A vida nos bosques*, a maioria dos homens leva uma vida de discreto desespero. Outros, não tão discreto. Liz se acomodara, mas Phil precisava de mais. Embora de maneira nenhuma eu aprove a maneira como ele fez isso, e disse isso, alguém precisava dar uma chacoalhada no casamento deles antes que escorregasse por completo da face da Terra.

Como bem observou minha colega Esther Perel, você não parte para um caso procurando uma pessoa diferente. Você sai procurando um você diferente.[6] E, como terapeuta que trabalha com infidelidade, quero saber que via de vitalidade se abriu no relacionamento ilícito para trazer algo daquela essência de volta para casa. Mas, quando a maioria das pessoas, como Phil e Liz, pensa em manter seu relacionamento prazeroso, sem dúvida eles se referem à fase harmônica. Prazeroso, na nossa cultura, significa quente. Mas num casamento de verdade o tesão vem do tesão. A verdadeira paixão parte do conflito real, do compromisso total, de encarar um ao outro. Se você quer os pontos altos, aceite os baixos. No mínimo eu precisava que Liz e Phil ouvissem isto: fazer uso da evitação para ter um funcionamento tranquilo é uma morte romântica. Os casais precisam ter atritos de vez em quando para ir mais a fundo.

INTIMIDADE INTENSA

A intimidade intensa é a capacidade essencial para confrontar problemas, assumir um ao outro.[7] É o que nem Phil, nem Liz praticavam no casamento. Liz dirigia a família como uma máquina bem lubrificada, sem nenhum solavanco ou ondulação. Mas, quando começamos a pensar de modo relacional, ecológico, percebemos que é por meio dos solavancos que se constrói a verdadeira intimidade, o dom fértil da desarmonia. Yeats escreveu: "O amor armou sua casa / no lugar de excremento". A Família Perfeita de Liz, como Phil chamou-a uma vez, estava sugando a vida do seu marido.

Mas Phil dizia isso? Como Liz pediu, ele a "pegou pelo pescoço e sacudiu-a?". Liz chegou a notar que seu relacionamento estava cada vez mais anêmico? Sentia falta dele? Não pareceu. Ela parecia estar bem. Phil olha para ela, agora, como se estivesse desesperado.

– Sob nossa superfície de amabilidade, acha-se um núcleo de mais amabilidade insossa – ele declara.

– Nossa, Phil – diz Liz, magoada e brava. – Isso é muito cruel.

É cruel, penso. *E deplorável. Mas não quer dizer que não seja verdade.*

Trabalho em Boston e já vi muitas famílias como as de Liz e Phil. Sistemas inteiros emperrados na fase da harmonia, ou, com mais precisão, numa espécie de falsa harmonia, impelida não por romance, mas por negação. Certa vez, vi uma charge em que uma mulher rabisca com batom vermelho na parede da sala: *Nada jamais acontece aqui!* Algumas famílias são tão civilizadas, tão reprimidas, que nada tão indecoroso, como emoção – mágoa, raiva ou pânico –, ousa fazer uma aparição indesejável. Crianças que choram são mandadas para o quarto para "se acalmarem". Ninguém aprende a passar da desarmonia para a reparação, porque a própria desarmonia é exilada, ou pelo menos ignorada.

Para Liz, a mais velha – uma criança heroína, uma boa menina –, essa cultura cheia de aparências, retidão e negação funcionou bastante bem. Mas Phil, embora não chegasse a ser um rebelde, tinha de fato uma veia nele, alguma paixão. Foi isso que a atraiu, aquela centelha de vivacidade. E no começo houve uma faísca entre eles. Mas, com as três crianças, o mundo deles ficou cheio de atividades, responsabilidades, aulas de piano, palestras na escola, fins de semana de esqui e jogos de hóquei. Liz se sentiu completa, mas Phil se sentiu sozinho. "Família nota dez, casal zero à esquerda", ele me contou. Tentou convencer Liz algumas vezes. "Vamos deixar as crianças com seus pais e dar uma fugida no fim de semana!" Mas algo sempre os impedia. Com aparente bom humor, ele se submeteu às exigências da sua família, adiando seus desejos. Veja, ele estava tão pouco disposto a encarar os próprios sentimentos incontidos quanto os de qualquer outra pessoa.

Então, uma tarde ele se viu caminhando ao longo do rio com uma jovem colega com quem não tinha nada que se abrir. Mas, mesmo assim, se abrira. Diana arrancara, esmiuçando até, todos os sentimentos que ele pensava que tivesse abandonado. Assim como a maioria dos casos, o sexo não era o verdadeiro propulsor, e sim o erotismo no seu sentido mais amplo. Mais do que sexo, o que Diana oferecia a Phil era a emoção de uma atenção cuidadosa – contato. Quando os homens se apaixonam por mulheres mais jovens, alegando que isso desperta sua juventude, o que eles querem dizer com mais frequência é que isso desperta sua vitalidade perdida. O refrão universal de praticamente todos os infiéis amorosos é "Fez com que eu me sentisse vivo".

No capítulo 7, descrevi duas áreas que analiso quando encontro infidelidade: a personalidade autocentrada do infiel e a saúde do relacionamento. Nesse caso, não percebi Phil como um narcisista radical. Alguém precisava quebrar uma janela e deixar entrar ar fresco na casa deles. Nós, terapeutas, encontramos apenas dois tipos de casal: os que lutam e os que se distanciam. Com os que lutam, em geral me vejo tentando recuperar o que eles têm de bom em meio às suas várias queixas, o que os mantém juntos – o *nós* deles. No caso dos casais distantes, com mais frequência acontece o oposto. Em vez de buscar os elementos de reparação, primeiro preciso ajudá-los a trazer à tona todos os problemas de degradação a que eles se recusaram olhar com atenção. Antes que seja possível haver um *nós*, precisa haver dois *eus*.

Como terapeuta, ajudo cada cônjuge na capacidade de se manifestar, expondo suas necessidades não ditas e sua angústia. Nos casais distantes, não se cria intimidade entregando-lhes um buquê e ajudando-os a dar uma escapada romântica. Primeiro é preciso dar-lhes uma marreta para demolir o edifício claustrofóbico que eles construíram. Depois, você lhes ensina o que de fato é se atracar um com o outro.

Que tipo de casal são vocês nessas raras ocasiões em que se descobrem com problemas entre si? Vocês tendem a brigar ou a se distanciar? Precisam encontrar maneiras mais construtivas de conversar um com o outro – com menos acusações e críticas e mais compartilhamentos humildes das próprias experiências junto a uma curiosidade verdadeira sobre a experiência do seu companheiro? Ou uma boa briga, como uma tempestade de verão, sacode algumas folhas e limpa o ar?

Lembre-se, em termos gerais, quero que o fraco se empodere e o forte se dissolva. Se você estiver acostumado a reações contundentes, zangadas, vá devagar, fique vulnerável, amoleça e conduza, não com assertividade, mas com seu próprio coração aberto. Se for mais do tipo esquivo, ou um adepto inveterado de agradar os outros, arrume coragem. Ouse abalar as estruturas. E daí se seu companheiro ficar furioso? Não desista, continue, afirme sua posição, leve a cabo.

Inúmeros clientes, que são pegos tendo um caso, me procuram torcendo as mãos e confessando sentir ansiedade, depressão e total confusão, enquanto vão e vêm entre a companheira e a amante. "Tenho que ir até o fim disso!", exclamam. "Fazer uma maldita escolha e sair desse pesadelo!" Qualquer terapeuta que leve esse comentário a sério é alguém a quem eu chamaria de *novato*. Puxados, por um lado, pela paixão, sensualidade e conexão emocional da amante, e, por outro, pela estabilidade, família e domesticidade, esses cônjuges vão de um lado a outro na maior parte do tempo, com frequência mentindo tanto para a esposa quanto para a amante, prolongando a agonia e confusão por um simples motivo: eles querem ambas. Quero que eles tenham os dois, paixão e estabilidade. O desafio, é lógico, está em ter ambos num único relacionamento.

A paixão havia escoado do casamento de Phil e Liz não porque Liz se enterrara na criação dos filhos, mas porque Phil não tinha se colocado com firmeza e sido ouvido na sua legítima necessidade de mais.

– Bom, Phil – diz Liz quase no final da sessão. – Sem dúvida, estou te ouvindo agora. Você tem minha total atenção.

Àquela altura, Phil faz algo que eu não esperava; ele se curva e começa a chorar com uma dor imensa, comovente, natural. Tenta pegar na mão da esposa, mas ela o ignora.

– Você não percebe? – ele diz, esfregando o rosto. – Liz, você não percebe? Isso é tudo que eu sempre quis.

– O que, minha total atenção? – ela pergunta.

– Não, você! – ele diz, exasperado. – Você. Não quero ninguém mais, mas quero, sim, você, a verdadeira você, desperta, viva, aqui comigo.

– Bom, tenho uma boa e uma má notícia para você, Phil – digo a ele.

– Vá em frente – ele diz.

– A boa notícia é que você a conseguiu. Ela está bem aqui, com você, agora. Missão cumprida.

– E a má?

– Você partiu o coração dela no meio do caminho.

Phil e Liz concordam em deixar de lado suas mágoas, ele prontamente, ela com relutância, e em trabalhar seu casamento. Como é bem verdade em situações como essa, esse casal teve que encarar a causa por trás da infidelidade de Phil – a distância entre eles – e a evidente dor provocada pelo seu caso.

– Existe esperança? – Phil me pergunta com uma vulnerabilidade tocante. – Na sua opinião profissional, com o que teremos que lidar?

– Isso é fácil – digo a ele. – Um com o outro.

ASSUMINDO UM AO OUTRO

Lidar um com o outro. O que essa frase significa de verdade? No seu mais básico, significa assumir um ao outro. Transmitir suas insatisfações, expressar seus desejos, fazer sugestões concretas sobre como as coisas poderiam funcionar melhor para você e, depois, se tudo correr bem, trabalhar como uma dupla para fazer a coisa certa. A reparação exige reivindicação (não agressão) do cônjuge infeliz sendo recebida com cuidado e reatividade (não numa atitude defensiva) pelo outro. Existe uma tecnologia a ser reparada, um conjunto de habilidades do qual poucos têm conhecimento na nossa cultura individualista, não relacional.

Pense um pouco. Onde foi que você presenciou a capacidade de reparação em relacionamentos? Na cultura como um todo? Duvido. Naquela escola de relacionamentos que chamamos de família?[8] Para a maioria de nós, isso nunca esteve em grande evidência ali. A verdade é que, a não ser que você tenha tido muita sorte e crescido num lar relacionalmente inteligente, aprender as habilidades de reparação significa desaprender o que você internalizou e fazer isso sob a orientação de alguém como eu – seja pessoalmente, seja através de workshops, cursos ou lendo, como agora.[9]

É possível aprender tais habilidades sozinhos, como um casal, sem de fato procurar aconselhamento profissional? Sim, muitos de vocês conseguirão se transformar e transformar seu relacionamento através de um autoaprendizado: livros como este, palestras, workshops. Em especial se os dois aprenderem juntos. Ainda que apenas um de vocês passe a dominar uma maior habilidade relacional, é possível que os padrões entre vocês mudem. Como saber quando é preciso ajuda? Simples. Vocês precisam de ajuda, enquanto dupla, quando fica claro que, por conta própria, não conseguem trabalhar juntos dessa maneira; os dois não conseguem olhar para si mesmos e ficar atentos. As coisas não são reparadas de fato. Nada muda muito.

Aconselho os casais a levarem muito a sério o cultivo de habilidades relacionais. Levar um ao outro a programas de fim de semana de enriquecimento, escutar pensadores sobre relacionamento, conversar entre si sobre o que aprenderam e o que estão trabalhando na própria prática relacional. Deixem seus filhos verem vocês se corrigirem entre si. Se seus filhos escutarem brigas – como acontecerá, não importa o quanto vocês se considerem discretos –, deixem que eles também escutem vocês fazendo as pazes. Ensinem a seus filhos harmonia, desarmonia e reparação, uma vez que o mais provável é que seus pais não o tenham feito. Munam-nos de habilidade; equipem-nos com conhecimento.

Então, quais são as habilidades de reparação? Você pode achá-las no meu livro *The New Rules of Marriage* [As novas regras do casamento], mas me deixe revê-las aqui e atualizar alguns pontos-chave. Em primeiro lugar, a reparação *não* é uma via de mão dupla. Quase todo mundo entende isso errado. Quando você se depara com um companheiro nervoso, essa não é sua vez, isso não é um diálogo. Liz não expõe todas as suas queixas como um convite para Phil, então, expor as dele. *Vocês precisam se revezar.* A reparação segue numa direção. Quando seu companheiro estiver num estado de desespero, sua única função é ajudá-lo a recuperar a harmonia com você, lidar com seu aborrecimento e apoiá-lo na sua reaproximação. Peço às pessoas que, quando estiverem perante um cônjuge infeliz, deixem suas necessidades de lado e cuidem da infelicidade do outro. Por quê? Porque é do seu interesse fazer isso. Lembre-se, de uma perspectiva ecológica, se um de vocês ganha e o outro fica em falta, ambos sofrem. O "perdedor" fará o "vencedor" pagar. Phil tinha seguido em frente pela convivência, sem reclamar e insatisfeito. Liz havia dominado o território – até que a conta veio por causa daquela tarde no rio.

Para ser sincero, a maioria dos casais não está inteiramente carente de reparação – eles só não são muito bons nisso. Phil tentou, de fato, contar a Liz do que ele precisava – uma vez só. A maioria das pessoas tenta, algumas vezes, resolver as coisas e tornar a vida melhor, mas aprendemos bem rápido que tais esforços não resultam em nada ou provocam reações defensivas e intensificação.

Assim como o sujeito grande na gangorra, gritando para a esposa descer, de início concentramos nossa atenção no que nossos companheiros estão fazendo de errado, não em como poderíamos contribuir. Focamos como nos sentimos não escutados, não como poderíamos falar de maneira mais clara. Aqui está uma alternativa: "Lamento que você se sinta mal". Por que não começar com isso – compaixão? À compaixão não importa quem esteja certo e quem esteja errado. Você precisa abrir mão das duas orientações a que o individualismo tóxico o leva. O primeiro foco, chamado de realidade objetiva, é sempre nossa referência em tais momentos: "Bom, é verdade, me atrasei, mas o fato é que o trânsito estava..." Ninguém está preocupado com suas desculpas ou explicações. Nosso segundo foco costumeiro, quando confrontado por um cônjuge infeliz, é, com grande frequência, nós mesmos. "Ah, tenha dó. Quantas vezes tive que esperar enquanto você..." Sinto muito, ninguém está preocupado com você nesse momento. O que o outro quer saber é se você se preocupa com ele.

Pense em si mesmo como se estivesse no guichê de atendimento ao cliente. Se alguém lhe diz que o micro-ondas que comprou não funciona, essa pessoa não quer saber que a sua torradeira também não funciona. Nem está interessada nisso. A pessoa quer um micro-ondas novo. Cuide primeiro do seu cliente. Só depois que ele estiver satisfeito, haverá espaço para você e sua experiência.

Então, a reparação equivale a uma fala habilidosa que encontra uma reação habilidosa. Vamos tratar de cada uma por vez.

Vamos tomar Liz e Phil como uma história exemplar. Quando você está insatisfeito com um aspecto do seu relacionamento, é fundamental que diga algo em vez de varrer para debaixo do tapete. Mas existe uma diferença entre falar da maneira que a maioria de nós fala, nesta cultura, e falar de uma maneira que poderia, de verdade, fazer você ser ouvido. Você pode começar tirando o dedo acusador de perto do rosto do seu companheiro. Não sei dizer quantas vezes alguém entra na minha sala dizendo: "Preciso pôr para fora alguns sentimentos", seguido por "Você fez isso, e depois você fez aquilo. Você nunca. Você sempre. Você, você, você". Sempre que isso acontece, inclino minha cadeira para trás, espreguiço e digo: "Avise-me quando os sentimentos forem começar". Fique no seu quadrado, não acuse – fale sobre si mesmo. Não "Liz, você é esquiva", e sim "Liz, não estou satisfeito".

Quando você começa a viver de forma relacional e ecológica, assume responsabilidade pelo que pensa. Lembre-se, aqui a chamada realidade objetiva não tem vez. Existe a minha lembrança, a minha construção dos acontecimentos, e existe a do outro. Na terça-feira, Belinda diz: "Tenha um bom dia". Recebo o que ela diz como algo carinhoso. Na terça-feira à noite, brigamos. Quando ela diz "Tenha um bom dia" na manhã seguinte, imagino que esteja sendo sarcástica. E tenho um conjunto muito diferente de sentimentos a respeito. *As emoções acompanham a percepção*. A maneira como você percebe algo determinará como se sente a respeito.

 O que acontece entre nós é apenas um material, dados brutos. Nossa mente nos diz o que o dado significa. Contamos a nós mesmos uma história sobre o que acabou de acontecer e, em geral, nossos sentimentos acompanham a história que construímos. Belinda está sendo gentil. Belinda está sendo sarcástica. Viver além do individualismo requer que cada um de nós assuma responsabilidade pelas nossas próprias interpretações. "O que eu entendo" é uma frase que peço para meus clientes usarem. O que eu entendo é que você está sendo sarcástica. O que eu entendo é que, sob sua raiva, existe mágoa. Não somos clarividentes nem as vozes autorizadas da realidade objetiva. Mantenha-se no subjetivo; mantenha-se na humildade. "Foi assim que senti, certo ou errado. É assim que me lembro disso. Essa é a história que conto para mim mesmo sobre o que aconteceu." Aqui está o truque. Em geral, você não pode lesar alguém quando fala a partir da primeira pessoa, a partir do seu *eu*.

E, com um pouco de prática, não há nada que você precise dizer que não possa ser atribuído à sua interpretação, à sua experiência.

FALANDO PELA REPARAÇÃO

Convido-o a usar a *roda do feedback* de Janet Hurley, uma forma de falar que possui quatro partes.[10] Trata-se de uma estrutura que você pode usar para organizar seus pensamentos e se colocar com mais habilidade quando estiver magoado.

1. É assim que me lembro do que aconteceu.
2. É assim que entendi a respeito disso.
3. Foi assim que me senti.

E aquele passo muito importante que a maioria das pessoas deixa de lado:

4. Isto me ajudaria a me sentir melhor.

Em outras palavras, é assim que poderia ser a reparação.

Você precisa ajudar o outro a agir com você como esperado. Diga a ele como gostaria que ele fosse. Ajude-o a vencer. Ajude-o a ser bem-sucedido, porque é do seu interesse agir como uma dupla. Na nossa cultura individualista, ou seu companheiro faz o necessário para você, ou não. Mas, quando você começa a pensar de forma relacional e ecológica, percebe que tem algo a dizer sobre como as coisas vão entre vocês. "O que posso fazer para te ajudar a me dar a mão?" é uma questão bastante relacional. Pensar como uma dupla é o antídoto claro a pensar como dois indivíduos. É uma mudança de "Não gosto do jeito como você está falando comigo" para "Querido, quero ouvir o que você está dizendo. Poderia, por favor, abaixar a voz para que eu possa ouvir?". Uma mudança de "Preciso de mais sexo" para "Nós dois merecemos uma vida sexual saudável. O que deveríamos fazer a respeito?".

PODER SUAVE: FORTE E AMOROSO AO MESMO TEMPO

Com muita frequência, quando decidimos nos manifestar, tanta coisa já se deteriorou que falamos de um lugar de raiva e autoridade. Quero que você largue essas duas atitudes. Ensino tanto homens quanto mulheres a se colocarem com amor, a exercerem o poder suave.

Dentro da cultura do individualismo e do patriarcado, você pode estar conectado ou pode ser poderoso – mas não pode ser as duas coisas ao mesmo tempo. Lembre-se disso. Poder é *poder sobre*, não *com*, então, quando você assume uma posição de poder, você quebra o fio de conexão mútua. A dominação não cria intimidade. No gênero binário do patriarcado, afiliação é "feminino" e poder é "masculino". A cooperação não está à vista. Esse é um ponto fundamental para as mulheres, em especial, entenderem. Com grande frequência, quando as mulheres (ou qualquer pessoa que ocupe o lado "feminino" da equação) mudam da acomodação para a reivindicação, elas apenas mudam do lado "feminino" para o "masculino". Elas afirmam o *eu*, mas o *nós* é esquecido. Ao encontrar sua voz, mulheres poderosas sempre se parecem muito com homens poderosos. Eis aqui a grande psicóloga feminista, Carol Gilligan:

> Para muitas mulheres, o egoísmo ainda é o oposto do educado, significando que para elas um "nós" não inclui um "eu" (ou admite apenas um eu muito atenuado). Na medida em que o feminismo passou a ver progresso em mulheres agindo mais como homens privilegiados, reclamando seu "eu", junto a direitos naturais à moda do individualismo inflexível do Iluminismo, que você descreve, ele encoraja as mulheres a trocar o altruísta "nós" para o egoísta "eu".[11]

Após cinquenta anos de feminismo, muitas mulheres ganharam o direito de serem tão não relacionais quanto os homens sempre foram. Quero mais: não o que os terapeutas familiares chamam de *mudança de primeira ordem*, uma recolocação dos móveis, mas uma *mudança de segunda ordem*, uma revolução na estrutura fundamental. Quero que acabemos com o gênero binário, indo além da falsa dicotomia de poder ou pertencimento. O poder suave dá voz ao *eu* e valoriza o *nós* ao mesmo tempo.

Minha primeira exposição ao poder suave veio numa tarde de primavera, quando estava sentado na varanda do meu amigo Alan. Ele havia feito algo que me deixara com raiva (não precisamos entrar em detalhes). O fato é que fiz com que ele soubesse. "Não posso ficar aqui conversando como se tudo estivesse bem quando estou com isso entalado", eu disse. "Preciso te dizer..." E lá fui eu.

Alan ficou furioso. Como nossos filhos estavam brincando no gramado, e sua anchova recém-pescada estava no defumador, ele se inclinou para mim, e, embora não levantasse a voz, seu corpo tremia de emoção.

— Terry — ele disse —, a primeira coisa e a mais importante é que eu te amo. Você é um dos meus amigos mais queridos, e espero que a gente continue amigos pelo resto da vida. — Ele endireitou os ombros. — Dito isso, é o seguinte: você vem à minha casa, como meu convidado, e nesse encontro familiar você desfere uma energia contra mim da qual, como você sabe, passei boa parte da vida fugindo. Aqui na minha casa. Agora escute, não posso controlar você e não quero. Não posso impedir, mas, cada vez que você escolher trazer essa energia para mim e para a minha família, vou deixar claro que não gosto disso, porque não gosto mesmo. Nem um pouco. Estou me fazendo entender?

Fiquei boquiaberto, olhando meu amigo. Como já disse, sou um guerreiro. Minha primeira reação automática na conscientização do *você e eu* é lutar. Se Alan tivesse começado com "Quem você pensa que é?", minha Criança Adaptável adolescente e briguenta saberia bem o que fazer. Mas o espertinho me pegou com "Terry, eu te amo". Eu estava muito despreparado para isso. A coisa se esgueirou direto pelas sentinelas do meu coração, parafraseando Leonard Cohen. Aquilo me tocou.

O amor por mim, afirmado por Alan, me deixou envergonhado da minha raiva pretensiosa. Acordou-me. *Certo*, pensei, me lembrando de que era com Alan que eu estava falando. *Meu amigo*. Na minha raiva, tinha perdido o fio da nossa ligação. Sua explícita lembrança de amor percorreu meu corpo aos solavancos. Fiquei desconcertado, desarmado. Naquele momento de segurança e respeito, pude relaxar minha guarda indignada e descer da minha soberba. Até me vi pedindo desculpas pela minha péssima falta de noção e desabafo pior ainda. Ao afirmar no mesmo fôlego suas próprias necessidades e também o valor do nosso vínculo, Alan provocou um enorme impacto – muito maior do que se tivesse afirmado suas necessidades ou nosso vínculo por si só.

Formavam um casal surpreendentemente bonito. Alex era alto, negro e imponente na sua tranquilidade, ao passo que seu companheiro, Martin, pequeno, branco, loiro e perspicaz, parecia estar sempre em movimento. Apesar de serem millennials, Alex e Martin eram um casal clássico, estavam "se matando", segundo disseram, por causa do sexo. Alex queria transar quase o tempo todo; Martin quase nunca. Como qualquer bom terapeuta faria, extraí de cada um deles não apenas suas respectivas posições, mas também a interpretação, a narrativa do que o sexo representava para cada um.

Como grande parte dos homens, o jovem Alex filtrava muitas (se não todas) das suas necessidades emocionais através do sexo. Era a maneira de ele se conectar, sentir-se desejado, aprovado, amado. Existe um velho clichê em terapia familiar: um conversa com o outro para os dois irem para a cama; o outro leva os dois para a cama para que conversem. Como grande parte das pessoas, tanto homens quanto mulheres, Martin precisava sentir que havia conexão emocional para relaxar na sua sexualidade. Trazer tudo isso à superfície pareceu um alívio para a dupla, então fiquei satisfeito. No entanto, verdade seja dita, não tinha certeza de que seria de grande ajuda.

Duas semanas depois, eles voltaram só sorrisos, ansiosos para compartilhar seu sucesso. Logo depois da sessão, naquela noite, de fato, Alex tinha tomado a iniciativa para fazer sexo. Em vez de se afastar, Martin deu um beijo apaixonado no marido, olhou bem dentro dos seus olhos e disse:

– Quero que saiba que acho você um baita tesão. Amo você demais, te desejo, me sinto próximo de você e te acho incrível. A propósito, não estou a fim de sexo hoje à noite, mas me deixe repetir que alegria é ...

E, para espanto mútuo, Alex olhou fixo, boquiaberto e disse apenas "Ah, tudo bem". Não houve mágoa pela "rejeição" nem coerção ou raiva. Porque, perceba, ele se sentiu tão amado por Martin que conseguiu ouvir seu não.

Poder suave. Quando você precisar se posicionar, seja engenhoso. Cuide do seu companheiro o melhor que puder, valorizando-o e valorizando seu relacionamento com clareza. Comece fazendo-o entender que você precisa de reparação, esta é uma boa hora? Se ele concordar em falar, agradeça-lhe, comece com um reconhecimento, algo que ele disse ou fez pelo qual você se sinta grato, ainda que seja apenas valorizar a disponibilidade dele em se sentar e conversar. Em seguida, exponha suas intenções, em geral algo bom de se fazer: "Quero deixar o clima mais leve entre nós, *de modo a me sentir mais próximo de você*". Concentre no seu Adulto Sensato, córtex pré-frontal, e *se lembre do amor*. Lembre-se de que a pessoa a quem você está se dirigindo é alguém que você ama, ou pelo menos com quem se preocupa, e, seja como for, terá que viver com ela. Lembre-se de que o amor é uma prática de restabelecimento do centro. Você está falando com alguém que lhe tem importância, na esperança de melhorar as coisas. Se essa não for sua intenção, é provável que você esteja na sua Criança Adaptável. Pare! Dê uma volta no quarteirão, escreva no seu diário, jogue água no rosto. Isso não vai dar certo até você se autorregular.

Agora que você está centrado e seu companheiro está atento, siga pelos quatro passos da roda do feedback: o que aconteceu, o que você fez a respeito, como se sentiu a respeito e, por fim, do que você gostaria agora.

Quando nossos filhos eram pequenos, Belinda talvez tenha me dito algo assim:

1. Terry, você disse que estaria em casa às 18h e chegou às 18h45, sem qualquer aviso, enquanto fiquei esperando com as crianças para jantar.
2. O que deduzo disso é que você ainda tem alguns traços narcisistas e que dá mais valor ao seu horário do que ao nosso.
3. Senti-me muito sozinha, com medo do impacto nos nossos filhos, magoada e brava.
4. Agora, gostaria que você pedisse desculpas às crianças e a mim por causa disso. E me diga o que vai fazer para não repetir isso.

Repare que cada etapa da roda está completa em poucas frases. Seja conciso. E aqui estão mais duas dicas importantes. Primeira, quando expuser seus sentimentos, tenha certeza de estar expondo seus *sentimentos*, não seus pensamentos – mantenha-os separados. "Acho que você está zangado" não serve. Melhor seria "Deduzo que você esteja zangado e quanto a isso sinto..." Certa vez atendi uma pessoa que disse para a namorada: "*Sinto* que você é uma babaca". Depois, ele olhou para mim: "Melhor, doutor?". Huuum.

Existem sete sentimentos principais: alegria, dor, raiva, medo, vergonha, culpa, amor. Atenha-se a esses.

A segunda dica requer um pouco de prática para ser executada. Quando compartilhar seus sentimentos, ignore a primeira emoção que lhe surgir, sua emoção preferida, e comece com outras. Belinda e eu somos ambos combatentes. Nossa reação automática será raiva. Mas lembre-se de que, quando Belinda me deu o feedback sobre meu atraso, sua raiva veio por último, não em primeiro lugar. Ou seja, se você estiver acostumado a começar com sentimentos fortes, intensos, como raiva ou indignação, procure suavizar – busque sua vulnerabilidade e comece com ela. Encontre a mágoa. No entanto, se você começa com sentimentos inseguros, tímidos, menores, encontre sua força. Onde está sua raiva, a parte sua que diz "Basta"?

Aqui está o princípio: mudar sua atitude muda a dança entre vocês. A mudança de indignação para mágoa, assim como a mudança de uma reclamação morna para uma reivindicação empoderada, com bastante frequência evocará uma reação diferente da costumeira. Experimente. Mude o que você faz do seu lado da gangorra e veja o que acontece. Corra o risco de começar com uma parte diferente sua – vulnerabilidade para o assertivo, reivindicação para o tímido –, depois recue e observe.

Após dar seu feedback, você acabou. Abra mão. Descole-se do resultado, como dizem nos Alcoólicos Anônimos. Na terça-feira, seu companheiro reage com generosidade e responsabilidade. Na quinta-feira, ele diz que não está no clima para suas bobagens. A terça-feira é um bom dia para você, para seu companheiro e para seu relacionamento. A quinta-feira é um dia péssimo para seu cônjuge, um dia confuso para o relacionamento, e ainda um grande dia para você. Você fez bem em falar. É só isso que lhe cabe. Não foque os resultados. Em vez disso, foque o quanto você lida bem consigo mesmo. Foque sua própria atitude relacional.

ESCUTANDO COM UM CORAÇÃO GENEROSO

Tudo bem, digamos que é você quem esteja escutando o feedback do seu companheiro. E agora? Renda-se. Não fique na defensiva, não vá no "toma lá, dá cá", não tenha qualquer um daqueles comportamentos de Criança Adaptável. Você, aquele que escuta, também precisa estar centrado. Também precisa se lembrar do amor. O que pode dar a essa pessoa para ajudá-la a se sentir melhor? Pode começar lhe oferecendo a dádiva da sua presença. Escute. E faça-a saber que está sendo ouvida. Depois reflita sobre o que ouviu.

Se estiver perdido, apenas repita a roda do feedback do seu companheiro. No caso do meu atraso, poderia dizer à minha esposa: "Belinda, o que estou ouvindo é que você esperou com as crianças enquanto eu chegava atrasado em casa; você acha que é meu narcisismo; sentiu várias coisas a respeito – mágoa, preocupação com as crianças, raiva – e gostaria de um pedido de desculpas e de um plano". Essa reflexão é abrangente e perfeita? Não. Algumas terapias de casal pedem uma reflexão primorosa. Nós não. Se for você quem estiver falando, e o cônjuge que ouve deixou de fora coisas importantes, ou entendeu algo muito errado, ajude-o. Corrija-o com calma e depois o faça refletir de novo. Mas não seja minucioso ao extremo. Ser prestativo já é suficiente.

Agora que você escutou, precisa responder. Como? Com firmeza e com responsabilidade. Assuma o que puder, sem *mas*, sem desculpas ou motivos. "É, eu fiz isso" – direto ao ponto. Fique nisso, assuma esse fato de verdade. Quanto mais confiável você for, mais seu companheiro poderá relaxar. Se você perceber o que fez, se entender mesmo, será menos provável que fique repetindo esse comportamento. Por outro lado, não reconhecer o que você fez – mudando de assunto, negando ou minimizando – fará seu companheiro se sentir mais desesperado.

Agora, eis uma coisa interessante a se notar. Se for você quem estiver falando, vale a pena ser específico. A roda do feedback se refere a esse determinado incidente, ponto. A maioria das pessoas dá com os burros n'água ao intensificar suas reclamações, indo da ocorrência específica para uma tendência, depois para o caráter do companheiro. Por exemplo: "Terry, você se atrasou (Ocorrência). Você sempre chega atrasado (Tendência). Você nunca é pontual (Tendência). Você é mesmo egoísta! (Caráter)". Quando quem fala pula de um acontecimento específico para uma tendência (*você sempre, você nunca*) e para o caráter do companheiro (*você é um...*), a pessoa deixa esse companheiro ainda mais desanimado, e cada intensificação parece mais vil.

Então, repare que se quem fala passar de incidente para tendência e caráter, cada movimento torna as coisas piores. Se, contudo, quem escuta subir uns degraus, se expondo, cada movimento para cima parecerá maravilhoso para o cônjuge: "Eu fiz isso. Não é a primeira vez que faço isso. É uma falha de caráter em que estou trabalhando". Num dia bom, eu poderia responder a Belinda: "É, me atrasei. Deixei você e os meninos esperando em várias ocasiões.

Acho que isso é um resquício do meu narcisismo em que preciso trabalhar". Ora, esse é um pedido de desculpas satisfatório.

Uma vez que você escutou com atenção e reconheceu o que lhe foi possível sobre a verdade das queixas, conceda. Dê ao outro o que ele pede (o quarto passo na roda do feedback: *o que eu gostaria*). Comece com o que estiver disposto a dar, não com o que não estiver – outra prática simples que pode ajudar muito. No meu caso, Belinda diria: "Terry, quero que você me peça desculpas, peça desculpas às crianças, volte a se medicar e faça psicoterapia três vezes por semana para lidar com seu narcisismo". *Quero* responder, ou pelo menos minha Criança Adaptável quer responder: "Isso é ridículo. Não vou fazer tudo isso". Em outras palavras, confrontado com um bando de exigências, meu primeiro instinto é discutir. Então, veja só, se você começar discutindo, são grandes as chances de que acabará numa discussão. Em vez disso, respiro fundo, e meu Adulto Sensato responde: "Tudo bem, Belinda, vou me desculpar agora com as crianças e com você. Levo esse problema a sério e vou trabalhar nele com consciência. Se não conseguir mudá-lo sozinho, poderemos conversar sobre os próximos passos e buscar ajuda". Todo o resto que não estou disposto a fazer? Vou apenas deixar de lado.

Se seu companheiro pede que você faça X, Y, Z, você responde com: "Meu bem, vou fazer X e Z no máximo". Seja convincente. É claro que você acha que o outro vai dizer: "Ei, e quanto a Y?", mas pode se surpreender. Em geral, se você coloca certa energia naquilo que estiver disposto a dar, isso vai desarmá-lo, e, às vezes, ele até se sente grato.

E por fim, para vocês dois, deixem a reparação acontecer. Não descarte os esforços do seu companheiro. Não desqualifique o que estiver sendo oferecido com uma reação tipo "Não acredito em você", ou "Isso é pouco demais, tarde demais". Ouse aceitar sim como resposta. Se o que seu cônjuge estiver lhe oferecendo for de todo razoável, aceite, por mais imperfeito que possa ser, e relaxe. Lembre-se, existe um mundo de diferença entre reclamar sobre o que você não está recebendo e ter a capacidade de se abrir e aceitá-lo. Permitir que seu companheiro se redima, e volte a cair nas suas boas graças, é mais vulnerável para você do que cruzar os braços e rejeitar o que ele estiver oferecendo. Deixe-o ganhar; deixe que seja o suficiente. Passe para o *amor compreensivo*.

Houve uma época em que Belinda e eu brigávamos quase o tempo todo. Certo dia, eu estava fora de casa, numa cafeteria. Liguei para ela mais uma vez, esperando um respiro na nossa dança. "Belinda", eu disse, "está tudo bem com a gente? Devo voltar para casa?"

"Você é mesmo um babaca", ela respondeu, e, pelo seu tom, percebi na mesma hora que estávamos bem.

Temos um ditado em Terapia de Vida Relacional: "O tom supera o conteúdo". O tom revela em que parte do seu cérebro você está, na conscientização do *nós* ou na conscientização do *você e eu*. As palavras de Belinda tinham uma aparência abusiva e insultuosa, mas seu tom me fez saber que eu era seu pequeno babaca, carinhosamente impossível. Ela tinha passado para o amor compreensivo, sem ilusões e sem minimizar minhas falhas, mas com aceitação, das falhas e tudo o mais. Estava na hora de voltar para casa.

9
DEIXANDO UM FUTURO MELHOR PARA NOSSOS FILHOS

Como uma pessoa transforma um legado? Como damos aos nossos filhos uma experiência de mundo que seja mais rica, mais generosa, menos individualista e mais relacional do que aquela com a qual crescemos na nossa própria família? Até o trabalho bastante pessoal da sua própria recuperação relacional não tem a ver só com você, como um indivíduo isolado. A grande terapeuta de casais Hedy Schleifer pede aos seus clientes que tragam fotos dos filhos para as sessões. Ela coloca cada uma das fotos numa determinada cadeira. As cadeiras ficam à volta de Hedy e dos clientes enquanto trabalham juntos.

– Apenas se lembrem de que elas estão vendo – ela diz aos casais perturbados.[1]

Qual é o grande sonho dos pais, afinal, se não o desejo de proporcionar aos filhos uma vida melhor do que a nossa? Na maioria das vezes, pensamos nisso sob o ponto de vista material, mas falo com meus clientes sobre ascender psicologicamente – ousar viver num mundo mais feliz, mais conectado do que aquele dos nossos pais e, talvez, até do nosso atual.

Ted

Ted é um mulherengo crônico. Aos 52 anos, e no seu terceiro casamento, está considerando pela primeira vez a monogamia. Sentado com mais quatro sujeitos num grupo masculino que estou coordenando, ele fala sobre sua vida de mentiras e enganações. Homem branco grande, belo operário numa camisa xadrez de flanela, ossos proeminentes e rústico, Ted quer me contar em detalhes tétricos o babaca que ele tem sido com as mulheres. Mas quero conversar sobre o pai dele.

– O que você quer saber? Mal conheci ele.

– O que isso quer dizer?

– Bom, quase toda noite, depois do jantar, meu pai empurrava a cadeira para trás, olhava para a gente e dizia: "Tenho que me encontrar com um homem sobre um cavalo". E então saía.

– Aonde ele ia?

Ted dá de ombros, sacode a cabeça com tristeza. – Na verdade, não sei. Uma ou outra mulher problemática. Ele nunca dizia. Mas aparecia de manhã, pronto para o café.

– E sua mãe?

De novo a sacudida pesarosa de cabeça. – Na maior parte do tempo ela ficava na cama. Às vezes chorava. Eu a ouvia chorando.

– E onde você estava?

– Na minha cama. Você sabe, lendo. Quadrinhos e coisas assim.

Analiso-o por um minuto.

– E como era para aquele garotinho? Para aquele menino sentado no quarto, à noite, escutando a mãe chorar?

Por um segundo, o corpo alto e encorpado de Ted parece se dobrar sobre si mesmo. – Eu tentava não escutar. – A voz baixa, quase fragilizada. Ele tem deixado de escutar bastante ao longo da vida. Não escuta as mulheres a quem magoou, não escuta a voz da sua consciência, da sua culpa. Não escuta os filhos quando lhe pedem para ficar em casa, exatamente como ele pedia ao pai na sua época. Existe uma velha frase dos Alcoólicos Anônimos: "Passe para trás ou passe para frente".

Dizem que é o máximo da presunção citar a si mesmo, mas vou fazê-lo mesmo assim. Aqui um trecho do meu livro *I Don't Want to Talk About It* [Eu não quero falar sobre isso]: "A patologia familiar passa de geração em geração como um incêndio na floresta, levando tudo no caminho, até que alguém tenha a coragem de se virar e enfrentar as chamas. Essa pessoa traz paz para seus antepassados e poupa as crianças que virão".[2] Um sujeito grande e durão como Ted pode não fazer o trabalho difícil de recuperação relacional para seu próprio bem, ou mesmo para a "megera" da sua esposa, mas sujeitos assim assumirão essa incumbência para não prejudicar seus filhos. Em geral pergunto aos homens que entram na minha sala: "Que tipo de pai você teve na infância?" e "Que tipo de pai você gostaria de ser?". E depois: "Você vai me deixar ajudá-lo?".

ADEUS, PAPAI

Pergunto a Ted se ele estaria disposto a tentar um tipo de trabalho diferente, mais experiencial. Ele concorda, e o instruo a pegar um maço de tecidos nas mãos.

— Está vendo aquela cadeira vazia ali? — Aponto a outra extremidade do nosso pequeno semicírculo de homens, em que uma cadeira restou desocupada.

— Estou — ele diz.

— Quero que feche os olhos e convide seu pai a se sentar naquela cadeira para que possa conversar com ele.

— Ele está morto, sabia? — Ted me conta.

— Não importa — respondo. — No mínimo, torna nosso trabalho ainda mais importante.

De olhos fechados, Ted endireita os ombros.

— Convide-o em voz alta — digo.

Ele o faz. Pelas pálpebras fechadas, contempla seu pai imaginário na cadeira colocada à sua frente. Sem pressa.

— O que você está sentindo, enquanto olha para ele?

— Acima de tudo, o estômago revirado.

— Isso é vergonha. Essa sensação de náusea? Em geral é vergonha sexual.

— Filho da puta — Ted murmura para ninguém em particular. Ele começa a se balançar de leve; lágrimas surgem nos cantos dos seus olhos fechados. — Filho da puta. — Agora, o movimento de balanço é mais enfático. — Sabe o que ele fazia? Costumava me levar até as porras das suas namoradas.

— O quê?

— Ele me instalava lá, com um vídeo ou um jogo.

— Quantos anos você tinha?

Ted me ignora. — Eu ficava sentado na sala de visitas. Escutava os dois no quarto.

— Como era isso?

— Assustador — ele se lembra, revivendo. Está possuído enquanto fala; está de volta à infância. — Os barulhos — de novo o sorriso triste. Ele sacode a cabeça. — Eu era tão criança, tão inocente! Tinha medo de que ele a estivesse machucando. — Agora lágrimas descem pelo seu rosto. — Eu estava sozinho.

— Sinto muito, Ted.

— Depois, ele saía e dizia: "Agora, isso fica entre nós". Filho da puta. "Nós *homens*", ele dizia.

Não conte à sua mãe, penso.

— Ninguém, não conte a ninguém — Ted abaixa a cabeça. — Quem faz uma coisa dessas? Quem faz uma coisa dessas para um menino pequeno?

— Diga a ele.

— O quê?

— Fale isso para o seu pai.

De olhos fechados, Ted olha a cadeira vazia à sua frente.

— Filho da puta, pai, você... você... — Mas as lágrimas o impedem. Ele se curva, segurando a cabeça nas mãos. — Como você pôde? — Ele rosna em meio às lágrimas. — Você me ensinou isso, pai. Você me ensinou isso. Alguns pais ensinam aos filhos a chutar uma bola. Você me ensinou a... — Ele se curva e solta lágrimas secas.

– Deixe sair, Ted. – Coloco a mão no seu ombro. – Chore.

Enquanto o homenzarrão chora, seu corpo é sacudido por tremores violentos. Esperamos, os outros homens do grupo e eu. Esperamos que as ondas passem por ele.

– Seu pai era adicto a sexo? – pergunto a Ted.

– Acho que era, sim, senhor – ele diz, sem levantar os olhos.

– E você é adicto a sexo.

– Sim, senhor. Sei que isso é verdade.

– Como está aquela sensação de enjoo?

– Ruim.

– Ted, qual era o nome do seu pai?

– William.

– Ted e William. – Faço como se estivesse lendo num cartaz. – Adicção a sexo é o nosso negócio.

Ele abre os olhos e olha para mim.

– Ted, você está metido no negócio da família.

– Não quero estar.

– Gostaria de pedir demissão?

– É, gostaria.

Nós nos olhamos por um momento. – Tudo bem. Volte a fechar os olhos e olhe para seu pai.

Ele faz isso.

– Diga a ele – estimulo.

– Dizer a ele o quê?

– O que você quiser. O que ele precisa ouvir. O que o menininho precisa dizer a ele.

– Eu amava meu pai – ele me diz.

– É mesmo? Amava? Tudo bem, então, comece com isso. Diga isso a ele.

Ted endireita seus largos ombros e diz baixinho, contendo as lágrimas: – Eu te amo, pai. Sinto sua falta. De verdade, pai. – Ele se curva, encolhido, e olha para cima com os olhos fechados. – Mas vou te dizer uma coisa, meu velho. Não existe a menor dúvida de que não quero ser você.

Todos nós deixamos aquilo assentar por um momento.

— Acabou. — Posiciono-me no lugar dele, falando como sua voz interna.

— Acabou, pai. — E, então, um sorriso. — Nossas *escapadinhas*.

— E o que ele está fazendo?

— Está escutando. Só escutando.

— Ele sabe — suponho. — Ele sabe que acabou.

Ted "olha" com intensidade para seu pai imaginário.

— Sabe de uma coisa? — ele me conta. — Acho que sim.

Mais tarde, na sessão, digo a Ted para recolher, na sua imaginação, a vergonha sexual despejada nele quando criança.

— Seu pai se comportava sem o menor pudor. Irradiou a vergonha que não sentia e ela foi diretamente para você.

— Ai, ai — Ted diz.

— Ela foi para dentro de você, Ted, e você viveu a vida toda com ela.

— É verdade — ele diz. — Eu ficava mortificado. Era muito constrangedor o jeito dele com as garçonetes e tudo o mais. Minha mãe sentada logo ali e ele...

— Diga a ele — instigo. — Pai — sirvo de modelo —, quando você me arrastava pela sua vida sórdida, você me envergonhava. Assumi sua vergonha sexual, e ela está comigo desde então.

Ted repete cada palavra. — Eu fugia da minha vergonha fazendo uma cena. — Ele repete com a voz forte, enquanto encara o pai.

— Do mesmo jeito que você fazia — digo.

— Do mesmo jeito que você fazia.

— Não vou mais ser seu companheiro — digo.

— Oh...! — ele exclama.

— Ótimo, sinta isso — digo.

— Não vou mais... — Ted começa. — Filho da puta, pai. Não vou mais ser seu amiguinho. Dei largas à sua falta de vergonha sexual, e isso magoou todo mundo que eu amo — ele diz ao pai, sob a minha orientação.

— Devolvo a você sua vergonha — induzo.

— Devolvo a você sua vergonha.

— Devolvo a você seu senso de merecimento — digo.

Ted sacode a cabeça, agora sem lágrimas, apenas determinação. – Pai, não posso mais fazer isso. Sinto muito – ele diz com clareza e firmeza.

– Devolvo a você sua vergonha – instruo Ted.

– O quê?

– Quero que você, na sua imaginação, junte toda a vergonha e toda a compulsão sexual que você assimilou, toda aquela gosma alojada no seu corpo, faça com ela uma grande bola e entregue-a de volta para ele.

Ted fica imóvel por um momento, depois estica as mãos como se segurasse alguma coisa. – Tome, pai. Pegue de volta. É sua. – Seus olhos marejam, mas ele permanece firme. – Sempre foi sua.

– Isso nunca foi quem você realmente é, Ted – conto a ele. Fazemos uma pausa. – Tem mais alguma coisa que você queira dizer a ele por enquanto?

Ted rememora o pai por um longo momento. – Sinto saudades, pai – diz por fim, baixinho. – Eu te amo, pai.

Observo. Nós observamos.

– Adeus, pai – Ted diz.

Essa conversa aconteceu sete anos atrás. Com a ajuda dos Dependentes de Amor e Sexo Anônimos, de um bom padrinho e dos companheiros em recuperação, Ted tem permanecido sóbrio. Ele espera permanecer assim pelo resto da vida. Não vejo motivo para duvidar dele.

ACOLHENDO NOSSOS ÓRFÃOS INTERNOS

Como transformamos um legado? Encarando com compaixão nossas próprias partes órfãs, os garotinhos e as garotinhas dentro de nós que, na nossa vergonha e no nosso julgamento, abandonamos, trancados atrás de portas. Acolhendo nossa sombra.[3] No capítulo 3, detalhei os dois caminhos pelos quais é formada sua específica conscientização do *você e eu* – pela reação e pela modelação.

Reação significa que você se re-forma, se contorce para se tornar o que for necessário para preservar o maior nível de liberdade e maturidade que tem à mão. Um dos seus pais foi intrusivo? Como reação, você ergue muros protetores sólidos. Algum deles era controlador? Como reação, você se revela faixa preta em evasão. Eles eram carentes? Você se torna especialista em cuidados. Durante décadas, a psicologia tem se preocupado, em especial, com traumas e vitimização e tem percebido a adaptação por meio da reação.

Os médicos têm mantido o foco na reação, mas os psicólogos sociais também enfatizam o importante papel da modelação. Crianças aprendem o que vivem. Você se torna o que vê. A modelação é fundamental quando se trata de problemas de grandiosidade, de traços de comportamento vitimizadores, como a força que unia William e Ted, o que um dos criadores da terapia familiar, Ivan Boszormenyi-Nagy, chamou de *legado multigeracional destrutivo*.[4] Um pai transgride. Sem o menor pudor, ele leva o filho pequeno até sua amante, algo terrível para se fazer com qualquer criança. Ao ver o comportamento do pai, Ted ficou muito envergonhado, levando-o a se sentir insignificante, sujo e sozinho. No entanto, em outro nível, ele foi falsamente empoderado. Recebeu a mensagem de que essa é a maneira de se comportar de um homem adulto. A vergonha está no cerne podre da ligação de Ted com o pai, mas eles também estavam unidos pelo senso de direito. William despejou no filho todas as crenças e racionalizações deturpadas que impulsionavam as próprias "escapadas" sexuais. E Ted, filho leal, se tornou o pai que tanto ama.

Ao contrário da reação, a modelação das crianças a partir de um genitor é, com frequência, inconsciente. É minha tarefa trazê-la à superfície, romper a conexão entre aqueles neurônios. Uma vez que a repetição fica explícita e é reconhecida, a maneira de trabalhar com isso depende do modo como o cliente enxerga o genitor em quem se modelou.

DESPERTAR

Ernesto fora uma pessoa enfurecida por mais de vinte anos, dizendo o tempo todo que a raiva o tomava rápido demais para que conseguisse impedi-la. Na nossa sessão, pergunto quem era a pessoa furiosa da família, e ele me entretém com histórias sobre sua madrasta cruel, a quem odeia. Com a minha ajuda, ele vê, pela primeira vez, que se tornou, na sua família atual, a própria pessoa que ele mais desprezou na infância. O impacto é vigoroso e imediato. – Que alguém me enxergue desse jeito, me veja como... Nossa, fiquei mal. – Esse mal-estar que Ernesto sente de repente é a culpa que ele deveria ter sentido o tempo todo, com força o bastante para que impedir seu mau comportamento.

É assim que todos nós funcionamos. Você não abusa verbalmente de alguém que ama porque ficaria mortificado, é contra seu sistema de valores. O que acaba com um comportamento ofensivo é uma culpa saudável. Quando a madrasta de Ernesto o torturava, ela o envergonhava abertamente e *o empoderava velada e falsamente*. A mensagem: "Quando crescer, você pode ir embora e também fazer isso com alguém; é normal". É o que muitos terapeutas não conseguem encarar, ou até mesmo perceber. Muitos médicos abordariam a vergonha de Ernesto, mas atenuariam sua grandiosidade, ainda que seu ataque de superioridade estivesse prestes a lhe custar o casamento.[5]

Chamo a essa primeira fase de Terapia de Vida Relacional de o *despertar do cliente*. O terapeuta "estoura" o balão da grandiosidade, e de repente ele e o cliente estão vendo a grandiosidade juntos, como se estivessem sentados lado a lado. Repetindo, me mostre a impressão digital do polegar e eu lhe conto sobre o polegar. Aprendemos nossas posturas relacionais, como traição, raiva ou dependência ansiosa, nos relacionamentos. E revivemos esses relacionamentos toda vez que recriamos a postura. Embora não percebesse isso na época, Ted nunca se sentiu tão próximo do pai do que quando agia como ele em relação ao sexo.

Convido você a pensar um pouco, talvez até tentar escrever num diário. Se você for como a maioria de nós, o que virá com mais facilidade serão suas experiências infantis de vergonha – as vezes em foi magoado. Agora, veja se consegue localizar alguns incidentes em particular, ou um tema relacional constante de falso empoderamento, em que um genitor o exaltava enquanto criança (dizendo "Ninguém me entende como você") ou lhe serviu de modelo para um comportamento a que se via no direito ("Isso me dói mais do que em você").

Se o relacionamento em que você originalmente aprendeu sua reação característica, sua postura, foi negativo, como aconteceu com Ernesto, o resultado pode ser um estímulo imediato a ser usado com grande proveito. E a mudança pode acontecer de forma rápida, profunda e, com apoio, permanente. A Terapia de Vida Relacional vê a todo momento pessoas como Ernesto jurarem abandonar um comportamento problemático em que estiveram envolvidos a vida toda, levantarem do sofá – e acabou. Nossa expectativa é alta para nossos clientes. Esperamos mudanças dramáticas rápidas e, num grau surpreendente, conseguimos.

Pergunte-se o que poderia estar repetindo de um senso infantil de direito explícito ou implícito. Com quais comportamentos o seu poderia se alinhar: o de um pai bravo, uma mãe ressentida, um irmão abusivo que ninguém controlava?

Se, como Ernesto, você estiver tentando se desvencilhar de uma modelação inconsciente de um genitor desprezível, pode fazê-lo com muita rapidez assim que notá-la, seja com um terapeuta, seja sozinho. Para alguém como Ted, cuja atuação sexual está inserida num relacionamento com um pai que ele ama, libertar-se é mais desafiador. Com frequência, a repetição inconsciente da disfunção paterna ou materna representa uma maneira de permanecer no relacionamento. Para muitos clientes, manter uma companhia espiritual com seu amado genitor problemático é a única maneira que têm de se sentirem próximos a ele. A repetição da disfunção do pai ou da mãe é uma forma de vínculo, às vezes a única. Mas, quando você se liberta desse vínculo com um genitor, deve se permitir lamentar a perda. Quando alguém como Ted está à beira de abrir mão da sua disfunção, o pesar verte de dentro dele: "Adeus, pai. Você está por sua conta. Não vou mais lhe fazer companhia".

Você consegue identificar em si algum traço ou comportamento que decorre de um falso empoderamento quando criança? Você era alçado a uma posição de superioridade ou algum dos seus pais, ou os dois, modelava uma posição de superioridade para você? Se tiver dificuldade em identificar um padrão grandioso repetitivo, eis uma dica: pergunte ao seu companheiro. As chances são de que ele terá muito o que dizer a respeito! Escute com a mente aberta.

Agora, se seu comportamento calamitoso recorrente esteve incorporado no relacionamento com alguém que você desprezava, não será difícil se dar conta dele, perceber, em geral com uma sensação de choque, que você está repetindo aquilo, e cair fora – de vez. Mas, se o comportamento for uma maneira de se sentir próximo a um genitor idealizado ou amado, ao ressentimento, à tristeza ou ao desespero dele, atenção. Afastar-se da postura habitual pode dar a impressão de que você está traindo esse genitor, até abandonando-o, desencadeando sofrimento e até culpa. Quem é você para ousar ser mais feliz do que os entes queridos com quem você cresceu e que agora abandona?

Julie e Georgina: isso seria bom

Numa sessão com Julie e Georgina, Georgina acabou de prometer largar seu trabalho de oitenta horas semanais, colocar o alarme para 5 horas da manhã, para ela e a esposa praticarem ioga juntas e de fato estar presente para Julie e os filhos de uma maneira que não tem feito por bem mais de uma década. Julie está cética. Não a culpo, mas ela está enganada. Georgina fala sério. Posso sentir isso. Georgina está lhe oferecendo tudo que Julie andou pedindo durante anos, mas Julie se envolve num manto autoprotetor de descrença e com firmeza permanece no modo reclamação.

Assim, leitor criterioso, como você pode imaginar, minha pergunta a Julie é: – Quem era o ressentido na sua família quando você era criança? – Ao fazer tal pergunta, estou buscando o modelo que a Criança Adaptável dela usou para se formar. Como era de se esperar, a mãe de Julie era de uma infelicidade crônica e reclamava do marido para todo mundo, em altos brados, com amargura – inclusive para sua filhinha que, claro, ficava com pena da mãe.

— Todos os relacionamentos são uma dança sem fim de harmonia, desarmonia e reparação — digo a ela. Ela olha para mim. — Georgina acabou de oferecer reparação. Ela vai cumprir? O tempo dirá. Mas, Julie, se você ceder e permitir que sua esposa faça isso, deixará sua mãe infeliz para trás.

— Isso seria bom — Julie me diz, e, numa aparente incongruência, irrompe em lágrimas. — Eu gostaria disso — diz, chorando muito.

Adeus, mamãe. Adeus, papai. Acredito que seja esse o verdadeiro significado da individualização psicológica, da "separação", como diriam muitos psicólogos. A verdadeira missão de deixar sua matriz parental e se tornar sua própria pessoa é rever o legado, levando adiante de forma consciente e deliberada as tradições e crenças positivas das quais você se orgulha e enterrando as tradições negativas presentes na reatividade do seu corpo, sua Criança Adaptável, os contornos singulares da sua conscientização do *você e eu*.

Segundo o mito individualista, a fase adulta exige a separação da família de origem, em especial da mãe. No lugar desse mito, eu ofereceria um novo paradigma. Para uma criança conquistar a maturidade, o relacionamento pais-filho precisa ser renegociado, de tal modo que o novo relacionamento seja amplo o suficiente para permitir o aumento das capacidades da criança. Mas ninguém precisa deixar ninguém. De Parsifal a Bambi, as histórias de aventura dos meninos começam notoriamente com a morte da mãe. Isso é desnecessário. Mães, fiquem próximas dos seus filhos — apenas não tão grudadas que eles não consigam crescer.

A patologia familiar passa de geração a geração até que alguém enfim tenha a coragem de enfrentar as chamas. O que isso significa de fato? Significa encarar, emergir, dar voz a e, por fim, rebaixar nossa criança interior. Conquistamos a maturidade quando lidamos com nossa criança interior e não a impingimos aos nossos companheiros para que lidem com ela. Quando sua criança interior aparecer (ou seja, quando você tiver um gatilho), envolva-a nos braços, coloque-a no colo, escute o que ela tem a dizer, seja empático e amoroso e tire suas mãos grudentas do volante. Demova-a. "Você não vai dirigir o ônibus. Eu é que vou, o Adulto Sensato."

Quando Belinda e eu brigamos, visualizo de verdade o pequeno Terry, uma criança interior complexa, por volta de 8 anos. Na minha imaginação, coloco-o atrás de mim para que se segure nas minhas costas e faço um acordo: entre a energia zangada de Belinda e o pequeno Terry, estou eu, o adulto. "Meu físico grande, minhas costas fortes, te protegerão. Como o Superman abrindo a capa para absorver o ataque, absorverei a energia de Belinda e te pouparei. No entanto, pequeno Terry, me deixe lidar com Belinda. Não tente fazer isso. Posso me virar melhor do que você."

Amar, escutar, ser empático com nossa criança interior – nossa identidade ferida ou adaptada – e por fim demovê-la parece ser um pedido grande demais. Como fazemos isso de fato?

Desiree e Juan: "Você não pode se enfurecer com meu marido"

Com cabelos pretos espetados, jeans rasgado e justo e uma camiseta branca junto à pele mais pálida, Desiree parece ter cerca de 30 anos, mas age como adolescente. À primeira vista, ela parece durona e sexy, duas características que guardo no fundo da mente para uma possível exploração.

Ao lado dela, seu companheiro, Juan, latino, 30 e tantos anos, espera com atenção, um bloco de couro aberto no colo, lápis a postos para anotar qualquer coisa dita ou feita que tenha importância. Espio e vejo que as páginas do seu diário são feitas de quadradinhos, papel milimetrado, para o caso de ele ter o impulso de abandonar as palavras e anotar rápido uma fórmula ou tabela. Mais tarde, na nossa sessão, fico sabendo que Juan é engenheiro.

Pergunto-me se eles são um casal complementar; ela proporciona a agitação e ele, a estabilidade. Pergunto-me se Desiree reclamará que o marido é fechado e nada carinhoso. Na minha mente, já imagino trabalhar com ele, abrindo-o.

O grande terapeuta italiano Gianfranco Cecchin costumava dizer: "Ame sua hipótese, apaixone-se pela sua hipótese, mas não se case com ela".[6] Meu primeiro instinto estava bem errado. O problema não era Juan, era Desiree, segundo a avaliação de ambos. Desiree era, com pouca ou nenhuma provocação de fato, uma pessoa raivosa, criava cenas violentas em restaurantes e altos dramas em casa, saindo furiosa, batendo portas, xingando, atirando coisas.

— Você sabe dar trabalho — arrisco.

— Ah, sei — ela confirma, com entusiasmo. Assim como muitos abusadores, tanto físicos quanto verbais, Desiree é dependente de amor. Assim como muitos companheiros reativos, ela quase não tem limites e tem pouca autoproteção. É sensível, facilmente provocada e facilmente ofendida. Sempre que Juan tenta se distanciar — rompendo a ligação, arrumando desculpas para os inimigos dela — e neutralizá-la, ela passa por alguns minutos de extrema angústia, seguidos pelo que podem vir a ser várias horas de gritaria.

— Gritaria? — pergunto a ela.

— Ah, é.

— Batendo coisas, atirando coisas?

— Às vezes.

— Palavrões?

Ela se inclina para mim. — Sim para todas as alternativas. Em outras palavras, igual à minha mãe me tratava.

Recosto-me, respiro fundo.

— Ela ainda faz isso — Desiree diz. — Nas raras vezes em que a vejo.

— Ela te xinga de... — começo.

— Vaca, puta, vadia — Desiree me conta. — E alguns outros nomes que não precisamos citar.

Solto a respiração. — Sinto muito. Por quanto tempo?

— Até eu fazer 14 anos — ela diz, com a voz monocórdica, trivial —, quando saí de casa.

Reservo um minuto para assimilar isso.

— Então — Desiree continua —, quando Juan de certo modo se afasta ou quando sinto como se ele estivesse me contrariando, eu...

— Você se sente abandonada, imagino.

— É, abandonada e traída.

— Então, existe uma garotinha dentro de você... — começo.

— É, ela tem 5 anos, a magoada – Desiree diz, antecipando-se a mim. – Já trabalhei muito com ela em terapia, ao longo dos anos. Tem outra.

— Qual?

— A de 15 anos.

— Ah, a furiosa.

— É – ela diz. – A vaca que causa todos os problemas.

— Você trabalhou com ela?

Desiree nega com a cabeça.

— Falou com ela?

Novo sacudir de cabeça.

Olho para ela por um tempo.

— Importa-se de eu continuar nisso, Juan?

Ele me dá permissão com ansiedade para trabalhar com a esposa.

Olho para Desiree, que me olha de volta, esperando.

— Você não gosta muito dela.

— De quem? – ela pergunta.

— Daquela de 15 anos.

Ela solta uma risada alta e amarga. — Não, não gosto muito dela.

— Posso te dizer por que isso é uma pena?

Ela acena com a cabeça.

— Porque ela salvou você – digo.

— Ah, eu sei disso – Desiree responde rápido. – Só que... Sabe, quando eu tinha 15 anos, já tinha suportado... – ela faz uma pausa e respira fundo. – Já tinha havido todo tipo de abuso sexual.

— Sinto muito saber disso.

— Desde o final do ensino médio até a faculdade, eu já tinha transado com meio mundo; estava procurando alguma coisa, papai, talvez, sabe-se lá, mas aquela menina... — Desiree franze o rosto.

— Dá trabalho – digo. – Ela dá trabalho. É uma garotinha muito imatura.

— Para dizer o mínimo – ela concede. – Sabe, a verdade nua e crua é que sinto desprezo por ela.

— Por aquela menina?

– É. – Seus lábios estão curvos. – Por aquela.

– Entendo – digo.

Desiree e eu nos encaramos pelo que parece ser um longo momento.

– Gostaria de conhecê-la – digo. Ela geme. – Você a chama? – pressiono. Peço que feche os olhos, olhe para si e descubra aquela menina de 15 anos que vive ali dentro.

– Não tenho certeza de que ela vai... – Desiree começa.

– Deixe que me preocupo com isso. Feche os olhos.

Com relutância, ela se entrega ao exercício. Convida sua imaginária identidade de 15 anos a vir até seu corpo e se juntar a nós na sala.

– Qual é a aparência dela?

Desiree demora um bom tempo.

– Não sei. Ela parece... deslocada, separada de si mesma.

– Certo. Ela está, Desiree. Agora me conte, como você se sente ao olhar para ela?

Ela sacode a cabeça; lágrimas espontâneas aparecem no canto dos seus olhos. – Odeio ela.

– Pergunte a ela se existe alguma coisa que ela queira lhe dizer – instruo.

Ela hesita por apenas um segundo, depois faz uma careta e assente. – Ela diz: "Não preciso do seu julgamento. Fiz o melhor que podia com os pais que tive, sua *vaca*!". – Mais concordância com a cabeça, como que dizendo, *Huumm, ela não deixa de ter razão.*

– Você concorda?

Ela balança a cabeça e diz sim.

– Então, Desiree, por que você é tão dura com ela?

Ela faz uma pausa, se recompõe e pensa antes de responder, falando em meio às lágrimas. – Porque ela... ela...

– O que, Desiree?

– Ela não era... ela não cumpriu a parte dela no acordo. Ela...

– O que, Desiree? Ela não era adulta?

– Ela não teve a força – Desiree me conta. E agora as lágrimas são mais copiosas.

— A força para...?
— Para empurrá-los para fora dela — ela lamenta. — Para fazê-los sair! — E agora ela se curva sobre si mesma e chora.

Juan estende o braço para confortá-la, mas mando ele ficar quieto. Quero que ela sinta todo o impacto disso.

— Então, agora está claro do que se trata toda essa raiva.

Ela olha para mim, questionando.

— Desiree, acho que a raiva é a maneira de ela tentar encontrar bastante força para empurrá-los para fora dela. A força para se proteger.

Ao ouvir isso, ela abaixa a cabeça.

Aproximo-me da sua cabeça curvada. — Mas ela não teve essa força, teve? E sabe por que ela não teve essa força? Porque ela só tinha 15 anos, querida. — Posso ouvi-la chorar. — Ela é apenas uma criança.

Desiree fica com a cabeça baixa por um longo tempo. Ainda olhando para baixo, diz baixinho:

— Ela pode deixar de lado a parte "vaca".

— É. — Estou sorrindo, embora ela não possa me ver. — Boa ideia. Diga isso a ela, Desiree. Deixe-a saber que você quer escutá-la, mas...

Desiree se inclina para frente no sofá, me afasta para o lado, um incômodo, e olha para seu eu adolescente. Acena com a cabeça, as mãos balançando entre as pernas, olha para algum ponto a meia distância. — Está na hora — diz, por fim. — Está na hora.

— Diga a ela o que está sentindo agora.

Desiree se inclina para seu eu imaginário. — Você nunca pediu... — Uma onda de pesar passa por ela. — Você não merecia isso, tá? Você não... tudo isso... tudo isso. Você não merecia isso de jeito nenhum.

— Como ela reage?

Desiree balança a cabeça. Espera um pouco e por fim diz:

— Ela pegou na minha mão.

— Pegou? — Estou um pouco eufórico. — Pegue a dela de volta, Desiree. Segure firme. Ela precisa de você tanto quanto a de 5 anos.

— Sinto muito — Desiree diz à sua Criança Adaptável. — Sinto muitíssimo. — Com mais lágrimas, ela soluça.

— Deixe passar. Sinta a dor e deixe passar. Você sente muito por...? — induzo.

— Por tudo — ela responde. — Você nunca pediu nada...

— E como ela reage?

— Ela também está chorando — ela me diz. — Acho que estamos chorando juntas.

— Ótimo. Isso é ótimo. Fique com ela, ampare-a na sua dor.

Depois de um momento, faço o papel de Desiree, falando o que imagino que esteja dentro dela.

— Sinto muito por tudo que você passou — digo como modelo.

— É — Desiree repete minhas palavras.

— E sinto muito — vou em frente — por ter sido tão dura com você durante todos esses anos.

Desiree ergue a cabeça de um estalo enquanto sorri, infeliz.

— Sinto muito — repito.

— Estou te ouvindo — Desiree silencia. Espero. — Sinto muito — ela concede, por fim. — Sinto muito ter te deixado por conta própria. Sinto muito você ter ficado tão só.

— Ela está só agora?

— Como assim...?

— Você está com ela?

Ela abaixa os olhos para suas mãos entrelaçadas.

— Estou — diz devagar. — Sim, estou com ela.

— E ela?

Desiree dá de ombros. — Está se aguentando.

— Ótimo.

— Ela...

— Sim?

— Ela diz que sente muito ter me chamado de vaca — Desiree me conta.

Abro um largo sorriso. — Tem mais uma coisa que eu queria que você dissesse a ela.

— Claro.

— Diga para ela te procurar quando ficar zangada. Você a acolherá, a amará, mas ela não vai mais ficar furiosa com o Juan. Isso acabou.

Para minha surpresa, Desiree sorri.

— O que ela...

— Ela entendeu — Desiree diz. — Está concordando.

— É mesmo?

— É. Ela está sorrindo.

— Bom, eu também. Sabe, você estabeleceu limites para uma menina de 15 anos e, embora possa resistir um pouco, lá no fundo, ela está aliviada.

Agora, o sorriso de Desiree se iguala ao meu. — Com certeza ela consegue fazer um inferno.

— Ótimo. Essa briga te manteve emocionalmente viva.

— Mas chegou a hora. Acho que ela pode recomeçar a respirar.

— É – digo com suavidade. — Acho que a briga acabou.

Desiree confirma com a cabeça, ainda olhando para a cadeira em que habita sua criança imaginária, sem pressa de romper o contato.
— Tem mais alguma coisa que você precise dizer a ela neste momento?

Desiree sacode a cabeça. Esperamos um tempinho, juntos.

— Tem mais alguma coisa que ela precise dizer a você? – começo.
— E ela pode abaixar as armas quando falar com você.

Desiree concorda, sorrindo, dois passos à minha frente. — Ela está agradecendo.

— Diga a ela que foi um prazer.

Ficamos sentados juntos, todos em silêncio, por um tempo.

— Na sua imaginação – digo a Desiree –, encolha-a para que ela possa caber na palma da sua mão e coloque-a de volta no seu coração, onde ela possa ficar com você. Depois, quando estiver pronta, abra os olhos. Tenho uma coisa para te mostrar.

Ela abre os olhos devagar.

— Como você está se sentindo?

— Estou bem. Estou me sentindo bem.

— Olhe para ele – digo, indicando Juan, que está sentado mudo, o lápis ainda a postos, lágrimas escorrendo pelo rosto.

De início, Desiree acha que ele está rindo, e ri consigo mesma, na dúvida.

— Não – digo, redirecionando-a. — Olhe para o rosto dele. Isso é para você. Isso é compaixão.

Ela se vira para mim. — Ele sempre fica assustado quando mostro...

– Desiree – digo. – Olhe para o seu marido. Esteja aqui, agora.

Balançando a cabeça por um momento, como uma criança, ela pega na mão de Juan. – Eu...

Juan interrompe-a. – Eu amo aquela garotinha em você, aquela lutadora, aquele espírito. Quero segurá-la. E vou. Estou muito triste que ela... – As lágrimas impedem-no. Vejo um respingo surgir no seu papel milimetrado.

Enquanto olho, eles se viram um para o outro.

– Quer um abraço? – pergunto a Desiree, que olha para mim. – Um abraço do sujeito?

Ela confirma e abre os braços para ele.

Juan sorri, um pouco acanhado. Pousa o bloco, solta o lápis, ajeita o cabelo e vai para a esposa. Eles balançam juntos, devagar, os dois chorando.

– Sinto muito – Desiree murmura.

– Tudo bem, meu amor, estou bem aqui – ele diz.

Passe para trás ou passe para frente. A própria filha de Desiree, de um relacionamento anterior, estava chegando aos 13 anos. Durante anos, antes de Juan, ela havia sido a companheira da mãe, sua confidente e cuidadora implícita. Digo a Desiree que espero que os dias de a filha sofrer mais uma rodada da sua raiva estejam acabados. Desiree concorda. – Precisamos de uma reunião familiar – ela diz. Juan geme, mas fala que está disposto, se ela estiver. – Precisamos anunciar a inauguração de uma nova administração – diz Desiree.

Agora, Juan sorri, entrando na brincadeira. – São esperados protestos não violentos – ele entoa com falsa solenidade.

– Mas não será tolerada violência – Desiree avisa. – Concorda? Ele acena a cabeça com ênfase.

– E *ela* concorda? – pergunto a ela me referindo ao seu jovem eu.

Desiree para, inclina a cabeça um pouco, como se estivesse ouvindo, e depois sorri. – Com relutância e de má vontade – anuncia.

– Tudo bem – digo com rapidez, antes que alguém possa criar confusão. – A gente aceita.

*

Uma vez alguém chamou o trabalho relacional de "desconstruir o patriarcado um casal por vez".[7] Fiquei lisonjeado com essa descrição. Quando um casal entra numa verdadeira intimidade, ambos vão além dos contornos do patriarcado. Por meio dessa discussão, mencionei a cultura tóxica do individualismo. Mas onde e como tais forças culturais impingem na personalidade de alguém? A cultura não é uma abstração sem sangue. Na verdade, a cultura é transmitida através das pessoas. A cultura falou através do abuso de uma mãe como a de Desiree, que fundiu interesse sexual normal com promiscuidade fora de controle. A cultura falou pela voz do pai de um cliente que, no terceiro aniversário do menino, reuniu toda a família para ver seu filho jogar seu amado cobertorzinho no fogo, velho demais para isso então.

Um dia, quando meus filhos ainda eram pequenos, vi a transmissão de individualismo tóxico se desenrolar em tempo real, na minha frente. Eu estava num jogo de hóquei do meu filho. Um pai – ainda bem que estava do outro lado – gritava em altos brados com o próprio filho desolado, com cerca de 9 anos. Na frente de todo mundo nas arquibancadas, aquele pai trucidava o filho por não jogar bem, depois o trucidava ainda mais por chorar. O menino subiu a arquibancada arrasado e se jogou ao lado da mãe, que esperava. Ela murmurou uma ou duas palavras tranquilizadoras e tentou passar o braço ao redor dele. Àquela altura, o menino recuou para trás e deu um soco no rosto da mãe.

Pessoas feridas ferem pessoas. Essa é a transmissão da violência, do patriarcalismo, do individualismo tóxico. A mãe bem-intencionada tentara consolar o filho, mas ela o defendeu e estabeleceu limites para o marido? De certo modo, duvidei disso. O silêncio das mulheres e a violência dos homens. O comportamento daquele menino – perante todos – foi rejeitar e desprezar a vulnerabilidade. Um ato ritualístico de desprezo. Não era um filhinho da mamãe. E assim vai, de uma geração a outra.

As crianças olham para os pais e se perguntam: "Devo ser igual a ele ou a ela?". Martelo ou bigorna? Perpetrador ou vítima? É uma escolha que só leva à perda, mas, dito isso, qual você escolheria? Esse menino de 9 anos internalizou o desprezo do pai e imitou sua violência. Ele já despreza a "fraqueza". Sua sensação de bem-estar se sustenta em duas ilusões equivalentes: a ilusão da invulnerabilidade associada à ilusão de domínio. Sendo humanos, não somos nem uma coisa nem outra. Mas, dentro da cultura da individualidade, somos as duas.

Na Europa e nas Américas, nas aldeias e cidades pequenas de gerações passadas, os cidadãos dependiam uns dos outros para ultrapassar o puro egoísmo do individualismo inflexível do Iluminismo, da insistência dos direitos de alguém. Porém não mais. Como o menino de 9 anos cresce e vira um homem enfurecido quando lhe é dito que o uso de máscara é obrigatório? Que insiste no seu direito de pôr a saúde dos vizinhos em risco? O homem que se torna alérgico a que lhe digam o que fazer, até mesmo pela sua própria família? Pela transmissão da cultura sob a forma de um pai que grita.

Nos corredores da política, no punho fechado de um garoto, nos casamentos com brigas e nos que preferem se omitir, a mesma força de um individualismo desenfreado rompe a conexão em vários níveis, psicológico, familiar e social. Resistimos orgulhosos, na defensiva, violentos e sós. O individualismo desenfreado, seja na sua comunidade ou no seu estado, seja na sua sala de visitas, colide com o paredão da necessidade de intimidade humana. A dominação devora o amor. O desprezo pela vulnerabilidade erode o vínculo. A Criança Adaptável é como um disco rígido que internaliza todas essas mensagens culturais, transmitidas pelas próprias pessoas em quem nos espelhamos, e até amamos. No calor do momento, a Criança Adaptável descarrega todo aquele desprezo internalizado – contra si mesma, contra os outros, contra as regras –, criando infelicidade na nossa vida atual.

FUGINDO DA GRANDE MENTIRA

Como podemos, como indivíduos, escapar do desprezo existente no cerne da Grande Mentira, o mito da superioridade ou inferioridade individual, quando ele rodeia a todos, como o ar que respiramos? A resposta: não podemos escapar como *indivíduos*. Nosso trauma, com raras exceções, é relacional, uma ruptura no campo interpessoal. E assim nossa cura também precisa incorporar o relacional – uma cura do campo dilacerado entre nós. A cura exige que aprendamos a ser íntimos uns com os outros. Também precisamos começar a escutar e responder nossas várias partes que clamam. Mas, para responder no presente, precisamos aprender a não sermos dominados por traumas passados. Nossos traumas podem nos ensinar ou nos direcionar, dependendo de como lidamos com eles.

Centrar no seu eu Adulto Sensato é metade da batalha. Se sua Criança Adaptável pegou o volante, respire fundo, descanse, dê uma volta. Lembre-se de que o verdadeiro trabalho de intimidade não é dia a dia, mas minuto a minuto. Nesse momento, o que você vai escolher: uma proximidade vulnerável ou uma distância protegida, seu direito de se expressar ou seu dever de encontrar uma solução viável? Você vai escolher *você* ou *nós*? Como diz o místico alemão Thomas Hübl, em tais momentos a urgência é nossa inimiga e a respiração é nossa amiga.[8] Vá com calma, caro leitor. Vá com calma suficiente para se encontrar consigo mesmo. Vá com calma suficiente para pensar por um momento na experiência do outro – além do certo e errado, além da "objetividade" e além de você e dos seus interesses autocentrados.

Para alguns de nós, cuidar bem dos nossos relacionamentos significará nos posicionarmos com amor por nós mesmos. Para outros, significará aprender a recuar. Ambos requerem adentrar em crescente vulnerabilidade. Dominar de fato essa tecnologia relacional, falar com certa fluência, leva de dois a cinco bons anos. Mas não se desespere. Essas técnicas e essa nova maneira de pensar são ambas tão poderosas e tão superiores aos costumes da cultura como um todo, que mesmo fazê-las sofrivelmente tem o poder de transformar completamente a sua vida e seus relacionamentos. E sabe de uma coisa? Você pode começá-las hoje.

*

Comece assim: nada de grosseria, nada de desrespeito. Antes de abrir a boca, pergunte a si mesmo: "O que vou dizer está abaixo da linha do respeito básico? Existe alguma chance de aquele que vai ouvir se sentir desrespeitado?". Gostaria que você, caro leitor, assumisse neste momento o seguinte compromisso:

> Faça chuva ou faça sol, a não ser em caso de autodefesa física imediata, não me permitirei palavras ou comportamentos desrespeitosos a nenhum outro ser humano. Nem ficarei passivo se alguém for desrespeitoso comigo. Pedirei que fale comigo em outros termos, e se isso não funcionar, interromperei a interação e irei embora. Mas não vou apenas ficar quieto e absorver isso. Seja como for – criticando ou recebendo críticas –, eu hoje, aqui e agora, estou renunciando a um comportamento desrespeitoso. Não preciso disso. Estou cultivando as habilidades do poder suave, me colocando e ao mesmo tempo acarinhando com clareza.

Lembre-se, não existe um aspecto redentor na aspereza. Não existe nada que a brusquidão faça que uma firmeza amorosa não faça melhor. Quando você falar, esteja desarmado. É muito provável que uma reclamação zangada não o leve a lugar algum.[9] O estudo é claro: maus sentimentos – raiva, indignação – vão atrair de volta raiva ou afastamento.

No seu relacionamento, é possível que precise de uma afirmação corajosa para conseguir a atenção do seu companheiro. O exercício inabalável do poder suave é essencial nessa primeira fase de conseguir o que você quer – a fase de ousar abalar os alicerces. Mas, uma vez que seu companheiro tenha te ouvido e esteja disposto a tentar, pare de pensar em si como um indivíduo e colabore como um bom membro da dupla. Ajude o outro. Mostre o que você gosta e recompense os esforços dele. Concentre no melhor de si, busque e se conecte com a melhor parte do seu companheiro. O amor requer democracia – entre nós e os outros e entre nós mesmos.

Comece assumindo sua própria cidadania, sua *virtude*, seu *nós*. Comece assumindo esse compromisso de praticar uma vida de total respeito. Na minha maturidade, com 35 anos de casamento nas costas, tenho um trato com o universo: se for grosseiro, não me interessa, seja entre terceiros, seja entre mim e outros, seja entre mim e mim. Você pode ter alguma razão, e tentarei escutá-lo mesmo em meio a uma má comunicação. Mas não tenho muita paciência para algo dito com grosseria, então nos faça um favor e pense em como você quer falar comigo. Farei o mesmo em relação a você. Como dizem em medicina: em primeiro lugar, não cause dano.

Comecemos confrontando o menosprezo e colocando-o no seu devido lugar. Estou convidando você a levar uma vida não violenta nos seus relacionamentos e consigo mesmo. Na próxima vez em que for provocado, respire fundo. Concentre no seu Adulto Sensato – quer necessite de um minuto, quer de vinte – e use suas habilidades.

Comece com consideração.

Declare sua intenção (ou seja, "Quero melhorar o clima para poder me sentir mais próximo de você").

Se puder, use a roda do feedback, ou pelo menos fique no seu quadrado.

Dê ao outro uma via de reparação; diga o que ele pode fazer para ajudá-lo a se sentir melhor.

E então – e aí vem a parte mais difícil – esqueça o resultado. Você fez um bom trabalho, não importa se seu companheiro vai reagir bem ou mal a isso.

Focar nossa própria prática relacional otimiza nossas chances de fazer o relacionamento funcionar, o que não é o mesmo que dizer que sempre conseguimos o que queremos. Digiram as imperfeições um do outro e lamentem as coisas que vocês queriam no seu relacionamento e que essa parceria não proporcionará. Acolham o que vocês têm e deixem que isso baste, que seja um motivo de alegria. Essas são as habilidades de intimidade de um adulto: habilidades potentes o bastante não apenas para transformar seu relacionamento, mas para acabar curando e refazendo vocês mesmos.

10
TORNANDO-SE COMPLETO

> "Tenho três cadeiras na minha casa;
> uma para a solidão, a segunda para a amizade,
> a terceira para a sociedade."
> Henry David Thoreau, *Walden, ou A vida nos bosques*

Uma frase.

Quase o perdi por causa de uma frase. Parecia ter sido uma ótima primeira sessão, um bom começo de terapia, e então houve um impasse brusco. Por causa do quê? Robusto, cabelo curto grisalho e óculos, Charles, um homem negro com 50 e poucos anos, parecia em todos os detalhes o acadêmico notável que de fato era. Reitor de uma faculdade local de prestígio, estava acostumado a erguer uma sobrancelha e depois observar um estudante começar a gaguejar. De tempos em tempos, era chamado para, como colocou uma vez, "espalhar um pouco de terror construtivo". Charles jamais erguia a voz. Jamais precisava. No trabalho, era uma força. Mas, em casa, simplesmente desmoronava. Era o Ió em *O ursinho Pooh*. Segundo o resumo da esposa, era "desleixado, resmungão e rabugento".

– Como um advogado de porta de cadeia – gracejei, sem que ninguém achasse graça.

Diane é uma mulher preta que parece uns bons dez anos mais nova que o marido. Alta e em forma, numa saia cinza e top dourado sem mangas, descreve a vida deles em casa. Diz que Charles passou a ser desmazelado e a ficar amuado nos anos mais recentes do casamento. Fica amuado se é "rejeitado" no sexo, termo usado por ele.

Faz cara feia se ela o ignora por muito tempo enquanto telefona para as amigas. Ele parece ter a atitude relacional permanente de um *cliente insatisfeito*.

Após anos suportando isso, Diane está zangada. Irritada com a autopreocupação dele; irritada que, não importa o que ela faça, nunca parece o bastante, ou o certo. Charles diz apoiar a carreira dela como líder comunitária, mas no frigir dos ovos, se ela não estiver disponível quando e da maneira que ele quer, terá de troco mau humor e desleixo.

Certa tarde, Diane estava em um happy hour com um professor de arte contratado por Charles, rapaz bonito, cheio de uma naturalidade que convidava a uma troca de ideias. A tranquilidade dele quase, embora não de fato, a levou a se abrir sobre suas frustrações no casamento. Trocar confidências e depois o que mais? Na mesma hora, ela decidiu que aquilo tudo estava começando a parecer uma irritação demasiada em relação a Charles. Foi para casa, para seu marido, lhe contou o que havia acontecido e acrescentou: "Precisamos dar uma boa sacudida neste barco".

Então, ela me descobriu. Charles não sabia o que o atingira. Não era um bom homem? Não era um bom marido? De verdade, não entendia o problema de Diane.

Diane e Charles: sacudindo o barco

Diane coloca o braço na almofada do sofá em que os dois estão sentados e estica suas longas pernas. – O termo que você pode estar procurando para Charles, Terry, poderia ser "depressivo" – ela me informa. – Crônico, de baixo grau, ao longo da vida.

– Ah, faça-me o favor – Charles faz uma careta. – Veja o que conquistei. Veja de onde eu vim.

– É bem disso que estou falando – ela insiste.

– Você teve uma infância difícil? Onde?

– No norte da Filadélfia – ele me conta.

– Ei, Camden, Nova Jersey. – Ergo a mão e ele me olha de novo.

Diana me conta que acordou ao se ver sob a influência das confidências de um rapaz. O fato de contar a Charles sobre isso a fez perceber que queria mais, mais do casamento e mais de Charles. Ele disse que concordava, mas nessa primeira sessão sua falta de energia não é nada convincente.

No final, quando ele sai abatido, porta afora, mal resisto à tentação de dar um aperto de incentivo no seu braço. Em vez disso, digo: — Anime-se. Vai melhorar. Sorria.

E foi essa frase que quase o fez desistir da terapia: Anime-se, eu o havia instruído. Sorria.

Charles consegue voltar na semana seguinte, mas está irritado e, além disso, magoado. Antes até de estarmos todos sentados, ele me lembra do que chama de "frase de impacto" na despedida da nossa última sessão. Depois, ele me encara:

— Olhe, sei que você teve boa intenção. Mas você faz alguma ideia de quantos homens pretos, ao longo de décadas, séculos, escutaram que deviam sorrir? Agir como se estivessem apreciando o inferno? — Seu corpo vibra um pouco, e sinto meu rosto corar.

Os escravizados, como descrito por Isabel Wilkerson no seu livro extraordinário *Casta: as origens de nosso mal-estar*, obtinham uma proposta melhor no lote à venda se parecessem felizes e dóceis, e não taciturnos ou tristes. Homens eram chicoteados para sorrir, até dançar — seus filhos e suas esposas, sua família separada e vendida enquanto eles assistiam.[1]

— Posso entender por que isso deve ter sido um gatilho — começo.

— Gatilho — ele me interrompe, nada Ió agora. — Ora, não se trata de *mim*.

— Sinto muito ter sido insensível — continuo. — Não quis ser condescendente.

— Ele só está bravo porque você soou como eu — Diane diz, tentando vir em meu socorro.

— O que é irritante vindo dela poderia ser preconceito vindo de você, ou ignorância — Charles retruca, sem se mexer.

Ele estava dizendo que eu era racista? Será que eu era? O comentário que eu havia feito era racista? Fora do contexto, não, eu não chamaria aquilo de racista. O problema é que não estamos fora do contexto e não podemos estar. Considerando a história racial, meu comentário, embora não pretendesse magoar, foi insensível. Charles não estava ali para me agradar e podia muito bem se sentir da maneira que quisesse.

– Não sei, Charles – vejo-me ficando na defensiva. (*Por quê?* penso. *O que precisa ser defendido?*). – Não estou certo de que diria que foi "preconceituoso", mas com certeza foi...

– Posso te fazer duas perguntas? – ele interrompe. Antes que eu responda, ele continua: – Você leu uma porção de artigos, até livros, sobre oferecer terapia a pessoas não brancas?

– Bom, eu...

– Buscou se consultar com alguém que conhece os problemas?

Fico na dúvida se deveria me sentir zangado ou constrangido. A verdade é que tento me atualizar, sempre, mas é difícil me definir como um especialista.

Sentamo-nos os três, num silêncio bem constrangedor. Por fim, tendo arrumado confusão com uma única frase, decido tentar outra, uma frase que ensino todos os meus casais a usar. Uma frase que gostaria que você, caro leitor, acrescentasse ao seu léxico.

– Então, tem algo que eu possa fazer que nos leve a uma reparação? – pergunto a Charles.

Com isso, ele sorri.

– Lá vem... – Diane geme baixinho enquanto seu marido catedrático retira do bolso interno do paletó um papel muito bem dobrado e o entrega para mim.

– E isso é...? – pergunto, desdobrando-o.

– Uma lista de leitura *preliminar* – ele responde, se divertindo.

De repente, sinto empatia pelos alunos de Charles que gaguejam. A lista é, sobretudo, literária, ainda bem: James Baldwin, Malcolm X. Não reconheço alguns títulos, mas havia mais coisas não contidas na lista: artigos e livros sobre raça e terapia, em particular terapia que transcenda linhas raciais. Comprometo-me a ir atrás dessas também e digo isso a Charles.

— Mas, já que você levantou isso, gostaria de perguntar. Como é para você trabalhar com um terapeuta branco?

Ele sacode a cabeça e olha para Diane. Pergunta-me sem agressividade. — E o que você acha que andei fazendo?

OUSANDO NOMEAR A VERDADE

Racismo. A espinha dorsal do sistema norte-americano. Quando eu era criança, na escola, o racismo tinha a ver com escravização no perverso e antigo Sul. Lincoln libertou os escravizados, e agora todos os homens eram livres! Façamos um banquete do Dia de Ação de Graças com os indígenas wampanoag e os peregrinos, celebrando em conjunto! Isso são os Estados Unidos!

Uma evidência discordante, no entanto, está em plena vista de todos ao nosso redor. Os Estados Unidos foram tomados de seu povo originário com suborno, armas e guerra bacteriológica. A história do Dia de Ação de Graças conta que nativos norte-americanos ensinaram com generosidade os colonizadores brancos a viverem no novo mundo e depois, de algum modo, desapareceram afavelmente, cedendo de modo pacífico a terra sob os pés para os europeus. Na verdade, uma breve aliança entre os peregrinos e os wampanoag, em Plymouth, se deteriorou com rapidez, tornando-se um dos confrontos mais sangrentos e sórdidos ocorridos entre as duas nações.[2]

Tendo garantido terra através de um genocídio, os Estados Unidos brancos importou outro grupo de pessoas para trabalhá-la. A escravização não era uma aberração; era essencial para a prosperidade. Dez dos primeiros presidentes possuíram escravizados.[3] O racismo não é uma anomalia na história dos Estados Unidos. Impregnada da doutrina do Destino Manifesto [crença que justificava uma inevitável expansão territorial, uma vez que o povo dos Estados Unidos teria sido escolhido por Deus], o racismo *é* a história norte-americana. No país, hoje em dia, a escravização se metamorfoseou em encarceramento em massa: 2,5 milhões de norte-americanos vivem atrás das grades. Embora os negros somem pouco mais de 13% da população geral, perfazem quase 40% da população encarcerada. E seu trabalho? O trabalho de um presidiário vale 2 bilhões de dólares por ano.[4] A 13ª Emenda garante liberdade a todos os homens, *exceto* aos que forem condenados por crime. O que decorre dessa exceção é uma história vergonhosa de tentativas deliberadas, difusas de igualar criminalidade com cor, e lei e ordem com branquitude. Da estratégia sulista até Willie Horton, a direita dos Estados Unidos foi do racismo subliminar à virulenta e escancarada supremacia branca. O racismo levou Donald Trump ao poder. O racismo invadiu o Capitólio. O racismo fomenta um ódio absoluto em muitos conservadores de direita.

Do linchamento e da tortura às microagressões diárias, à hipertensão e morte prematura, o custo do racismo para seus alvos é indescritível. Como psicoterapeuta branco, também estou interessado no custo do racismo para o racista.

Em *Dying of Whiteness* [Morrer de branquitude], Jonathan Metzl conta a história de dois estados sulistas, Kentucky e Tennessee, o primeiro com o sistema de saúde Obamacare, o segundo sem. Em 2016, Metzl conheceu um homem a quem chama de Trevor, que calhou de viver no lado errado da divisa estadual. Caso Trevor vivesse a apenas 35 minutos de carro mais ao norte, em Kentucky, teria sido elegível para receber medicamentos de prolongamento de vida e um transplante de fígado desesperadamente necessário. Perguntado se ele agora apoiaria o Obamacare, Trevor escarneceu: "Nem pensar que quero meus dólares de imposto pagando mexicanos ou assistência social para 'bonecas'".[5,6] Metzl observa que Trevor preferia morrer a trair seu grupo branco. Próximo da morte, o próprio Trevor está, sem dúvida, incapacitado, recebendo assistência médica, seguro social, e talvez ajuda alimentícia do governo. Se eu estivesse conversando com ele, eu ressaltaria que ele era uma "boneca da assistência social".

O racismo está no coração envenenado dos Estados Unidos. Assim como o patriarcado. Ambos são frutos da Grande Mentira, a ilusão do individualismo, de que alguém possa ser superior ou inferior a outro ser humano. Num artigo brilhante, a psiquiatra Heather Hall desconstrói a psicodinâmica do racismo como um transtorno narcisista.⁷ O narcisismo, síndrome do nosso tempo, está fundamentado num mal-entendido – a diferença entre a autoestima real, que vem de dentro para fora, e seu reflexo, a forma de autoestima de fora para dentro, como a importância que deriva de uma atuação, ou das posses de alguém, ou da estima de outros. Lembre-se, no mito, Narciso morre não por causa de um excesso de autoestima, mas pelo seu oposto. Ele se apaixona pelo seu reflexo, sobre o qual se inclina, suspirando, até que a sede e a fome o matam. Narciso é um adicto que se mata.⁸

Melhor do que, pior do que. Um acima ou um abaixo. Superior ou inferior – e inferior não apenas por causa de uma característica, não um fazendeiro, por exemplo, ou um tenista, um escritor inferior. Não, você é inferior como ser humano. É assim que *você e eu* se torna *nós e eles*. Porque, no culto tóxico da individualidade, não basta apenas ser um indivíduo – como todos os outros. Não, é preciso se destacar, ser especial, estar acima da média em tudo. Com que rapidez e facilidade isso desliza para alguém se considerar acima, não apenas de indivíduos, mas de grupos inteiros de pessoas, faixas inteiras da humanidade. Povos indígenas, imigrantes, judeus, latinos, asiáticos, LGBTQIAPN+, pessoas com deficiência, qualquer pessoa não branca. A pessoa afirma sua individualidade despojando os outros da deles.

MOBILIDADE PARA CIMA E DANO

Charles, nas suas exigências, em especial por sexo, e sua consequente retaliação taciturna, se mantém distante e à parte. Sendo um homem negro, é objeto da grandiosidade coletiva da nossa cultura, através do racismo, enquanto, ao mesmo tempo, no seu relacionamento conjugal, é um exemplo vivo de narcisismo nas suas exigências e na retaliação dirigida à esposa. Enquanto em casa seu estilo é passivo-agressivo depressivo – é muito raro ele se tornar abertamente zangado –, ainda assim ele pune Diane com sua falta de ânimo e seu mau humor.

Ele faz aquela rotina bem masculina que a minha esposa, Belinda, chama de *soltar um pum*. Você não diz uma palavra, mas as pessoas à sua volta acabam com dor de cabeça. A agressão passiva significa punir pessoas pelo que você não faz, pelo pouco que você dá. Na vida pública, Charles tem sido um poço de maturidade, equilíbrio e liderança. Em casa, de acordo com Diane, ele muda do Rei Sábio para um Príncipe Apagado.

Penso comigo mesmo que deve ser difícil ser um Rei Sábio o dia todo. E então penso na cor da pele de Charles e corrijo esse pensamento. Deve ser difícil ser o Rei Sábio o dia todo, todos os dias, sem descanso, por quanto tempo?

Pergunto a Charles sobre sua ascensão meteórica das ruas no norte da Filadélfia para os conselhos de administração da Nova Inglaterra. Escutando sua história de conquista acadêmica, excelência nos esportes e liderança comunitária, me pergunto onde é que ele consegue ser um bebezão. Existe um segredo conhecido entre os terapeutas de casais de que muitas pessoas influentes regridem nos seus relacionamentos mais íntimos. O presidente Ronald Regan chamava a esposa, Nancy, de "mamãe". É comum casais importantes terem apelidos infantis entre si, com frequência palavras secretas, até uma linguagem. No mundo externo, Charles mede cada palavra, sempre fez isso, sempre precisou fazê-lo. Então, me pergunto onde é que ele consegue ser um velho meninão malcriado.

— Você me lembra uma sessão famosa nos anais da terapia familiar — conto a Charles. Os dois olham para mim, cautelosos, mas receptivos. — Paul Watzlawick, um dos criadores da terapia familiar, era famoso pelas suas curas numa sessão.[9] Então, aqui está a história: um sujeito vem de Washington até ele. É afro-americano, mais ou menos da sua idade. Assim como você, esse sujeito era um super-realizador, vindo da pobreza, só com notas máximas, mérito escolar, a coisa toda. Era, então, um lobista de grande sucesso, com uma esposa amorosa, três filhos em escola particular, carros luxuosos. A vida era perfeita, salvo por um detalhe. Ele sofria de ataques de ansiedade debilitantes. "Claro que você é ansioso!", dizem que Watzlawick exclamou. "Você está assombrado por causa da sua própria imperfeição, da qual nem você pode escapar. Existe um privilégio fundamental", ele contou ao sujeito, "que durante todo seu período de crescimento e mesmo até hoje você nunca teve. Um privilégio que o menino branco mais desfavorecido na cidade possui em abundância. Sabe qual é? O privilégio de falhar, de pisar na bola, de fazer um idiota completo de si mesmo."

Olho para Charles e Diane.

— Entendo. Um passo em falso... — Charles diz.

— E a queda é longa — concordo com ele.

— E depois? — Charles induz.

— Watzlawick lhe dá uma tarefa. Ele precisa saber que pode falhar, e muito, e mesmo assim sobreviver. Existe um lugar bem conhecido da poderosa elite em Washington, uma churrascaria elegante. Watzlawick diz ao sujeito que ele tem que ir a esse restaurante e pedir uma enchilada de queijo. Insistir com tanta veemência que acabe sendo posto para fora.

— E aí? — Charles incita.

— Aí, ele faz isso — prossigo. — Ele é tão desagradável que acaba sendo jogado para fora pela porta de entrada, onde um pequeno grupo de familiares e amigos está à espera. Presenciando sua expulsão, eles irrompem em aplausos e o levam para almoçar na segunda espelunca mais prestigiosa de Washington para celebrar sua libertação.

Charles franze o rosto. — Então, tudo o que eu preciso fazer é ser posto para fora de algum lugar...

— E sua esposa vai lhe preparar uma ótima enchilada! — digo.

— A esposa não cozinha — Diane diz, imperturbável.

— Tudo bem. Como eu disse, ela vai lhe *encomendar* uma ótima enchilada!

— Não tenho bem certeza do que estamos dizendo aqui — Charles começa.

— O que estou dizendo é que todo mundo precisa ser uma criança em algum lugar — digo a ele. — Você conseguiu ser bem criança na sua infância?

Ele sacode a cabeça.

— Suas necessidades, suas emoções, eram todas atendidas?

– Meus pais lidavam com uma filha com necessidades especiais e com meu irmão usuário de drogas. Agora ele está bem – Charles acrescenta.

– Mas você era o bonzinho? – pergunto, sabendo a resposta.

Charles balança a cabeça em afirmativo.

Primeiro da classe, astro de futebol, me lembro dele dizendo. Na minha avaliação, Charles é uma criança perdida, um tipo herói. Após mais de trinta anos como terapeuta familiar, me vejo atraído pela simplicidade dos papéis familiares descritos nos Alcoólicos Anônimos: criança herói, criança bode expiatório, criança perdida. Explico isso a Diane e Charles.

– O herói é o bonzinho. O bode expiatório é o ruim, ou o doente, o problema familiar.

– Isso são ambos, meu irmão e a minha irmã, de modos diferentes – Charles concede.

– Sua irmã era a problemática e seu irmão o ruim, o rebelde?

– Isso mesmo – Charles concorda.

– E você era o que era deixado por conta própria – arrisco.

– Bom, eu era elogiado – Charles corrige.

– Certo. Eu subdivido a criança perdida em dois tipos, dependendo do motivo de a criança ser negligenciada. Você pode ser deixado por conta própria por ser ruim, não valer a pena. Isso é a criança perdida, o tipo bode expiatório. Ou pode ser negligenciado por ser o bonzinho, seus pais estarem ocupados com alguma coisa, ou com alguém...

– Esse seria meu irmão – Charles intervém.

– ...e, ei, você parece bem por conta própria. Criança perdida: tipo heroico, o bonzinho negligenciado.

– Eu não gosto de ser rotulado – Charles resume.

Mas interrompo. – A quantos jogos seus pais foram? – arrisco um palpite. – A quantas reuniões de professores?

Charles se controla. – Ei, meu pai tinha dois empregos para a minha mãe poder ficar em casa.

– Não estou dizendo que é culpa de alguém – digo a ele. – É assim que é. Você estava por sua conta, Charles. Nenhuma das suas necessidades emocionais foi atendida, especialmente não naquela família. Você cresceu bom e cresceu faminto.

Charles se remexe na cadeira.

— Que idade tem aquele menino birrento? O que leva Diane à loucura?

Charles dá de ombros, cauteloso. — Não sei.

— Imagine — pressiono.

— Sete, oito, acho.

— Na sua imaginação, quando você olha para ele, onde ele está? O que está fazendo?

— Nada — Charles diz. — O mais provável é que esteja no quarto dele, estudando, fazendo a lição de casa.

— Sozinho — acrescento para ele.

— Quanto a isso, não sei — Charles contesta. — Talvez sozinho, mas...

— Você não se sentia só — pressuponho.

— Na verdade, não. Era o jeito que as coisas eram.

— Era normal.

— É.

— Estar só.

— Quer dizer, tinha pessoas...

— Emocionalmente só — corrijo. — Psicologicamente só.

— Bom... — Charles leva um tempo, refletindo.

— Você não se sentia só. Era apenas normal.

— Era desse jeito — Charles concorda.

— Não — digo, ganhando força. — Você não se sentia sozinho então. Você na verdade nunca se sentiu sozinho.

— Na verdade, não.

— Até Diane fazer algo que você encara como insensível.

— Ai, lá vem.

— Mas não é? — pergunto. — É raro você se sentir só até Diane, de certo modo, lhe dar as costas?

— Pode ser isso.

— Então, tudo vem à tona — suponho. — Toda a solidão, toda a solidão dele, daquele menino de 7 anos.

— Que é mais ou menos a idade como me comporto, segundo a minha esposa — Charles concorda e junta as mãos em frente ao corpo, batendo uma na outra. — Tudo bem, então vamos lá. E agora?

– Se me der licença, quero te contar o que Belinda e eu costumávamos dizer ao nosso filho, então com 4 anos.

Charles ergue o olhar.

– Use suas palavras – digo.

– Em que sentido?

– Indo até sua esposa e dizendo "Ei, eu gostaria de um abraço".

Charles se recosta, achando graça. – Você consegue me ver fazendo isso? – Ele se vira para Diane. – Você gostaria disso?

Diane sorri. – É melhor do que ficar esperneando feito uma criança – ela diz, evasiva.

Mas Charles de fato olha para ela. – Tudo bem para você se eu for fraco? – ele pergunta, com o que parece ser uma vulnerabilidade concreta, vulnerabilidade que percebo nele pela primeira vez.

Diane vai se animando. – Você acha que eu já não sei que você é fraco? Querido, somos todos uma mistura de fraco e forte. Quem você pensa que está enganando?

Charles não parece convencido.

– Sabe, o mesmo sujeito que não pede aconchego à esposa é o que a faz pagar quando ela não o oferece – digo.

Charles bufa, sem muita convicção.

– Aqui está uma pílula amarga para você – digo a ele. – Preparado?

Ele confirma com a cabeça.

– Você não pode ficar zangado por não obter o que nunca pediu.

– Mas quando eu de fato peço...

– Não estou falando de sexo – acrescento com rapidez. – Charles, você tem mais necessidades emocionais do que apenas sexo. Uma porção de homens são um samba de uma nota só. Você se sente inseguro, você quer sexo. Solitário? Sexo. Assustado com alguma coisa? Sexo.

– Tudo bem – Charles diz. – Entendi o recado.

– Então, querido – Diane diz, olhando para o marido. – Você vai conversar comigo? Contar quem você é? O que está sentindo?

– *Sinto* – Charles enfatiza – que gostaria de ficar perto de você fisicamente.

– *Outros* sentimentos? – ela diz.

– *Existem* outros sentimentos – reasseguro.
– É, como conspirarem contra mim. – Ele pergunta: – Isso é um sentimento?
– *É*, Charles – cumprimento-o de brincadeira.
Ele aperta os lábios e olha para Diane.
– Então, se eu chegar até você...
– Sim, Charles – ela diz.
– Com uma vulnerabilidade real...
– Sim, Charles.
– Compartilhando meus sentimentos...
– Sim, Charles.
– A gente ficaria mais próximos, quero dizer, mais íntimos?
– Minha nossa... – Diane expira.
– Bom, espere – digo a ela, me virando para Charles. – Se você der um tempo. Se de fato fizer o trabalho de identificar outros sentimentos e necessidades, além do desejo sexual. Se parar de pressioná-la com suas reclamações não verbais...
– Sim? – diz Charles.
– Você poderia ficar surpreso – digo a ele. – Poderia mesmo se tornar mais atraente.
– Sem promessas – Diane intervém com rapidez.
– Não é um toma lá, dá cá – digo a Charles. – Basta de reclamações, de pressão.
– Essa parte eu entendi – Charles diz.
– Mas nunca se sabe – eu o censuro. – Homens adultos são, em geral, mais sensuais do que meninos de 7 anos.
Charles olha bem para Diane. – Você se apaixonou pela minha força – diz a ela. – Você me disse isso.
– Eu me apaixonei por você por inteiro, Charles. Você não está escondendo nada de mim. Vejo o que você está tentando esconder, e te vejo escondendo.
– O que você vê? – Ele se controla um pouco. – O que estou tentando esconder?
Ela pega no queixo dele, virando sua cabeça de modo a que ele olhe direto para ela. – Vejo você, seu bobo. Vejo aquele menino.

Charles franze o cenho.

– Eu gosto daquele garotinho – ela diz a ele. – Eu amo aquele menino.

– Mas... – Charles a induz.

Ela se recosta, calada por um momento. – Pode ser difícil.

– O que isso quer dizer? – ele pergunta.

– Quer dizer, Charles, que, quando ela diz não, você diz o que aquele menino ferido sente, mas não permite que ela tenha acesso a ele.

Charles demora para olhar para a esposa. – Você me ama de verdade, não é? – ele diz baixinho.

Diane balança a cabeça numa afirmativa. – É difícil admitir – diz.

– Às vezes – ele comenta.

– Muitas vezes – Diane responde, enquanto eles se encaram.

– Às vezes – repete Charles, segurando o olhar dela.

Registro a maneira suave com que eles se olham.

– E agora? – pergunto a Charles. – Consegue admitir agora?

Charles olha por um bom tempo para a esposa. Quando responde, ainda de olho nela, a voz dele está mais terna. – Agora, tudo bem.

Invulnerável e dominante.[10] Se for essa a pose que todos os homens adaptam para homens não brancos nos Estados Unidos, pode parecer, por si só, uma questão de sobrevivência. É fácil para um terapeuta branco privilegiado dizer "Vá, seja vulnerável". Isabel Wilkerson descreve uma ocasião em que estava num voo para uma palestra. Teve que se sentar ao lado de uma garotinha branca, com não mais de 7 ou 8 anos. A menina ficou surpresa ao ver uma mulher como Wilkerson na primeira classe. Seu espanto passou para consternação e em seguida para um nervosismo claro. "Não se preocupe", a mãe acalmou a filha.[11] "Você fica com meu lugar no corredor; eu me sento ao lado dela."

Ora, leitor, peço a você que pare e pense por um momento sobre qual seria a sensação disso. Desgosto. Wilkerson tem toda uma seção sobre isso no seu livro. No começo da década de 1950, Cincinnati, sob pressão, tentou integrar suas piscinas municipais.

Os brancos jogaram pregos e cacos de vidro na água. Em 1960, um ativista negro tentou frequentar uma piscina pública, nadando nela. Depois de dar suas braçadas, enquanto se enxugava, viu a cidade esvaziar toda a piscina e enchê-la com água nova.

Como eu, enquanto terapeuta, ouso desafiar alguém a ser mais vulnerável, sabendo que tal humilhação, ou coisa pior, pode acontecer em qualquer lugar, a qualquer hora? E, no entanto, faço isso, na verdade devo. Porque intimidade é intimidade, requer vulnerabilidade, requer que escolhamos e explicitemos nossas vontades e necessidades, nossos sentimentos. Até na resistência. Até em fuga.

Com o tempo, Charles aprendeu a ser um gladiador, quando necessário ser no mundo e, ao mesmo tempo, um amante em casa. Aprendeu a reclamar menos sobre o que não estava recebendo e a atender mais às necessidades de Diane, o que a deixou mais receptiva e mais animada para o sexo. Com o tempo, o casal estabeleceu uma rotina sexual de cerca de uma ou duas vezes por semana, o que para Charles era "ok" e para Diane "mais do que suficiente".

Logo depois eles deixaram a terapia. Agradeceram-me. Desejei aos dois boa sorte.

Enquanto se levantavam para ir embora, agradeci a Charles por me ajudar a "despertar minha conscientização racial" no início do nosso trabalho. Ele estendeu a mão, e apertei-a com aquele estranho sentimento triste-feliz que sinto com frequência quando alguém se "forma".

– Continue sorrindo – ele me diz.

Espertinho, penso, mas não digo, deixando-o ter a última palavra.

A GRANDIOSIDADE PREJUDICA O GRANDIOSO

À parte e acima. Nós nos definimos junto ao contexto fantasioso da Grande Mentira, como superiores àqueles que consideramos menos do que nós. Afirmamos nossa individualidade privando outros das deles. O primeiro gesto para marginalizar alguém é mirar na sua identidade como indivíduo. Privamos o povo escravizado de seu nome, raspamos a cabeça de prisioneiros e tiramos suas roupas, transformamos judeus nos números que trazem nos braços, dizemos a nós mesmos que somos privilegiados, não sendo negros, pobres, homossexuais, mulheres. Agarramo-nos com força ao nosso aparente degrau da escada, pisando no rosto dos que estão logo abaixo de nós.

E nisso está um enorme custo, não apenas para aqueles em que pisamos, mas também para nós. Porque fazemos o mesmo conosco. Consideramos essa nossa parte razoável, mas aquela revoltante. Torturamo-nos com conversas internas negativas quando não correspondemos. Levamos uma vida difícil, tanto interna quanto externamente. Aqui está uma verdade dura: embora eu queira ser bastante claro de que a toxicidade do privilégio esmaece comparada à humilhação, tortura e depredação sistêmicas dos desprivilegiados, ainda assim, se nós, como sociedade, quisermos ir além dessas antigas fissuras e feridas, devemos nos dar conta de que a individualidade tóxica é uma cultura que espolia todos – os que estão no topo e os que estão embaixo. Estudos recentes demonstram que a riqueza prejudica a empatia de uma pessoa em relação a outras.[12] Pense nisso. Você consideraria isso um benefício? Manter o sistema exige empatia embotada, dissociação, compartimentalização, e até raciocínio falho.

Quando eu estava na faculdade, passei um tempo obcecado com J. Robert Oppenheimer, o pai da bomba atômica.[13] Ao ler sobre o Projeto Manhattan, ficava me perguntando *Como esse homem pôde viver consigo mesmo? Como pôde trazer essa atrocidade para o mundo, conhecendo as ameaças que sua invenção monstruosa traria ao planeta?* A resposta a que cheguei, depois de me afundar em vários ensaios e biografias, foi chocante: ele não pensou muito nas consequências. Estávamos em guerra. Ele tinha uma incumbência. Assim como homens por milênios antes dele, ele tinha um trabalho a fazer, e fez. O custo para Oppenheimer estava precisamente no que ele não se permitia pensar, em se cindir pela dissociação. Dissociação – motivo central de reação ao trauma. As vítimas de trauma dissociam; em muitos casos, elas precisam se preservar. Seria o caso de os criminosos também precisarem se dissociar? Que um ser humano completo, integrado, não consegue machucar outro com tanta facilidade?

Depois que nos permitimos o privilégio de não pensar, nos tornamos perigosos. Rudy, de 38 anos, fez sexo sem proteção com prostitutas durante a epidemia de Covid e depois ia para casa jantar com a família. Na nossa sessão, perguntei se ele não percebia o risco a que estava expondo a esposa e os filhos. Ele deu de ombros. "Eu dizia a mim mesmo que não ia pegar nada." *Grandiosidade pura*, pensei. "A verdade é que não pensei mesmo isso." Às vezes, ficamos doentes por não conseguir parar de pensar em alguma coisa, mas podemos ficar ainda pior por coisas em que nos recusamos a pensar.

A SUPERIORIDADE OPERA NO ESCURO

"Estrelas, escondam seus brilhos", Macbeth pede, antes de matar o rei.[14] "Que nenhuma luz veja meus desejos profundos e sombrios." A superioridade opera no escuro. É raro ver a grandiosidade. Manter-se à parte e distanciado tem consequências para os outros, é claro, mas também prejudica o indivíduo grandioso. Há pouco, a área da psicologia do trauma enunciou o que chama de *injúria moral*, uma forma particular – e bem virulenta – de transtorno de estresse pós-traumático (TEPT) que acomete a psique do autor.[15] Por exemplo, um soldado que cometa atrocidades, comportando-se de um jeito que vai além do escopo da sua própria moralidade, experimentará dano moral. Na guerra, homens estupram, assassinam e matam pessoas inocentes.

Naqueles que cometem tais atos criminosos de grandiosidade, a culpa saudável é substituída por temor e poder. Eles amenizam sua culpa desumanizando suas vítimas. A psiquiatra Heather Hall escreve: "Os perpetradores mais malignos insistem em que suas vítimas admitem merecer o abuso... A vítima percebe que a única maneira de minimizar a intensidade da dor é ajudando o criminoso a amenizar sua culpa, dizendo que sim, eu mereço isso. Esse é o golpe final de aniquilamento da alma da vítima".[16]

É esse o ponto a que chegamos, mas a culpa ainda assombra. Em 1997, o psicólogo Na'im Akbar cunhou o termo "síndrome pós-traumática da escravização" para se referir aos efeitos adversos transgeracionais da escravização nos filhos de escravizados, nos seus filhos e nos filhos dos filhos deles.[17] Nos últimos anos, começamos a aprender mais e mais sobre epigenética e como o trauma afeta o DNA da geração seguinte, talvez além.[18] Consigo imaginar o legado do dano moral aos brancos, sem de certo modo minimizar a criminalidade indizível das nossas ações? Poderia ser o caso de que nós, norte-americanos brancos, carregamos, coletivamente no nosso corpo, a vergonha, o dano psíquico, que as gerações anteriores não sentiram, mas transmitiram por gerações de negação e reencenação? Posso dizer, sem minimizar as atrocidades executadas por brancos, que os custos intrapsíquicos do racismo ao racista residem, com certeza, nos mecanismos tortuosos de negação e distorção que tentam desumanizar a vítima, mas que, na verdade, desumanizam ambos?

No que se refere a gênero, peço a homens e mulheres que se unam, apesar dos danos que os homens infligiram às mulheres por milhares de anos e ainda infligem. De certo modo, é do interesse de todos nós entender o sistema do patriarcado. É do interesse de todos desmantelar a superestrutura que mantém ambos os sexos reféns. Da mesma maneira, acredito que seja do interesse geral se lembrar de que todos nós formamos a biosfera relacional em que habitamos. É do interesse de todos ultrapassar em definitivo a Grande Mentira de superioridade e inferioridade, vergonha e grandiosidade, vítima e criminoso. Vivemos em uma cultura com trauma coletivo não curado.

Nunca vivenciaremos uma cura coletiva até desfazermos a dissociação e compartimentalização que nos é exigida para causar dano coletivo.

Na sua obra clássica de 1991, *Faces of the Enemy* [Faces do inimigo], Sam Keen detalhou o processo de *alterização*, os métodos e as alegorias que as pessoas utilizam para esvaziar a humanidade das descrições do inimigo, seja ele quem for.[19] Várias obras literárias detalham o que leva soldados a cravejar suas balas em corpos humanos. Cada guerra parece aprimorar seu trabalho de alterização e produz uma porcentagem maior de conformidade de combate.[20] Mas a questão permanece: uma pessoa pode matar outra ao sentir sua humanidade, mantendo uma conexão empática com ela? Ainda não se chegou a uma conclusão.

No nosso íntimo, vários de nós se envolvem num processo um tanto análogo, dirigido a partes da nossa própria psique. Alterizamos partes do nosso próprio self. Banimos, combatemos e torturamos as parcelas que julgamos inaceitáveis em nós. Mulheres tradicionalmente patriarcais alterizam sua autoafirmação ou egoísmo. Homens tradicionais alterizam suas vulnerabilidades. O campo da psicologia nasceu com a descoberta da repressão por Freud, os meios pelos quais nós, humanos, exilamos aquilo que consideramos incivilizados.[21] Está na hora de abrir a cortina e acolher o intocável, tanto nos outros quanto em nós mesmos.

O individualismo se afirma através da dissociação. A opressão é onipresente para o oprimido e espreita nas sombras para o opressor. Quantos de nós são racistas consigo mesmos? Um estudo de 2020 mostrou que as pessoas que admitiam comportamentos que rotulavam como racistas ainda assim negavam ser racistas.[22] Estou interessado na ginástica psicológica pela qual passaram esses sujeitos para reconhecer seu comportamento e, ao mesmo tempo, negar essa característica. O individualismo existe pela desconexão, e o custo da desconexão é a desconexão. Quase todos no Ocidente se sentem superiores a alguém e inferiores a outro alguém. Quase todos no Ocidente veem o grupo ao qual pertencem como superior a algum outro grupo e inferior a outro. Nada disso é evidente, ao passo que, na realidade, o sofrimento da desconexão varre o mundo ocidental numa epidemia para quem quiser ver. Nunca fomos um povo tão solitário.[23]

Não vamos nos curar como corpo político até nos lembrarmos do que desmembramos – a inferioridade desprezada em nós mesmos e em outros. Ao nosso redor, a comunidade se rompe, enquanto o individualismo se mobiliza para proteger suas liberdades e seus direitos. Na exigência de alguns pelo direito de andar sem máscara durante uma pandemia, ou na voz enérgica de uma mulher esquerdista tão desobrigada de acolher os outros que agora é cáustica, ou nas declarações de um paciente em terapia por volta do seu décimo quinto ano de tratamento de autoaperfeiçoamento – o individualismo prospera. Nunca nos mantivemos mais à parte e acima enquanto nossa epidemia de solidão, como uma maré alta, ameaça nos engolfar a todos.

Estudos revistos por Vivek Murthy, cirurgião-geral dos Estados Unidos, no seu livro sóbrio e inspirador *O poder curativo das relações humanas*, indicam que 22% de todos os adultos norte-americanos dizem que com frequência, ou sempre, se sentem sós ou isolados socialmente. Um em três adultos dos Estados Unidos acima dos 45 anos é solitário. Numa pesquisa nacional, um quinto dos entrevistados disse que raramente ou nunca se sente próximo das pessoas. E estudos em outros países ecoam essas descobertas.

"O individualismo", escreveu Alexis de Tocqueville sobre os Estados Unidos na década de 1830, "é um sentimento calmo e considerado, que dispõe cada cidadão a se isolar da massa dos seus iguais e se recolher num círculo familiar ou de amigos; com essa pequena sociedade formada ao seu gosto, ele com alegria deixa a sociedade mais ampla para se cuidar."[24] Mas quase duzentos anos depois, na cultura atual pulverizada, um pequeno círculo de família e amigos pode não ser rico nem estável. Hoje em dia, como descobriu o sociólogo Robert Putnam, jogamos boliche sozinhos.[25]

O racismo pode ser a Grande Mentira na sua forma mais pura – superior e inferior, branco e preto. Mas a mesma dinâmica se manifesta quanto a masculino e feminino, heterossexual e gay, rico e pobre. Assim como a faca que só tem lâmina, o privilégio venenoso corta a mão de quem o empunha.

O primeiro passo para a recuperação, para um relacionamento correto com nosso privilégio, é percebê-lo, sentir sua proteção quase onipresente; reconhecer qualquer visão racista, misógina, preconceituosa que internalizamos; estar disposto a confrontar os vieses inconscientes que carregamos. Mas, mais do que tudo isso, *precisamos entender que se considerar fundamentalmente superior a outra pessoa é doentio para ambas as partes.*

Um motorista me corta na rua, depois reduz a velocidade, me fazendo ir mais devagar. Por instinto, tenho raiva dele: "Quem ele pensa que é? Tirou carta por correspondência!". Mas então me flagro. Respiro mais devagar por causa do desprezo que percorre meu corpo, da superioridade, da grandiosidade. Não faço isso pelo bem do outro motorista, faço por mim. Lembro-me de que cresci numa família cheia de desprezo. Internalizei o desprezo e voltei-o para mim durante anos; encenava-o em relacionamentos e baguncei as coisas mais de uma vez. Mas agora não. Hoje, não preciso de desprezo na minha vida. Tento exercer democracia na minha vida cotidiana, *igual-a*, nem melhor, nem pior. Nem à parte, nem distante.

O individualismo se apoia nas costas dos seus exilados – a culpa crônica, difusa, que assombra os privilegiados, junto à opressão degradante daqueles que não a têm. O individualismo precisa de repressão para funcionar. Dizemos a nós mesmos que o outro é menos humano do que nós e nos comportamos de maneiras que sugerem que nós mesmos perdemos a humanidade. Não satisfeitos em apontar a Grande Mentira para outros, muitos de nós também a voltamos para nós mesmos. Passamos nossos dias a reboque de "melhor do que, pior do que", julgando com dureza nossas próprias imperfeições.

A Grande Mentira é um sonho assustador, desagradável, do qual poderíamos acordar. Saindo do sonho da vergonha e da grandiosidade, entramos em conexão, *igual-a*. Assim como você. Criamos intimidade. Democracia pessoal. Chegamos a nós mesmos. E à possibilidade de uma alegria relacional duradoura e contínua.

O EXERCÍCIO DIÁRIO DO AMOR

Lembre-se, a intimidade – aquilo que todos nós desejamos, se formos de fato honestos conosco, o toque da conexão humana que cura, preenche, a única coisa na nossa vida capaz de nos deixar realmente felizes – não é algo que você tenha; é algo que você faz. E você pode aprender a fazê-lo melhor. Pode aprender a se sair melhor, afirmando seus direitos com amor, valorizando o relacionamento mesmo enquanto estiver se impondo. Pode aprender a abrir mão da armadilha da realidade "objetiva", e em vez disso cuidar das mágoas ou desejos subjetivos do seu companheiro ou da sua companheira, escutando, mas escutando mesmo, com compaixão e generosidade, e não na defensiva, autocentrado. "Sinto muito você se sentir mal. Posso dizer ou fazer alguma coisa agora para ajudar?" – palavras que com frequência o levarão para a reparação, e não para uma distância ou hostilidade progressiva. A autoproteção; a autoafirmação – existe uma porta dourada a ser ultrapassada que nos leva para além do eu, eu, eu. Não que não deva haver um eu. Tradicionalmente, as mulheres foram ensinadas a ceder seu eu para o nós. Mas o *nós* não é um relacionamento. A intimidade não é um amálgama homogêneo sem ego. A intimidade é uma dança sem fim de eu e nós, as necessidades de cada parcela vital do relacionamento, seja eu, seja você, conforme essas vontades individuais são filtradas pelas necessidades do próprio relacionamento. Nesse momento, talvez a minha assertividade ganhe precedência: "Não, por favor, pare de me tratar assim. Prefiro bem mais desse outro jeito". Em outras vezes, você cede, dando ao outro o que ele deseja. Você se pergunta: "Por que não? O que vai me custar?". Você se lembra de que a generosidade compensa. Quanto mais pensar de modo ecológico, mais começa a parecer evidente para você que é do seu interesse se comportar com habilidade na sua própria biosfera relacional, ser um bom administrador dela. Por quê? Porque você faz parte dela, caro leitor; é o ar que você respira, a atmosfera da qual depende. Acorde. Acorde e se cuide.

EPÍLOGO
LUZ INTERROMPIDA

> "Irmã, mãe
> e espírito do rio,
> espírito do mar,
> que eu não sofra ao ser separado,
> e que meu lamento chegue até vocês."
> T. S. Eliot, "Quarta-Feira de Cinzas"

O individualismo pede que nos vejamos como separados e dominantes. A ecologia e a relacionalidade nos convidam a nos vermos não como dominantes nem dominados, mas como *parte de*. Mas o que significa não ser mais separado, ser de verdade parte do mundo que habitamos? O antropólogo Gregory Bateson, marido de Margaret Mead, é comumente considerado o pai da terapia familiar. Na sua obra icônica de 1972, *Steps to an Ecology of Mind* [Passos para uma ecologia da mente], ele chamou a ilusão de que sejamos entidades separadas, divorciadas da natureza e um do outro de "engano epistemológico da humanidade".[1] Podemos corrigir por um momento esse engano infeliz, segundo Bateson, com drogas como álcool e psicodélicos, motivo pelo qual encontramos prazer nelas. Há alguns anos vêm sendo desenvolvidos estudos que mostram que os psicodélicos podem diminuir o medo da morte em pacientes terminais, muito por oferecerem muitas visões de vida além dos limites do corpo, do indivíduo.[2]

Como psicoterapeuta, me vejo com frequência na posição de ser uma espécie de mercador de limites. Casais que têm limites psicológicos frágeis, ou não os têm, são marcados por reatividade ou volatilidade, mas, com treino, eles podem trabalhar seus limites psicológicos – criar casca, como se diz – e se tornar menos reativos.

No entanto, aqueles que vivem atrás de muros – em especial muros emocionais, deixando escapar ou absorvendo muito pouco – precisam exercitar a *receptividade intencional*, relaxando e respirando por escolha e absorvendo o que lhes é apresentado.

Um limite psicológico saudável, como uma autoestima saudável, se encontra no meio – nem aberto demais e poroso, nem fechado demais e isolado. Como aceitamos, ou evitamos, o julgamento alheio é uma enorme questão psicológica, mas enquanto muitos estados sem limites – como dependência amorosa e de envolvimento – são patológicos, outros parecem disponíveis e não apenas são normais, mas superlativos. Relaxamos os limites eu-outro no erotismo, naquela colaboração singular entre criatividade e inspiração, que é o fazer arte, na exuberância da intuição científica, e, de modo mais completo, no misticismo.

O ADULTO SENSATO E O ESPÍRITO

Como é não apenas entender que somos parte de um todo vivente, mas de fato senti-lo? Quando deixamos nossa Criança Adaptável e assumimos nosso Adulto Sensato, vamos além do individualismo, da arrogância e da ilusão de poder e controle. Alguns largam o controle e permitem o processo natural, incluindo nossa própria mortalidade. Outros voltam os ouvidos para uma música diferente. O lendário psiquiatra Carl Jung observou que a cura da adicção tinha que ser espiritual, porque em essência o todo que a intoxicação deveria preencher era um vazio existencial.[3] Concordo. Psicólogos falam em confiança básica, uma capacidade que, pelo que se supõe, se desenvolve aos 2 ou 3 anos de idade, uma crença em essência otimista de que o universo é bastante amigável e de que as coisas vão dar certo.[4]

Mas quanta confiança básica temos aos 3, 4, 8 anos, quando alguém com o dobro do seu tamanho estoura sempre e age como se nos detestasse? Os psicoterapeutas são propensos a pedir aos clientes para "se soltarem". Mas se soltarem para o quê? Você não vai pular se não houver água na piscina. Para aqueles que vêm de passados traumáticos – e na minha avaliação somos milhões –, a confiança pode não ser algo fácil de conseguir.

Na minha terceira década de prática regular de meditação, com frequência sentia que estava expandindo, que os limites entre mim e o outro tinham relaxado e que eu estava, como dizem, comungando com o universo. Era uma experiência empolgante, libertadora. Mas foi só por volta da minha quarta década de meditação que comecei a me sentir amado. A confiança básica só me aconteceu nos meus 60 anos. A minha prática espiritual me levou a me sentir integrado com a natureza que era viva, inteligente, benevolente e amorosa. Quando algumas pessoas – artistas, místicos, amantes extraordinários – relaxam suas identidades individualistas e se permitem estar em harmonia com a natureza, a natureza retribui. Quando nos mantemos distantes e superiores à natureza, nos abstemos da experiência de nos render ao numinoso – a qualquer forma do sagrado que fale conosco.

Talvez o próximo passo no nosso processo evolucionário não esteja adiante, mas na volta à sabedoria das tradições antigas. Talvez a sabedoria definitiva do nosso self Adulto Sensato não seja nossa como indivíduos, mas extraída da sabedoria coletiva da humanidade ao longo dos séculos.

Ela tem sido chamada por muitos nomes: Chi, Tao, Natureza de Buda, e, se você não dormiu nos filmes de *Guerra nas Estrelas*, Força. Alguns zen-budistas a chamam de Mente Grande, o todo mais amplo, o estado de unicidade com tudo. A Mente Pequena, nossa consciência comum – à parte e acima –, é um terreno fértil para o sofrimento. Não importa o quanto tentemos agarrar, tudo na nossa vida é impermanente, mutável. Enquanto ficamos na Mente Pequena, vivenciamos uma perda após outra. Mas essa não é a única opção. Também podemos escolher morrer, ou seja, morrer como nosso self separado, conduzido pelo ego, e acordar para nossa verdadeira condição. Como Shunryū Suzuki escreveu:

Viver no reino da natureza de Buda significa morrer como um ser pequeno, momento a momento. Quando perdemos nosso equilíbrio, morremos, mas, ao mesmo tempo, também nos desenvolvemos, crescemos. Tudo o que vemos está em mudança, perdendo seu equilíbrio. O motivo de tudo parecer belo é por estar fora de equilíbrio, mas seu contexto está sempre em perfeita harmonia. É assim que tudo existe no reino da natureza de Buda, perdendo seu equilíbrio junto a um contexto de equilíbrio perfeito.[5]

Estar em harmonia, estar desperto espiritualmente. O movimento principal além do indivíduo: Mestre, "...se afaste / e deixe o Tao falar por si só".[6]

Mas a Mestre não se afasta por completo, não desaparece. O Tao fala através dela. A metáfora de que mais gosto é a arte. A artista domina seu ofício. Pinta, pinta, expandindo e aperfeiçoando sua técnica, até que um dia a inspiração passa por ela e seu trabalho ganha vida. Ela não é uma sumidade em pintura e, se acreditar nisso, vai se tornar arrogante. Mas também não é uma simples parteira. Uma grande artista tem orgulho do seu ofício e se sente agradecida pela inspiração que passa por ela. É uma colaboração.

Acredito que nossa relação com a natureza deveria ser artística. Não estamos nem acima, nem abaixo, somos parceiros. Na sua obra-prima de 1956, *Ferreiros e alquimistas,* o historiador romeno Mircea Eliade explorou antigas crenças da humanidade sobre uma das suas formas mais primitivas de tecnologia: a mineração. Eliade realizou uma exploração transcultural das raízes do que se desenvolveu na Idade Média Ocidental como alquimia, antepassada da ciência ocidental. Eliade escolheu a mineração como uma tecnologia prototípica e, como tal, esperava que os mitos e as narrativas referentes a ela oferecessem uma janela para o relacionamento do homem primitivo com a própria tecnologia.

O que Eliade descobriu foi notável. Muitas culturas estudadas por ele no Oriente Médio, na Índia e na China viam os antigos mineradores como xamãs sagrados, ou criminosos. Houve vezes em que encontrou ambas as visões numa única cultura. Os mineradores eram vistos, por todos, como pessoas que entravam no útero da Terra e extraíam o que era ali mantido em gestação. O universo tendia a se aperfeiçoar, segundo a maioria das culturas estudadas por ele. O ouro e outras pedras preciosas e metais eram o estágio final dos "embriões" subterrâneos da Terra.[7] Ao "transformar" minério em pedras preciosas e ouro, os mineradores ocupavam, portanto, o lugar do tempo, acelerando o processo de maturação da Terra. Algumas culturas os viam como parteiras, outras como vândalos violadores, e outras ainda como as duas coisas. Qual era o fator decisivo? O que distinguia a sabedoria da criminalidade?

A resposta pode ser surpreendente. O elemento determinante de um profissional ser visto como santo ou criminoso era o *estado interno do praticante*.

Os mineradores que queriam apenas ganho ou recompensa, que impunham sua vontade pessoal sobre a natureza, eram retratados como ladrões, uma espécie de violentador. Mas aqueles com a espiritualidade desenvolvida o bastante para poder trabalhar em harmonia com o todo mais amplo eram vistos como santos ou magos. A alquimia era não apenas uma ciência, mas também uma forma de contemplação do divino, em que o interno e o externo não eram separados. Cientistas antigos que fizeram descobertas fundamentais – Giordano Bruno, Francis Bacon, até Isaac Newton – entremearam seus relatos de observações e experimentos científicos com citações de áreas místicas.[8] Um praticante que conseguisse alcançar uma harmonia interior seria, por definição, capaz de transmutar os materiais da Terra. E, no entanto, o alquimista que conseguisse transmutar material no seu laboratório conseguiria, por definição, alcançar um estado de iluminação espiritual. A transformação do metal e a transformação da mente eram uma coisa só.[9]

Na minha própria tradição, o judaísmo, se acha a ideia correspondente no antigo conceito do *tikkun olam*.[10] Nosso mundo manifesto está estilhaçado e lascas da luz divina ficaram presas em fragmentos espalhados pelo cosmos. Apenas os seres humanos podem consertar o mundo destroçado por meio da sua própria transformação pessoal.

A tecnologia é algo abençoado ou demoníaco? Isso depende do coração e da alma de quem a exerce. Com nossas ações, com a conscientização que escolhemos para viver, podemos restaurar nosso mundo ou mergulhá-lo ainda mais nas trevas e na discórdia. A questão é simples. Como vamos viver neste planeta? No controle, como *você e eu*? Ou em harmonia, como *nós*?

O grande mestre taoísta Lao Tsé escreveu pressagiando, cerca de seis mil anos atrás:

> Em harmonia com o Tao,
> o céu é claro e espaçoso,
> a Terra é sólida e plena,
> todas as criaturas florescem juntas,
> satisfeitas com a maneira que são,
> repetindo-se infinitamente,
> renovando-se infinitamente.
>
> Quando o homem interfere no Tao,
> o céu fica sujo,
> a Terra se esvazia,
> o equilíbrio se desfaz,
> criaturas se extinguem.
>
> O Mestre vê as partes com compaixão,
> porque entende o todo.[11]

Confesso que gosto em especial desta última linha: "O Mestre vê as partes com compaixão, / porque entende o todo".

A compaixão decorre daquela nossa parcela que consegue agarrar o todo, nosso eu Adulto Sensato. Nosso eu mais sensato, nossa mente maior, precisa rodear, fazer amizade e, por fim, conter o mundo de soma zero da conscientização *você e eu*, nossa Criança Adaptável. Quer estejamos amando um ao outro no nosso quarto, jogando com nossos filhos, aprendendo a ser mais respeitosos quando pensamos naqueles diferentes de nós ou nos esforçando para sermos mais gentis ao falarmos conosco mesmos, acolhemos os despossuídos dentro e fora de nós. Emergimos da Grande Mentira da individualidade e nos voltamos para nosso planeta ferido, para nossos vizinhos feridos; restauramos, no relacionamento, nosso próprio self ferido. Essa é a nossa função, a nossa vocação. Com sorte, é o nosso destino. É difícil os desafios poderem ser maiores.

A ideia do individual é um conceito de homens brancos proprietários. Conforme aprendemos mais sobre o quanto nosso cérebro é social, fica claro que o ideal de um indivíduo autônomo é um mito. Nossos cérebros agem em parceria uns com os outros, não de forma separada, individual. Uma vez que nos lembremos daqueles que desmembramos, uma vez que demos crédito às vozes dos destituídos – mulheres, indígenas, pessoas não brancas – a natureza narcisista e ilusória da Grande Mentira no cerne do individualismo fica clara.

Precisamos de um novo paradigma, um que seja ecológico e relacional, que nos mova do exclusivo para o inclusivo, do independente para o interdependente, do dominante para o colaborativo uns com os outros, com a Terra, e no interior do nosso próprio self. A natureza não tem recompensas nem punições, tem consequências.[12] Neste momento, bem aqui, bem agora, nossas ações fazem diferença. Como pensamos, como nos vemos no mundo, faz diferença. Com nossos companheiros, nossas crianças, nossos vizinhos, dentro das nossas próprias mentes – podemos redimir ou violar. A escolha é nossa.

AGRADECIMENTOS

Como um livro sobre a ecologia dos relacionamentos poderia ter sido escrito por uma só mente? Não o foi.

    Gostaria de agradecer a Gwyneth Paltrow e ao pessoal da Goop, por instigar esta loucura. Jeffrey Perlman ajudou a conceber a ideia de uma crítica da individualidade. Agradeço a Richard Pine, muito mais do que meu agente, que esteve ao meu lado a cada ideia, título, palavra. E ao meu superpoder secreto, Donna Loffredo, minha editora na Penguin Random House, que arregaçou as mangas e entrou neste trabalho com um nível de envolvimento que eu nunca tinha visto num editor. Capítulo por capítulo, frase por frase, moldamos este livro juntos. Donna, você foi uma coconspiradora abençoada. A Kiki Koroshetz por muitas observações cuidadosas. E um especial e sincero agradecimento a Bruce Springsteen pelas profundas reflexões e ótima companhia.

    Curvo-me perante meus professores, numerosos demais para citar, mas preciso prestar uma homenagem à lendária pioneira em trauma e recuperação, Pia Mellody, cujo trabalho repercute no meu. Agradeço a Olga Silverstein, que me ensinou a deslocar posições rígidas, incluindo a minha. E a meus colegas no corpo docente do Family Institute of Cambridge, que continuam me inspirando.

Agradeço a minha eterna colega e amiga, Carol Gilligan, que vezes sem conta me impeliu a uma perspectiva mais radical. Este livro não seria o mesmo sem sua voz. E agradeço a Jane Fonda, que também me lembrou das minhas raízes e do meu compromisso político.

Um enorme agradecimento a Juliane Taylor Shore, que reuniu uma privilegiada compreensão da Terapia de Vida Relacional compatível com seu brilho como professora de neurobiologia. Você é a referência em que nos baseamos. A Emma Clement pela ajuda inestimável com pesquisa e anotações. A Brian Spielmann e Richard Taubinger, magos da internet. A Lisa Sullivan, que manteve o navio à tona. A Jack Sayre, que manteve meu ânimo de escritor em alta mesmo quando já era hora de ir para casa. A Rich Simon, ainda aqui, no meu coração, que me incentivou como escritor como nenhum outro.

Aos amigos que me aturaram, até fingindo interesse, às vezes: Dick Schwartz, Jeanne Catanzaro, Jette Simon, Liz Doyne, Thomasine McFarlind, Mel Bucholtz, Esther Perel, Jack Saul, Scott Campbell, Doreen e Bob, Jay e Françoise, Denise e Stefan, Zach Taylor, Richard Macmillan, David Hochner, e muitos mais que me apoiaram no período da escrita deste livro.

Presto uma homenagem a clientes homens, mulheres e pessoas não binárias que confiaram em mim por muitos anos. Foi um grande privilégio estar com vocês, grupo corajoso, na eira, esse crisol de dor e transformação. Foi uma honra ter feito parte do seu trabalho.

Por fim, e o mais importante, agradeço a Justin e Alexander: vocês nunca deixam de me estimular com alegria E à minha querida Belinda, a minha melhor professora, coração do meu coração, sopro do meu sopro. Muito obrigado por esta oportunidade de mais de trinta anos de trabalhar comigo mesmo.

Com agradecimento e amor,
Terry Real
Newton, Massachusetts

NOTAS

CAPÍTULO 1: QUAL DAS SUAS VERSÕES APARECE NO SEU RELACIONAMENTO?

[1] Uma observação comum em terapeutas de casais.

[2] Real, "Terapia de alto impacto de casais".

[3] Quando o córtex pré-frontal não está conectado ao sistema subcortical, acalmando-o, perdemos uma pausa entre o que sentimos e o que fazemos. O córtex pré-frontal não se desliga de fato; se isso acontecesse, não poderíamos falar, pensar ou propor qualquer argumento. O que se dá é que a conexão entre os dois inexiste. Quando detectamos segurança e bondade, o córtex pré-frontal observa, acalma e integra a informação recebida dos sistemas subcorticais no cérebro (tal como o sistema límbico). Quando detectamos perigo, nossos instintos de autoproteção assumem, e o córtex pré-frontal tem muito mais dificuldade para regular *aqueles* sistemas inferiores. Em tal estado, o córtex pré-frontal e os sistemas subcorticais não estão em conexão entre si, e nossa propensão é fazer movimentos para nos proteger, tanto verbais quanto físicos. Cozolino, *Neuroscience of Psychotherapy*; Van der Kolk, *Body Keeps the Score*; Siegel, *Mind: A Journey*; Siegel, *Developing Mind*; Singel, *Mindsight*.

[4] O sistema límbico/subcortical é de fato muito avançado e novo na nossa versão humana. Outros animais também possuem essa parte, mas a nossa é muito mais complexa, até no nível subcortical. Outras maneiras de se referir a isso poderiam ser: o sistema de sentimentos, o sistema rápido, o subcortical, o subconsciente, o límbico, o cérebro que conserva nossos antigos aprendizados, o cérebro reativo. Nossa sobrevivência como espécie está muito, mas muito ligada tanto à nossa conexão a outras pessoas quanto à nossa capacidade de nos afastarmos de situações perigosas. Quando esses dois instintos entram em conflito, as partes do nosso cérebro que compartilhamos com outras espécies

filogeneticamente mais antigas podem, por instinto, escolher sacrificar a conexão para nos salvar fisicamente. Panksepp e Biven, *Archaeology of Mind*; Porges, *Polyvagal Theory*.

5   Van der Kolk, *Body Keeps the Score*; Fisher, *Healing Fragmented Selves*; Fisher, *Transforming Legacy of Trauma*.

6   Van der Kolk, "Body Keeps Score"; Levine, *Trauma and Memory*; Siegel, *Developing Mind*.

7   Muitas descrições semelhantes de três partes da psique humana têm sido apresentadas pela psicologia ao longo das décadas: Berne e McCormick, *Intuition and Ego States*; Schwartz, *Internal Family Systems*; Mellody, Miller e Miller, *Facing Codependence*. Stan Tatkin fala da diferença entre os "primitivos" de uma pessoa e os "diplomáticos" de uma pessoa, duas partes diferentes do cérebro em *Wired for Love*. Dan Siegel, em *Developing Mind*, fala de dois estados neurológicos: o córtex pré-frontal receptivo e o reativo.

8   Mellody, "Post-Induction Training".

9   Esquema adaptado de Mellody, Miller e Miller, *Facing Codependence*.

10 Erikson e Erikson, *Life Cycle Completed*; Arnett, *Emerging Adulthood*; Wrightsman, *Adult Personality Development*.

11 Esta frase foi adaptada de Hammett, *Continental Op*.

12 Michael Mendizza (Dir.), *Krishnamurti: With a Silent Mind* [Krishnamurti: com uma mente silenciosa] (filme). Krishnamurti Foundation of America, 1989.

13 Hübl e Real, "Evolutionary Relationships".

14 Porges, *Polyvagal Theory*; Russo, Santarelli e O'Rourke, "Physiological Effects of Slow Breathing".

15 *Reconsolidação da memória* é um termo dado por neurocientistas ao fenômeno em que lembranças de longo termo mudam sua estrutura consolidada perante nova informação. Antigas lembranças podem tornar "conhecimentos emocionais" precedentes em mudanças flexíveis, perante novas informações, se estiverem presentes três elementos: (1) existe segurança suficiente para que o cérebro mantenha um estado integrado, compartilhando informações por várias redes neurais; (2) a expectativa do conhecimento original está na percepção consciente e incorporada à época da nova experiência; e (3) uma experiência oferece uma desconfirmação do "conhecimento" ou expectativa original. Enquanto algumas experiências corretivas criarão uma reconsolidação da memória, nem todas o farão. O momento certo das experiências é essencial, bem como a identificação de uma incompatibilidade. Ecker, "Memory Reconsolidation"; Ecker, Ticic e Hulley, *Unlocking the Emotional Brain*; Schwabe, Nader e Pruessner, "Reconsolidation of Human Memory".

16 Siegel, *Mind: A Journey*; Siegel, *Developing Mind*; Siegel, *Mindful Therapist*; Siegel, *Mindsight*; Mellody, Miller e Miller, *Facing Codependence*.

CAPÍTULO 2: O MITO DO INDIVIDUAL

1. O dicionário Merriam-Webster apresenta a etimologia de "individual": Latim Medieval *individualis*, do Latim *individuus*, indivisível, de *in-* + *dividuus*, dividido, de *dividere*, dividir.
2. Bateson, *Steps to an Ecology of Mind*, p. 251.
3. Metzinger, *Ego Tunnel*, p. 3.
4. Quanto do nosso conhecimento é *a priori* e quanto é absorvido tem sido um assunto de debates acalorados desde a época de Kant. Ver Kant, *Critique of Pure Reason*; Chomsky, *Language and Mind*; Whittaker, *Theory of Abstract Ethics*; Singer, *Does Anything Really Matter?;* Steup e Sosa, *Contemporary Debates in Epistemology*; Thurow, "Implicit Conception and Intuition Theory".
5. Eagleman, *Brain*; McGilchrist, *Master and His Emissary*.
6. Damasio, *Descartes' Error*; Eagleman, *Brain*; McGilchrist, *Master and His Emissary*; Panksepp e Biven, *Archaeology of Mind*; Siegel, *Developing Mind*.
7. Ecker, Ticic e Hulley, *Unlocking the Emocional Brain*; Levine, *Trauma and Memory*; Radiske *et al.*, "Prior Learning of Relevant Non-Aversive Information"; Schwabe, Nader e Pruessner, "Reconsolidation of Human Memory"; Yang *et al.*, "Novel Method".
8. Hebb, *Organization of Behavior*.
9. Siegel, *Mindful Therapist*.
10. Badenoch, *Heart of Trauma*; Cozolino, *Neuroscience of Psychotherapy*; Doidge, *Brain That Changes Itself*; Ecker, Ticic e Hulley, *Unlocking the Emotional Brain*.
11. Para que aconteça o recuo, a pessoa precisa vivenciar duas coisas que não podem ser verdades simultâneas. As duas coisas de Ernesto eram que a fúria era uma maneira justificada de descarregar a raiva e outras emoções desagradáveis; *e* que ele estava justificado de magoar as pessoas, como sua madrasta o magoava, o que, de fato, é indesculpável. Os neurocientistas falam de tais experiências como "experiências desconfirmadoras incorporadas" ou "incompatibilidades incorporadas". Ecker, "Memory Reconsolidation"; Ecker, Ticic e Hulley, *Unlocking the Emotional Brain*; Exton-McGuiness, Lee e Reichelt, "Updating Memories".
12. Badenoch, *Heart of Trauma*; McGilchrist, *Master and His Emissary*.
13. Siegel e McNamara, *Neurobiology of "We"*.
14. Badenoch, *Heart of Trauma*; Felitti *et al.*, "Relationship of Childhood Abuse"; Murthy, *Together*; Sbarra e Hazan, "Coregulation, Dysregulationn, Self-Regulation"; Sels *et al.*, "Emotional Interdependence"; Szalavitz e Perry, *Born for Love*.
15. Badenoch, *Heart of Trauma*; Cozolino, *Neuroscience of Psychotherapy*; Panksepp *et al.*, "Neuro-Evolutionary Foundations"; Phillips, Wellman e Selke, "Infants' Ability to Connect Gaze"; Swain *et al.*, "Brain Basis of Parent-Infant Interactions"; Tronick e Gold, *Power of Discord*.
16. Winnicott, "Theory of Parent-Infant Relationship".

17 Tronick e Gold, *Power of Discord*, p. 30.
18 Tronick, "Still Face Experiment".
19 Langford *et al.*, "Social Modulation of Pain"; Sapolsky, *Behave*, p. 224-5.
20 Badenoch, *Heart of Trauma*; Badenoch, *Brain-Wise Therapist*; Beckes e Coan, "Social Baseline Theory"; Cozolino, *Neuroscience of Psychotherapy*; McGilchrist, *Master and His Emissary*; Murthy, *Together*; Panksepp, *Archaeology of Mind*; Porges, *Polyvagal Theory*; Szalavitz e Perry, *Born to Love*; Sapolsky, *Behave*; Siegel, *Mind: A Journey*; Siegel, *Developing Mind*; Siegwl, *Mindful Therapist*; Siegel, *Mindsight*.
21 Siegel, *Mindsight*, p. 211.
22 Spitz, "Hospitalism".
23 Dingfelder, "Psychologist Testifies".
24 McGilchrist, *Master and His* Emissary; Overall, "Attachment and Dyadic Regulation"; Sapolsky, *Behave*; Sels *et al.*, *Emotional Interdependence*; Siegel, *Mind: A Journey*.
25 Becker e Coan, "Social Baseline Theory".
26 Becker e Coan, "Social Baseline Theory".
27 Herculano-Houzel, "Remarkable".
28 Clore e Ortony, "Cognition in Emotion"; Gailliot e Baumeister, "Physiology of Willpower"; Kurzban, "Does the Brain Consume"; Van der Kolk, *Body Keeps the Score*; Sapolsky, *Behave*.
29 Beckes e Coan, "Social Baseline Theory".
30 Overall, "Attachment and Dyadic Regulation"; Panksepp, *Affective Neuroscience*; Reis, Clark e Holmes, "Perceived Partner Responsiveness"; Sbarra e Hazan, "Coregulation, Dysregulation, Self-Regulation"; Sels *et al.*, "Emocional Interdependence"; Uchino, Cacioppo e Kiecolt-Glaser, "Relationship Between Social Support".
31 Beckes e Coan, "Social Baseline Theory", p. 976; Gross e Medina-De Villiers, "Cognitive Processes Unfold", p. 378.
32 Sapolsky, *Behave*.
33 Beckes e Coan, "Social Baseline Theory".
34 Beckes e Coan, "Social Baseline Theory"; Coan, "Social Regulation of Emotion"; Cozolino, *Neuroscience of Psychotherapy*; Overall, "Attachment and Dyadic Regulation"; Panksepp, *Affective Neuroscience*; Porges, *Polyvagal Theory*; Siegel, *Developing Mind*; Sbarra e Hazan, "Coregulation, Dysregulation, Self-Regulation"; Sels *et al.*, "Emotional Interdependence"; Uchino, Cacioppo e Kiecolt-Glaser, "Relationship Between Social Support".
35 Astbury, "Hand to Hold"; Berscheid, "Human's Greatest Strength"; Ciechanowski *et al.*, "Influence of Patient Attachment Style"; Coan, "Social Regulation of Emotion"; Cozolino, *Neuroscience of Psychotherapy*; Younger *et al.*, "Viewing Pictures of a Romantic Partner".

36 Badenoch, *Heart of Trauma*; Beckes e Coan, "Social Baseline Theory"; Keverne, Nevison e Martel, "Easy Learning and Social Bond"; Cozolino, *Neuroscience of Psychotherapy*; Kern *et al.*, "Systems Informed Positive Psychology"; Sbarra e Hazan, "Coregulation, Dysregulation, Self-regulation"; Szalavitz e Perry, *Born for Love*; Siegel, *Developing Mind*; Siegel, *Mind: A Journey*; Wang, "Why Should We All Be Cultural Psychologists?".

37 McGilchrist, *Master and His Emissary*.

38 "Como os gregos tinham uma palavra para erro (*hamartia*), mas não para pecado, alguns poetas – em especial Hesíodo (século 7 a.C.) e Ésquilo (século 5 a.C.) – usaram 'húbris' para descrever uma ação nociva à ordem divina. Esse uso levou ao significado moderno do termo e à sua afirmação de impiedade." "Hubris", *Encyclopaedia Britannica*.

39 Paley, *Natural Theology*; Abersold, "Words to Live By".

40 Tannen, *You Just Don't Understand*.

41 Badenoch, *Heart of Trauma*; Siegel, *Developing Mind*.

CAPÍTULO 3: COMO O *NÓS* DESAPARECE E O *VOCÊ E EU* ASSUME

1 Uma maneira mais precisa de dizer isso é que o córtex pré-frontal e o sistema límbico subcortical param de se comunicar entre si. Sem a modulação, o apaziguamento do córtex pré-frontal, as emoções parecem avassaladoras, ao mesmo tempo instantâneas e perenes. Badenoch, *Heart of Trauma*; Siegel, *Mind: A Journey*; Stevens, Gauthier-Braham e Bush, "Brain That Longs to Care for Itself".

2 Por fim, protegê-la: o acolhimento pelo nosso self Adulto Sensato das nossas parcelas renegadas tem sido sempre um aspecto da terapia de vida relacional. Devo em especial ao meu colega e amigo Richard Schwartz uma elevada sensibilidade à inutilidade de lutarmos contra parcelas nossas, e a utilidade de passar a ter um firme relacionamento amoroso com cada aspecto da nossa personalidade.

3 Mellody, Miller e Miller, *Facing Codependence*.

4 Fisher, *Transforming Legacy of Trauma*; Basham e Miehls, *Transforming the Legacy*; Johnson, *Emotionally Focused Couple Therapy*; Ogden, Minton e Pain, *Trauma and the Body*.

5 Basham e Miehls, *Transforming the Legacy*; Felitti *et al.*, "Relationship of Childhood Abuse"; Fisher, *Transforming Legacy of Trauma*; Johnson, *Emotionally Focused Couple Therapy*; Ogden, Minton e Pain, *Trauma and the Body*.

6 A Grade Traumática é tirada de Real, *New Rules of Marriage*.

7 Devo esta discussão sobre abuso passivo e os cinco domínios psicológicos a Mellody, "Post-Induction Training".

8 Mellody, Miller e Miller, *Facing Love Addiction*.

9 Minuchin, *Family and Family Therapy*; Minuchin e Nichols, *Family Healing*; Adams, *Silently Seduced*.

10 Mellody, Miller e Miller, *Facing Love Addiction*.

[11] Tolstói, Anna Karenina, p. 1.
[12] Winnicott, "Theory of Parent-Infant Relationship".
[13] Frey, "Stockholm Syndrome"; Dewey, "Stockholm Syndrome"; Danylchuk e Connors, *Treating Complex Trauma*; De Bellis e Zisk, "Biological Effects of Trauma"; Perry *et al.*, "Childhood Trauma".
[14] Real, *New Rules of Marriage*, p. 293.
[15] Akinci, "Relationship Between Types of Narcissism"; Brookes, "Effect of Overt and Covert Narcissism"; Howes *et al.*, "When and Why Narcissists"; Rose, "Happy and Unhappy Faces"; Zajenkowski *et al.*, "Vulnerable Past, Grandiose Present".
[16] Mellody, Miller e Miller, *Facing Love Addiction*.
[17] Bowen, *Family Therapy in Clinical Practice*; Whitaker e Malone, *Roots of Psychotherapy*; Boszormenyi-Nagy e Framo, *Intensive Family Therapy*.
[18] Para mais a respeito disto, ver Real, *I Don't Want to Talk About It*.
[19] Freud, *History of Psychoanalytic Movement*.
[20] Lasch, *Culture of Narcissism*; Putnam, *Bowling Alone*.

CAPÍTULO 4: O INDIVIDUALISTA EM CASA

[1] Hoover, "Principles and Ideals".
[2] Hinchman, "Idea of Individuality", p. 773; Binkley, *Concept of the Individual*; Locke, *Two Treatises of Government*; Lukes, *Individualism*.
[3] Tocqueville, *Democracy in America*, p. 508; Arieli, *Individualism and Nationalism*, cap. 10; Lukes, *Individualism*, p. 26.
[4] "No entanto a autoconcepção individualista e a interpretação social impedem os homens de avaliar até que ponto sua liberdade, independência e felicidade dependem dos sacrifícios não recompensados das mulheres." Turner, "American Individualism and Structural Injustice". Para mais sobre individualismo e liberdade, ver Beres, "Commentary"; Grabb, Baer e Curtis, "Origins of American Individualism"; Winthrop, "Tocqueville's American Woman".
[5] Bellah, *Habits of the Heart*; Hinchman, "Idea of individuality".
[6] Beiser, *Romantic Imperative*; Belin e Hardy, *Roots of Romanticism*.
[7] Goethe, *Wisdom and Experience*, p. 134; Goethe, *Zur Farbenlehre*.
[8] Serge Sobolevitch, Ph.D. (Universidade Rutgers), comunicação pessoal, janeiro de 1974.
[9] Dye, "Goethe and Individuation", p. 159-72; Goethe, *Sorrows of Young Werther*.
[10] "O primeiro objetivo da educação estética, seja na tradição romântica, seja na Leibnizian-Wolffiana, era o cultivo da sensibilidade. Em geral contrastada com a razão, a sensibilidade era definida num sentido muito amplo para incluir os poderes do desejo, do sentimento e da percepção. A premissa subjacente atrás do programa de educação estética era que a sensibilidade podia ser desenvolvida,

disciplinada e refinada da mesma maneira que a própria razão." Beiser, *Romantic Imperative*, p. 100.

11 "O individualismo expressivo sustenta que cada pessoa tem uma essência singular de sentimento e intuição que deveria se revelar ou ser expressa caso a individualidade se concretize." Bellah, *Habits of the Heart*, p. 333-4. Ver também Lukes, *Individualism*, p. 30-3; Siedentop, *Inventing the Individual*; Simmel, *Sociology of Simmel*; Vareene, *Americans Together*.

12 Gilligan, *In a Different Voice*.

13 Real, *New Rules of Marriage*; Real, *Fierce Intimacy*.

14 Mellody, "Post-Induction Training".

15 Real, "Matter of Choice".

16 Bellah, *Habits of the Heart*, p. 333-4; Beiser, *Romantic Imperative*; Lukes, *Individualism*, p. 30-3; Simmel, *Sociology of Georg Simmel*.

17 Bellah, *Habits of the Heart* p. 75-80.

18 "Afinal de contas, a individualidade é um luxo concedido à casta dominante. A individualidade é a primeira distinção que o estigmatizado perde." Wilkerson, *Caste*, p. 142. Ver também Beres, "Commentary".

19 Gerth e Mills, "Introduction", p. 59-60; Gustavsson, *Problem of Individualism*; Turner, "American Individualism and Structural Injustice".

20 Sapolsky, *Behave*, cap. 14.

21 Dworkin, "Rieff's Critique of Therapeutic"; Rieff, *Triumph of Therapeutic*.

22 "Não é exagero dizer que o *Bildung*, a educação da humanidade, era o foco central, a maior aspiração dos primeiros românticos. Todos os expoentes daquele círculo encantador – Friedrich e August Wilhelm Schlegel, W. D. Wackenroder, Friedrich von Hardenberg (Novalis), F. W. J. Schelling, Ludwig Tieck e F. D. Schleiermacher – viam na educação sua esperança para a redenção da humanidade." Beiser, *Romantic Imperative*, p. 88.

23 Bellah, *Habits of the Heart*; Veroff, Douvan e Kulka, *Inner American*, p. 529-30.

24 Bellah, *Habits of the Heart*, p. 77.

25 Grabb, Baer e Curtis, "Origins of American Individualism"; Daniels, "Brief History of Individualism"; Lukes, *Individualism*, p. 7.

26 Paine, *Dissertations on Government*; Lukes, *Individualism*, p. 53.

27 "Temos que ficar todos juntos": More, *Benjamin Franklin*, p. 110.

CAPÍTULO 5: COMECE A PENSAR COMO UMA DUPLA

1 Badenoch, *Heart of Trauma*; Van der Kolk, *Body Keeps the Score*; Porges, *Polyvagal Theory*; Siegel, *Mindsight*; Tronson et al., "Fear Conditioning and Extinction".

2 Kerner, *She Comes First*.

3 Para mais informação, ver Real, *New Rules of Marriage*, p. 83-92; Real, *Fierce Intimacy*.

4. Real e Perel, "The Relate 2 Day Workhop".
5. Papp, *Process of Change*; Silverstein, *Who's Depressed?*.

CAPÍTULO 6: NÃO SE PODE AMAR LÁ DO ALTO OU LÁ DE BAIXO

1. Gilligan, *Violence*; Pincus e Lukowitsky, "Patological Narcissism"; Fanti *et al.*, "Unique and Interactive Associations"; Mellody, Miller e Miller, *Facing Love Addiction*.
2. Badenoch, *Heart of Trauma*; McGilchrist, *Master and His Emissary*; Pankseep, *Archaelogy of Mind;* Porges, *Polyvagal Theory*; Siegel, *Mindsight*; Stevens, Gauthier-Braham e Bush, "Brain That Longs to Care for Itself".
3. Lasch, *Culture of Narcissism*; Joiner, *Mindlessness*; Campbell, Miller e Buffardi, "United States".
4. Tagore, *Stray Birds*.
5. Para uma discussão mais ampla sobre vergonha e grandiosidade, ver Real, *New Rules of Marriage*.
6. O termo foi cunhado por Chester Pierce, um psiquiatra de Harvard. Ver Pierce, "Ofensive Mechanism", p. 280.
7. Real, *New Rules of Marriage*, p. 236-79.
8. Mellody, "Post-Induction Training".
9. Mellody, "Community Lecture".
10. Spock e Needlman, *Dr. Spock's Baby and Child Care*.
11. Silverstein, *Who's Depressed?*. Ver também Ecker, "Memory Reconsolidation"; Ecker, Ticic e Hulley, *Unlocking the Emotional Brain*; Schwabe, Nader e Pruessner, "Reconsolidation of Human Memory".
12. O'Brien e Kassirer, "People Are Slow to Adapt".
13. "Out Beyond Ideas", traduzido por Coleman Barks, Rümi, *Essential Rumi*.

CAPÍTULO 7: SUAS FANTASIAS SE ESTILHAÇARAM, SEU RELACIONAMENTO REAL PODE COMEÇAR

1. Perel e Real, "Dialogue on Infidelity".
2. Janoff-Bulman, *Shattered Assumptions*.
3. Perel e Real, "Dialogue on Infidelity".
4. Carey e Parker-Pope, "Marriage Stands up for Itself"; Marin, Christensen e Atkins, "Infidelity and Behavioral Couple Therapy"; Moritz, "If You Cheated".
5. Framo, "Reality of Marriages".
6. Muito da discussão que se segue está de acordo com ou deriva do trabalho pioneiro do estudioso de desenvolvimento infantil Ed Tronick. Para uma discussão mais ampla, ver Tronick e Gold, *Power of Discord*.
7. Tronick, "Still Face Experiment".

8   Freud, *Future of an Illusion*.
9   Tronick e Gold, *Power of Discord*; Tronick, *Neurobehavioral and Social-Emotional Development*; Lester, Hoffman e Brazelton, "Rhythmic Structure of Interaction"; Nugent, Lester e Brazelton, *Cultural Context of Infancy*.
10 Acevedo, "After the Honeymoon"; Seshadri, "Neuroendocrinology of Love".
11 Fisher *et al.*, "Intense, Passionate, Romantic Love"; Mellody, Miller e Miller, *Facing Love Addiction*; Seshandri, "The Neuroendocrinology of Love".
12 Perel, *State of Affairs*; Real, "Working with Infidelity in Couples Therapy".
13 Fazer uma mudança permanente da Criança Adaptável envolve o que os neurobiólogos chamam de *reconsolidação da memória*. A Terapia de Vida Relacional usa o termo "Criança Adaptável" para se referir às primeiras maneiras pelas quais cada pessoa aprende a se manter tão segura e bem quanto possível. No caso de Ângela, seu conhecimento emocional passado – "Se eu ficar passiva e complacente, vou me manter segura" – foi estilhaçado pela descoberta da traição. Isso tornou seu conhecimento emocional bastante maleável e pronto para ser atualizado com novas informações por um breve período. A discórdia é uma oportunidade para tal *reconsolidação da memória*. O novo conhecimento emocional de Ângela é *Impor-me vai me manter a salvo. Não vou depender de Mike para me manter a salvo.* Ser afável *e* se defender não podem mantê-la segura ao mesmo tempo, então sua experiência de desconfirmação é cumprida. Agora, ela tem no seu cérebro límbico um novo conhecimento emocional sobre segurança e autodefesa. Isso representa uma mudança direta na Criança Adaptável (o cérebro inferior, que funciona com memória implícita) e não no Adulto Sensato (o córtex pré-frontal, que é conduzido pela compaixão, pela curiosidade e pela coragem). A mudança facilita em muito para que o Adulto Sensato tome as rédeas, porque ele tem menos coisas para regular. Ângela sente menos ameaça porque passou a ter confiança em si mesma e no relacionamento, no seu cérebro inferior, límbico. Dessa maneira, os relacionamentos pessoais têm, em alguns casos, o poder até de recuperar traumas severos, caso as condições estejam corretas. Nós nos curamos pelas repetidas experiências de ter nossas expectativas negativas desconfirmadas pelos encontros da vida real. A amabilidade pode curar. A empatia pode curar, ainda que de forma indireta. Acontece que a melhor maneira de abrir o coração do outro é abrir o seu próprio. Ecker, "Memory Reconsolidation"; Ecker, Ticic e Hulley, *Unlocking the Emotional Brain*; Exton-McGuiness, Lee e Reichelt, "Updating Memories"; Schwabe, Nader e Pruessner, "Reconsolidation of Human Memory"; Tronick e Gold, *Power of Discord*; Tronson *et al.*, "Fear Conditioning and Extinction".
14 Terapia formulada por Francine Shapiro. Para mais informação, ver Shapiro e Forrest, *EMDR*.
15 Tronick e Gold, *Power of Discord*, p. 43.
16 Tronick e Gold, *Power of Discord*, p. 43.
17 Quando uma pessoa percebe que está em segurança, seu cérebro não tem uma reação de julgamento e programação. A pessoa não pensa no companheiro como o inimigo nem tenta fazer com que ele seja diferente do que é. Mas, quando uma pes-

soa, num nível baixo e automático, percebe o perigo, a reação normal do cérebro é programação e julgamento. É provável que ela pense no companheiro como errado ou ruim e tente fazê-lo ser diferente. Se você ficar num estado de segurança, pode influenciar na sua dança com seu companheiro, reagindo com amabilidade, limite e seu Adulto Sensato, mesmo quando vocês não estiverem no mesmo espaço. Se seu companheiro estiver numa atitude crítica em relação a você, você sentirá perigo por um segundo, mas, se deixar de lado o desfecho desse momento, e se inclinar para a colaboração, e não para a vitória, não permanecerá numa sensação de perigo. Você não precisa ficar na percepção do perigo só porque seu companheiro está entrevendo o perigo. Deixar de lado permite que você balance os alicerces, ou aceite a vulnerabilidade, *se mantendo em segurança ao fazer isso*. Esta é uma tecnologia relacional: a atitude de mindfulness relacional é uma postura de segundo a segundo em que o relacionamento está em primeiro lugar. Deixe de lado o vencer, deixe de lado o controle e ceda à amabilidade em relação a si mesmo e à colaboração e conexão com os outros. Trata-se de um exercício. Assim como com todos os outros exercícios, você melhora com o tempo, mas mesmo realizá-lo de forma precária transformará seu relacionamento consigo mesmo e com os outros. Essa postura é uma abertura para o sistema nervoso autônomo. A mindfulness relacional tem o poder de nos mudar de reativo (permanecendo no perigo: programação e julgamento) para responsivo (flexível, vulnerável, empoderado, regulado), ao encarar uma pessoa que, talvez, não esteja no seu melhor self Adulto Sensato. Este é o verdadeiro empoderamento: você pode escolher a mindfulness relacional de propósito. Você está no comando da sua segurança emocional. Você espera que seu companheiro compareça e ajude. Se ele não comparecer hoje, você ficará bem. Badenoch, *Heart of Trauma*; Dana, *Polyvagal Theory*; Porges, *Polyvagal Theory*; Tronick e Gold, *Power of Discord*.

[18] Badenoch, *Heart of Trauma*; Porges, *Polyvagal Theory*.

[19] Nesta discussão, me inspirei no poema de Robert Bly, "The Resemblance Between Your Life and a Dog" [A semelhança entre sua vida e um cão].

> Nunca pretendi ter esta vida, acredite em mim –
> ela apenas aconteceu. Você sabe como os cachorros surgem
> numa fazenda e abanam o rabo, mas não conseguem explicar.
> É bom se você consegue aceitar sua vida – você vai perceber
> seu rosto fica tresloucado, tentando se ajustar
> a ela. Seu rosto pensa que sua vida se pareceria
> com o espelho do seu quarto, quando você tinha 10 anos.
> Aquele era um rio límpido, tocado pelo vento da montanha.
> Nem seus pais conseguem acreditar no quanto você mudou
> Pardais no inverno, se alguma vez você segurou um, só penas,
> irrompem da sua mão com uma alegria furiosa.
> Você os vê depois nas sebes. Os professores o elogiam
> Mas você não consegue voltar de vez ao pardal do inverno.
> Sua vida é um cão. Ele está faminto há milhas,
> não gosta na verdade de você, mas desiste, e entra.

CAPÍTULO 8: INTIMIDADE INTENSA, PODER SUAVE

1. Beiser, *Romantic Imperative*.
2. Jack, *Silencing the Self*; Brown e Gilligan, *Meeting at Crossroads*.
3. Levant e Wong, *Psychology of Men and Masculinities*.
4. Um esquivo ao amor tipo 1 vem de uma família em que todos vivem entre quatro paredes e evitam expressar emoções, como se fosse de mau gosto ou um fardo. A teoria do vínculo descreve os esquivos tipo 1 como tendo um estilo de vínculo "evasivo esquivo". Em contraste, os que eu chamo de esquivos ao amor tipo 2 evitam a proximidade por medo de serem invadidos ou sufocados. Tais cônjuges têm, sob alguns aspectos, o trauma oposto aos vividos por esquivos tipo 1. Os esquivos tipo 1 vivem a partir de uma parte da Criança Adaptável, conduzida por uma negligência ostensiva com frequência; internalizam um desprezo por intimidade, através da modelação. Os esquivos ao amor tipo 2 vivem a partir de uma parte da Criança Adaptável conduzida por emaranhamento, intrusão sem limites ou exploração. Ver Mellody, Miller e Miller, *Facing Love Addiction*; Siegel, *Mindsight*.
5. Real, *I Don't Want to Talk About It*, p. 140; Segell, "Pater Principle", p. 121.
6. Perel, *State of Affairs*.
7. Real, *Fierce Intimacy*.
8. Perel, *Real*; Faller, "Learning from the Affair".
9. Real, *New Rules of Marriage*.
10. Mellody, Miller e Miller, *Facing Codependence*; Real, *New Rules of Marriage*, p. 292.
11. Carol Gilligan, comunicação pessoal ao autor, junho de 2021.

CAPÍTULO 9: DEIXANDO UM FUTURO MELHOR PARA NOSSOS FILHOS

1. Hedy Schleifer, comunicação pessoal, setembro de 2020.
2. Real, *I Don't Want to Talk About It*, p. 262.
3. Para saber mais sobre trabalho com sombra, ver Ford, *Dark Side of Light Chasers*; e Ford, *Secret of Shadow*. Para saber mais sobre partes exiladas, ver Schwartz, *Internal Family Systems*; e Schwartz, *No Bad Parts*.
4. Boszormenyi-Nagy e Framo, *Intensive Family Therapy*.
5. Nas últimas três décadas, ocorreu uma revolução no entendimento e no tratamento do trauma, uma revolução semelhante à revolução medicamentosa algumas décadas atrás, que transformou a vida de milhões que sofriam de distúrbios psicológicos. Fiquei surpreso com a rapidez com que o público em geral adotou a ideia de ter sido traumatizadores. No entanto, isso levanta a questão: Onde estão todos os traumatizados? Hoje, na psicoterapia, parece que todos são vítimas. É de se perguntar por que foi dedicada tão pouca atenção aos vitimizadores. Com certeza deve haver milhões deles. Pessoas machucadas machucam pessoas. Está

na hora de levarmos mais a sério a agressão, uma vez que olhamos com tanto cuidado para suas consequências.

6. Boscolo, *Milan Systemic Family Therapy*.
7. Marvin, "Therapy Master Class".
8. Hübl e Real, "Love, Trauma and Healing".
9. Schoebi, "Coregulation of Daily Affect"; Butner, Diamond e Hicks, "Attachment Style"; Gottman *et al.*, "Predicting Marital Happiness"; Jarvis, McClure e Bolger, "Exploring How Exchange Orientation"; Keltner e Kring, "Emotion, Social Function"; Salazar, "Negative Reciprocity Process".

CAPÍTULO 10: TORNANDO-SE COMPLETO

1. Wilkerson, *Caste*, p. 137; Brown, *Narrative and Life of Brown, a Fugitive Slave*, p. 45.
2. Messina, "America's Most Devastating Conflict".
3. "Slavery in the President's Neighborhood", [s.d.].
4. Para uma abordagem excelente, ver *A 13ª emenda* (documentário), dirigido por Ava DuVernay (Kandoo Films/Netflix, 2016). Ver também Dyer, *Perpetual Prisoner Machine*, p. 19.
5. Metzl, *Dying of Whiteness*.
6. Metzl, *Dying of Whiteness*.
7. Hall, "Trauma and Dissociation".
8. Real, *I Don't Want to Talk About It*, p. 270.
9. Rohrbaugh e Shoham, "Brief Therapy".
10. Coates, *Between the World and Me*; Kendi, *How to Be an Antiracist*, p. 389.
11. Wilkerson, *Caste*, p. 115-30.
12. Sapolsky, *Behave*, cap. 14.
13. Pais e Crease, *Oppenheimer, A Life*; Goodchild, *Oppenheimer*.
14. William Shakespeare, "Ato 1, Cena 4", *Macbeth* (s. l.: Duke Classics, 2012), p. 34.
15. Denton-Borhaug, *And Then Your Soul is Gone*.
16. Hall, "Trauma and Dissociation".
17. Akbar, *Breaking the Chains*.
18. Para uma exploração da jornada de três diferentes tipos de corpos (negro, branco e de policial) que carregam o legado de trauma transgeracional epigenético, bem como trauma e sofrimento cultural, ver Menakem, *My Grandmother's Hands*.
19. Keen, *Faces of the Enemy*, p. 12-3.
20. Uma revelação surpreendente é que, ao longo da história, muitos soldados não o fazem. Na guerra da independência dos Estados Unidos, um número espantoso de homens não disparou seus rifles. Na Guerra Civil, esse número

havia caído de forma considerável. Cada guerra leva a um trabalho melhor de alterização e a uma porcentagem maior de conformidade. "Nas condições de combate durante a Segunda Guerra Mundial", observa Sam Keen, "...psicólogos do exército descobriram que a porcentagem de soldados norte-americanos que dispararam seus rifles ao menos uma vez, perante um inimigo visível, não passou de 25%, sendo que o número mais comum foi de 15%. Descoberta surpreendente! Entre 75% e 80% dos soldados combatentes *não* matavam de bom grado um inimigo". Keen, *Faces of the Enemy*, p. 178. Ver também Barry, *Unmaking War*; Denton-Borhaug, *And Then Your Soul Is Gone*, p. 111-2; Grossman, *On Killing*, p. 141-55; Marshall, *Men Against Fire*. Um novo treinamento para promover a dessensibilização e a alterização do inimigo, ao qual alguns veteranos se referem como "reprogramação", aumentou a taxa de disparos do soldado de infantaria de 15% a 20%, na Segunda Guerra Mundial, para 55% na Coreia e quase de 90% a 95% no Vietnã. Grossman, *On Killing*, p. 263.

[21] Freud, *Unconscious*; Freud, *Psychopathology of Everyday Life*.

[22] Dolan, "Most Racially Prejudiced People"; West e Eaton, "Prejudiced and Unaware of It".

[23] "Num relatório de 2018 da Henry Kaiser Family Foundation, 22% de todos os adultos nos Estados Unidos dizem que, com frequência ou sempre, se sentem solitários ou isolados socialmente. Isso é bem mais do que 55 milhões de pessoas, bem mais do que o número de fumantes adultos de cigarros e quase o dobro do número de diabéticos. Um estudo de 2018 da AARP (em português, associação norte-americana de aposentados), usando a escala de solidão validada com rigor pela Universidade da Califórnia, descobriu que um em cada três norte-americanos adultos, acima dos 45 anos, é solitário. E, numa pesquisa nacional de 2018, feita pela seguradora norte-americana de saúde Cigna, um quinto dos questionados disse que raramente, ou nunca, se sente próximo das pessoas. Estudos em outros países ecoam essas descobertas. Entre os canadenses de meia-idade e idosos, quase um quinto dos homens e cerca de um quarto das mulheres dizem que se sentem solitários uma vez por semana ou mais. Um quarto dos adultos australianos também declarou ser solitário. Mais de 200 mil idosos no Reino Unido se encontram ou falam ao telefone com seus filhos, sua família e seus amigos menos de uma vez por semana; 13% dos adultos italianos declararam não ter ninguém a quem pedir ajuda; e no Japão mais de um milhão de adultos correspondem à definição oficial do governo de reclusos sociais, ou hikikomori." Murthy, *Together*, p. 10.

[24] Tocqueville, *Democracy in America*, p. 506.

[25] Putnam, *Bowling Alone*.

EPÍLOGO: LUZ INTERROMPIDA

[1] Bateson, "The Cybernetics of 'Self': A Theory of Alcoholism", em *Steps to an Ecology of Mind*.

2 Fischman, "Seeing Without Self"; Pollan, *How to Change Your Mind*; Pollan, "Trip Treatment".

3 De acordo com William Wilson, um alcoólico com quem ele estava trabalhando, Jung explicou: "Veja, em latim, álcool é *'spiritus'*, e a mesma palavra é usada para a experiência religiosa mais elevada, bem como para o veneno mais terrível. A fórmula útil, portanto, é: *spiritus* contra *spiritum*". Jung, *Letters*.

4 Erikson e Erikson, *Life Cycle Completed*; Erikson, "Reflections on the Last Stage"; Erikson, *Childhood and Society*.

5 Suzuki, *Zen Mind, Beginner's Mind*, p. 31.

6 Mitchell, *Tao Te Ching*, verso 45, p. 74.

7 Eliade, *Forge and Crucible*.

8 McKnight, *Science, Pseudo-Science*.

9 Yates, *Bruno and the Hermetic Tradition*.

10 Berman, Birnbaum e Blech, *Tikkun Olan*; Teutsch, *Guide to Jewish Practice*.

11 Mitchell, *Tao Te Ching*, verso 39, p. 66.

12 Ingersoll, "Some Reasons Why".

REFERÊNCIAS

ABERSOLD, B. Words to Live By: William Paley Uses Watch Analogy to Argue Existence of God, Intelligent Design of Universe. *El Chicano Weekly*, San Bernardino, CA, v. 56, n. 19, 2018.

ACEVEDO, B. P. *et al.* After the Honeymoon: Neural and Genetic Correlates of Romantic Love in Newlywed Marriages. *Frontiers in Psychology*, v. 7, n. 11, p. 634, 2020. Disponível em: <doi.org/10.3389/fpsyg.2020.00634>.

ADAMS, K. M. *Silently Seduced: When Parents Make Their Children Partners – Understanding Covert Incest*. Deerfield Beach, FL: Health Communications, 1991.

AKBAR, N. *Breaking the Chains of Psychological Slavery*. Tallahassee, FL: Mind Productions, 2020.

AKINCI, I. *The Relationship Between the Types of Narcissism and Psychological Well-Being: The Roles of Emotions and Difficulties in Emotion Regulation*. Tese, Middle East Technical University, 2015.

ARIELI, Y. *Individualism and Nationalism in American Ideology*. Cambridge, MA: Harvard University Press, 1964.

ARNETT, J. J. *Emerging Adulthood: The Winding Road from the Late Teens Through the Twenties*. Nova York, NY: Oxford University Press, 2006.

ASTBURY, N. A Hand to Hold: Communication During Cataract Surgery. *Eye*, v. 18, n. 2, p. 115-6, 2004. Disponível em: <doi.org/10.1038/sj.eye.6700569>.

BADENOCH, B. *Being a Brain-Wise Therapist*. Nova York, NY: W. W. Norton, 2008.

BADENOCH, B. *The Heart of Trauma*. Nova York, NY: W. W. Norton, 2018.

BARRY, K. *Unmaking War, Remaking Men*. Santa Rosa, CA: Phoenix Rising Press, 2011.

BASHAM, K. K.; MIEHLS, D. *Transforming the Legacy: Couple Therapy with Survivors of Childhood Trauma*. Nova York, NY: Columbia University Press, 2004.

BATESON, G. *Steps to an Ecology of Mind: Collected Essays in Anthropology, Psychiatry, Evolution, and Epistemology*. Northvale, NJ: Aronson, 1987.

BECKES, L.; COAN, J. A. Social Baseline Theory: The Role of Social Proximity in Emotion and Economy of Action. *Social and Personality Psychology Compass*, v. 5, n. 12, p. 976-88, 2011. Disponível em: <doi.org/10.1111/j.1751-9004.2011.00400.x>.

BEISER, F. C. *The Romantic Imperative: The Concept of Early German Romanticism*. Cambridge, MA: Harvard University Press, 2006.

BELLAH, R. N. *et al*. *Habits of the Heart: Individualism and Commitment in American Life*. Ed. atualizada. Berkeley, CA: University of California Press, 1996.

BERES, L. R. Commentary: The Masses Were Never Intended to Rule. *U.S. News & World Report*, 20 mar. 2018.

BERLIN, I.; HARDY, H. *The Roots of Romanticism*. Princeton, NJ: Princeton University Press, 1999. [Ed. bras.: *As raízes do romantismo*. Trad. Isa Mara Lando. 1. ed. São Paulo: Fósforo Editora, 2022.]

BERMAN, S. J.; BIRNBAUM, D.; BLECH, B. *Tikkun Olam: Judaism, Humanism and Transcendence*. Nova York, NY: New Paradigm Matrix, 2014.

BERNE, E.; MCCORMICK P. *Intuition and Ego States: The Origins of Transactional Analysis – A Series of Papers*. São Francisco, CA: Harper & Row, 1977.

BERSCHEID, E. The Human's Greatest Strength: Other Humans. In: ASPINWALL, L. G.; STAUDINGER, U. M. (Eds.). *A Psychology of Human*

Strengths: Fundamental Questions and Future Directions for a Positive Psychology. Nova York, NY: American Psychological Association, 2003.

BINKLEY, S. C. *The Concept of the Individual in Eighteenth-Century French Thought from the Enlightenment to the French Revolution*. Lewiston, NY: Edwin Mellen Press, 2007.

BLY, R. *Eating the Honey of Words: New and Selected Poems*. Nova York, NY: HarperCollins, 2009.

BOSCOLO, L. et al. *Milan Systemic Family Therapy: Conversations in Theory and Practice*. Nova York, NY: Basic Books, 1987.

BOSZORMENYI-NAGY, I.; FRAMO, J. L. (Eds.). *Intensive Family Therapy: Theoretical and Practical Aspects*. Nova York, NY: Brunner/Mazel, 1985.

BOWEN, M. *Family Therapy in Clinical Practice*. Nova York, NY: J. Aronson, 1978.

BROOKES, J. The Effect of Overt and Covert Narcissism on Self-Esteem and Self-Efficacy Beyond Self-Esteem. *Personality and Individual Differences*, v. 85, p. 172-5, 2015. Disponível em: <doi.org/10.1016/j.paid.2015.05.013>.

BROWN, L. M.; GILLIGAN, C. *Meeting at the Crossroads: Women's Psychology and Girls' Development*. Cambridge, MA: Harvard University Press, 2013.

BROWN, W. W. *Narrative and Life of William Wells Brown, a Fugitive Slave*. Boston, MA: [s.n.], 1874. [Ed. bras.: *Narrativa de William Wells Brown, escravo fugitivo, escrita por ele mesmo*. Trad. Francisco Araújo da Costa. 1. ed. São Paulo: Editora Hedra, 2020.]

BUTNER, J.; DIAMOND, L. M.; HICKS, A. M. Attachment Style and Two Forms of Affect Coregulation Between Romantic Partners. *Personal Relationships*, v. 14, n. 3, p. 431-55, 2007. Disponível em: <https://onlinelibrary.wiley.com/doi/10.1111/j.1475-6811.2007.00164.x>.

CAMPBELL, W. K.; MILLER, J. D.; BUFFARDI, L. E. The United States and the "Culture of Narcissism". *Social Psychological and Personality Science*, v. 1, n. 3, p. 222-9, 2010. Disponível em: <https://journals.sagepub.com/doi/10.1177/1948550610366878>.

CAREY, B.; PARKER-POPE, T. Marriage Stands Up for Itself. *The New York Times*, 26 jun. 2009.

CHOMSKY, N. *Language and Mind*. Nova York, NY: Harcourt, Brace & World, 1986. [Ed. bras.: *Linguagem e mente*. Trad. Roberto Leal Ferreira. 3. ed. São Paulo: Editora Unesp, 2009.]

CIECHANOWSKI, P. *et al*. Influence of Patient Attachment Style on Self-Care and Outcomes in Diabetes. *Psychosomatic Medicine*, v. 66, n. 5, p. 720-8, 2004. Disponível em: <doi.org/10.1097/01.psy.0000138125.59122.23>.

CLORE, G. L.; ORTONY, A. Cognition in Emotion: Always, Sometimes, or Never? In: NADEL, L.; LANE, R. D.; AHERN, G. L. (Eds.). *Cognitive Neuroscience of Emotion*. Nova York, NY: Oxford University Press, 2000.

COAN, J. A. The Social Regulation of Emotion. In: DECETY, J.; CACIOPPO, J. T. (Eds.). *Oxford Handbook of Social Neuroscience*. Nova York, NY: Oxford University Press, 2011.

COATES, T. *Between the World and Me*. Nova York, NY: Spiegel & Grau, 2015. [Ed. bras.: *Entre o mundo e eu*. Trad. Paulo Geiger. Rio de Janeiro: Editora Objetiva, 2015.]

COZOLINO, L. *The Neuroscience of Psychotherapy: Healing the Social Brain*. 3. ed. Nova York, NY: W. W. Norton, 2017.

DAMÁSIO, A. R. *Descartes' Error: Emotion, Reason, and the Human Brain*. Nova York, NY: G. P. Putnam, 1994. [Ed. bras.: *O erro do Descartes: emoção, razão e o cérebro humano*. Trad. Dora Vicente e Georgina Segurado. 3. ed. São Paulo: Companhia das Letras, 2012.]

DANA, D. *The Polyvagal Theory in Therapy: Engaging the Rhythm of Regulation*. Nova York, NY: W. W. Norton, 2018.

DANIELS, E. A Brief History of Individualism in American Thought. In: FORSYTH, D.; HOYT, C. L. (Eds.). *For the Greater Good of All: Perspectives on Individualism, Society, and Leadership*. Nova York, NY: Palgrave Macmillan, 2011.

DANYLCHUK, L. S.; CONNORS, K. J. *Treating Complex Trauma and Dissociation: A Practical Guide to Navigating Therapeutic Challenges*. Londres, GB: Taylor & Francis, 2016.

DE BELLIS, M. D.; ZISK, A. The Biological Effects of Childhood Trauma. *Child and Adolescent Psychiatric Clinics of North America*, v. 23, n. 2, p. 185-222, 2014. Disponível em: <doi.org/10.1016/j.chc.2014.01.002>.

DENTON-BORHAUG, K. *And Then Your Soul Is Gone: Moral Injury and the U.S. War-Culture.* Sheffield, GB: Equinox, 2021.

DEWEY, D. The Stockholm Syndrome. *Scandinavian Review*, v. 94, n. 3, 2007.

DINGFELDER, Sadie F. Psychologist Testifies on the Risks of Solitary Confinement. *Monitor on Psychology*, v. 43, n. 9, 2012. Disponível em: <http://www.apa.org/monitor/2012/10/solitary>.

DOIDGE, N. *The Brain That Changes Itself.* Nova York, NY: Viking, 2007. [Ed. bras.: *O cérebro que se transforma: como a neurociência pode curar as pessoas.* Trad. Rita Vynagre. 3. ed. Rio de Janeiro: Record, 2012.]

DOLAN, E. Study Finds the Most Racially Prejudiced People Tend to Think That They Are Less Racist than the Average Person. *PsyPost*, 9 jun. 2020.

DWORKIN, L. N. Rieff's Critique of the Therapeutic and Contemporary Developments in Psychodynamic Psychotherapy. *Journal of Theoretical and Philosophical Psychology*, v. 35, n. 4, p. 230-43, 2015. Disponível em: <doi.org/10.1037/teo0000024>.

DYE, E. Goethe and Individuation. In: PEER, L. H.; CLASON, C. (Eds.). *Romantic Rapports.* Rochester, N.Y.: Boydell & Brewer, 2017.

DYER, J. *The Perpetual Prisoner Machine: How America Profits from Crime.* Boulder, Colo.: Westview Press, 2000.

EAGLEMAN, D. *The Brain: The Story of You.* Nova York: Pantheon, 2015. [Ed. bras.: *Cérebro: uma biografia.* Trad. Rita Vynagre. Rio de Janeiro: Rocco, 2017.]

ECKER, B. Memory Reconsolidation Understood and Misunderstood. *International Journal of Neuropsychotherapy*, v. 3, n. 1, p. 2-46, 2015. Disponível em: <https://www.coherencetherapy.org/files/Ecker_2015_MR-Understood-&-Misunderstood.pdf >.

ECKER, B.; TICIC, R.; HULLEY, L. *Unlocking the Emotional Brain: Eliminating Symptoms at Their Roots Using Memory Reconsolidation.* Nova York, NY: Routledge, 2012.

ELIADE, M. *The Forge and the Crucible.* 2. ed. Chicago, IL: University of Chicago Press, 1978. [Ed. bras.: *Ferreiros e alquimistas.* Trad. Roberto Cortes de Lacerda. Rio de Janeiro: Jorge Zahar, 1979.]

ERIKSON, E. H. *Childhood and Society.* 2. ed. Nova York, NY: W. W. Norton, 1964.

ERIKSON, E. H. Reflections on the Last Stage – and the First. *Psychoanalytic Study of the Child*, v. 39, n. 1, p. 155-65, 1984. Disponível em: <doi.org/10.1080/00797308.1984.11823424>.

ERIKSON, E. H.; ERIKSON, J. M. *The Life Cycle Completed: Extended Version*. Nova York, NY: W. W. Norton, 1998. [Ed. bras.: *O ciclo de vida completo*. Trad. Maria Adriana Verissimo Veronese. Porto Alegre: Artmed, 2000.]

EXTON-MCGUINESS, M. T. J.; LEE, J. L. C.; REICHELT, A. C. Updating Memories: The Role of Prediction Errors in Memory Reconsolidation. *Behavioral Brain Research*, v. 278, n. 1, p. 375-84, 2014. Disponível em: <doi.org/10.1016/j.bbr.2014.10.011>.

FANTI, K. A. *et al.* Unique and Interactive Associations of Callous-Unemotional Traits, Impulsivity and Grandiosity with Child and Adolescent Conduct Disorder Symptoms. *Journal of Psychopathology and Behavioral Assessment*, v. 40, n. 1, p. 40-9, 2018. Disponível em: <doi.org/10.1007/s10862-018-9655-9>.

FELITTI, V. J. *et al.* Relationship of Childhood Abuse and Household Dysfunction to Many of the Leading Causes of Death in Adults: The Adverse Childhood Experiences (ACE) Study. *American Journal of Preventive Medicine*, v. 14, n. 4, p. 245-58, 1998. Disponível em: <doi.org/10.1016/S0749-3797(98)00017-8>.

FISCHMAN, L. G. Seeing Without Self: Discovering New Meaning with Psychedelic-Assisted Psychotherapy. *Neuropsychoanalysis*, v. 21, n. 2, p. 53-78, 2019. Disponível em: <doi.org/10.1080/15294145.2019.1689528>.

FISHER, H. E. *et al.* Intense, Passionate, Romantic Love: A Natural Addiction? How the Fields That Investigate Romance and Substance Abuse Can Inform Each Other. *Frontiers in Psychology*, v. 7, p. 687, 2016. Disponível em: <doi.org/10.3389/fpsyg.2016.00687>.

FISHER, J. *Healing the Fragmented Selves of Trauma Survivors: Overcoming Internal Self Alienation*. Nova York, NY: Routledge, 2017.

FISHER, J. *Transforming the Living Legacy of Trauma: A Workbook for Survivors and Therapists*. Eau Claire, WI: PESI Publishing, 2021.

FORD, D. *The Dark Side of the Light Chasers*. Nova York, NY: Riverhead Books, 2010. [Ed. bras.: *O lado sombrio dos buscadores de luz*. Trad. Rosane Albert. São Paulo: Cultrix, 2001.]

FORD, D. *The Secret of the Shadow*. São Francisco, CA: Harper, 2002. [Ed. bras.: *O segredo da sombra*. Trad. Rosane Albert. São Paulo: Cultrix, 2004.]

FRAMO, J. The Reality of Marriages. *Presentation to the American Family Therapy Academy*, 1981.

FREUD, S. *The Future of an Illusion*. Trad. James Strachey. Nova York, NY: W. W. Norton, 1989 [1927]. [Ed. bras.: *O futuro de uma ilusão*. Trad. Renato Zwick. Porto Alegre: L&PM, 2010.]

FREUD, S. *The History of the Psychoanalytic Movement*. Nova York, NY: Collier Books, 1963 [1914]. [Ed. bras.: *A história do movimento psicanalítico*. v. 14. Rio de Janeiro: Imago, 1996.]

FREUD, S. *The Psychopathology of Everyday Life*. Trad. James Strachey. Nova York, NY: W. W. Norton, 1966 [1901]. [Ed. bras.: *Sobre a psicopatologia da vida cotidiana*. Trad. Renato Zwick. Porto Alegre: L&PM, 2018.]

FREUD, S. The Unconscious. Trad. Graham Frankland. Londres: Penguin Books, 2005 [1915]. [Ed. bras.: O inconsciente. In: FREUD, S. *Introdução ao narcisismo, ensaios de metapsicologia e outros textos [1914-1916]*. Trad. Paulo César de Souza. v. 12. São Paulo: Companhia das Letras, 2010.]

FREY, R. Stockholm Syndrome. In: *The Gale Encyclopedia of Mental Health: QZ*. Detroit, MI: Thomson Gale, 2019.

GAILLIOT, M. T.; BAUMEISTER, R. F. The Physiology of Willpower: Linking Blood Glucose to Self-Control. *Personality and Social Psychology Review*, v. 11, p. 303-27, 2007. Disponível em: <doi.org/10.1177/1088868307303030>.

GERTH, H. H.; MILLS, C. W. Introduction: The Man and His Work. In: GERTH, H. H. (Ed. e Trad.). *From Max Weber: Essays in Sociology*. Londres, GB: Routledge & Kegan Paul, 1948. [Ed. bras.: *Ensaios de Sociologia*. Trad. Waltensir Dutra. Rio de Janeiro: LTC, 1982.]

GILLIGAN, C. *In a Different Voice: Psychological Theory and Women's Development*. Cambridge, MA: Harvard University Press, 1982. [Ed. bras.: *Uma voz diferente: teoria psicológica e o desenvolvimento feminino*. Trad. Renan Marques Birro. Petrópolis: Editora Vozes, 2021.]

GILLIGAN, J. *Violence: Our Deadly Epidemic and Its Causes*. Nova York, NY: G. P. Putnam, 1996.

GOETHE, J. W. *The Sorrows of Young Werther*. Trad. Burton Pike. New York, NY: Modern Library, 2004 [1774]. [Ed. bras.: *Os sofrimentos do jovem Werther*. Trad. Erlon José Paschoal. São Paulo: Estação Liberdade, 2021.]

GOETHE, J. W. *Wisdom and Experience*. Trad. e ed. Hermann J. Weigand. Nova York, NY: Pantheon, 1949.

GOETHE, J. W. *Zur Farbenlehre*. Tübingen, DE: [s.n.], 1810. [Ed. bras.: *Doutrina das cores*. Trad. Marco Giannotti. 4. ed. São Paulo: Nova Alexandria, 2013.]

GOODCHILD, P. *J. Robert Oppenheimer: Shatterer of Worlds*. Boston, MA: Houghton Mifflin, 1981.

GOTTMAN, J. M. *et al.* Predicting Marital Happiness and Stability from Newlywed Interactions. *Journal of Marriage and Family*, v. 60, n. 1, p. 5-22, 1998. Disponível em: <doi.org/10.2307/353438>.

GRABB, E.; BAER, D.; CURTIS, J. The Origins of American Individualism: Reconsidering the Historical Evidence. *The Canadian Journal of Sociology*, v. 24, n. 4, p. 511-33, 1999. Disponível em: <doi.org/10.2307/3341789>.

GROSS, E. B.; MEDINA-DEVILLIERS, Sara E. Cognitive Processes Unfold in a Social Context: A Review and Extension of Social Baseline Theory. *Frontiers in Psychology*, v. 11, 2020. Disponível em: <doi.org/10.3389/fpsyg.2020.00378>.

GROSSMAN, D. *On Killing: The Psychological Cost of Learning to Kill in War and Society*. Ed. atualizada e revisada. Boston, MA: Little, Brown and Company, 2009. [Ed. bras.: *Matar: um estudo sobre o ato de matar*. Trad. Ulisses Lisboa Perazzo Lannes. Rio de Janeiro: Bibliex – Biblioteca do Exército, 2007.]

GUSTAVSSON, G. *The Problem of Individualism: Examining the Relations Between Self-Reliance, Autonomy and Civic Virtues*. Ph.D. Dissertação, Uppsala University, 2007.

HALL, H. Trauma and Dissociation in the News: Post-Traumatic Slavery Syndrome Revisited. *International Society for the Study of Trauma and Dissociation (ISSTD) News*, 22 jan. 2021. Disponível em: <https://news.isst-d.org/post-traumatic-slavery-syndrome-revisited/>.

HAMMETT, D. *The Continental Op*. Ed. Steven Marcus. Nova York, NY: Random House, 1974. [Ed. bras.: *Continental Op*. Trad. Ruy Jungmann. São Paulo: Companhia das Letras, 1988.]

HEBB, D. O. *The Organization of Behavior: A Neuropsychological Theory*. Nova York, NY: Wiley, 1949.

HERCULANO-HOUZEL, S. The Remarkable, Yet Not Extraordinary Human Brain. *Proceedings of the National Academy of Sciences*, v. 109, supp. 1, p. 10661-8, 2012. Disponível em: <doi.org/10.1073/pnas.1201895109>.

HINCHMAN, L. P. The Idea of Individuality: Origins, Meaning, and Political Significance. *Journal of Politics*, v. 52, n. 3, p. 759-81, 1990. Disponível em: <doi.org/10.2307/2131826>.

HOOVER, H. Principles and Ideals of the U.S. Government (discurso), 22 out. 1928. Disponível em: <https://millercenter.org/the-presidency/presidential-speeches/october-22-1928-principles-and-ideals-united-states-government>.

HOWES, S. S. *et al*. When and Why Narcissists Exhibit Greater Hindsight Bias and Less Perceived Learning. *Journal of Management*, v. 46, n. 8, p. 1498-528, 2020. Disponível em: <doi.org/10.1177/0149206320929421>.

HÜBL, T.; REAL, T. Evolutionary Relationships in Extraordinary Times. Curso on-line, 7 abr. 2020.

HÜBL, T.; REAL, T. Love, Trauma and Healing. Curso on-line, 15 abr. 2021.

INGERSOLL, R. G. Some Reasons Why. In: INGERSOLL, R. G. *The Works of Robert G. Ingersoll. Lectures 1900*. Nova York, NY: Dresden, 1902. V. 2.

JACK, D. C. *Silencing the Self: Women and Depression*. Cambridge, MA: Harvard University Press, 1991.

JANOFF-BULMAN, R. *Shattered Assumptions: Towards a New Psychology of Trauma*. Nova York, NY: Free Press, 1992.

JARVIS, S. N.; MCCLURE, M. J.; BOLGER, N. Exploring How Exchange Orientation Affects Conflict and Intimacy in the Daily Life of Romantic Couples. *Journal of Social and Personal Relationships*, v. 36, n. 11-2, p. 3575-87, 2019. Disponível em: <doi.org/10.1177/0265407519826743>.

JOHNSON, S. M. *Emotionally Focused Couple Therapy with Trauma Survivors*. Nova York, NY: Guilford, 2002.

JOINER, T. *Mindlessness: The Corruption of Mindfulness in a Culture of Narcissism*. Nova York, NY: Oxford University Press, 2017.

JONES, K.; OKEN, T. White Supremacy Culture. In: DISMANTLING RACISM: A Workbook for Social Change Groups. ChangeWork, 2001.

JUNG, C. *Letters*. v. 2, *1951-1961*. Ed. Gerhard Adler e trad. Jeffrey Hulen. Princeton, N.J.: Princeton University Press, 1976. [Ed. bras.: *Cartas*. Trad. Edgar Orth. v. 1-3. Petrópolis: Editora Vozes, 2018.]

KANT, I. *Critique of Pure Reason*. Trad. Norman Kemp Smith. Nova York: St. Martin's Press, 1965. [Ed. bras.: *Crítica da razão pura*. Trad. Fernando Costa Mattos. 4. ed. Petrópolis: Editora Vozes, 2015.]

KEEN, S. *Faces of the Enemy: Reflections of the Hostile Imagination*. São Francisco, CA: Harper & Row, 1986.

KELTNER, D.; KRING, A. M. Emotion, Social Function, and Psychopathology. *Review of General Psychology*, v. 2, n. 3, 320-42, 1998. Disponível em: <doi.org/10.1037/1089-2680.2.3.320>.

KENDI, I. X. *How to Be an Antiracist*. Nova York, NY: One World, 2019. [Ed. bras.: *Como ser antirracista*. Trad. Edite Siegert. Rio de Janeiro: Alta Cult, 2020.]

KERN, M. L. *et al*. Systems Informed Positive Psychology. *Journal of Positive Psychology*, v. 15, n. 6, p. 705-15, 2020. Disponível em: <doi.org/10.1080/17439760.2019.1639799>.

KERNER, I. *She Comes First: The Thinking Man's Guide to Pleasuring a Woman*. Nova York, NY: Regan Books, 2004. [Ed. bras.: *As mulheres primeiro*. Trad. André Fontenelle. Rio de Janeiro: Editora Sextante, 2020.]

KEVERNE, E. B.; NEVISON, C. M.; MARTEL, F. L. Early Learning and the Social Bond. In: CARTER, C. S.; LEDERHENDLER, I.; KIRKPATRICK, B. (Eds.). *The Integrative Neurobiology of Affiliation*. Cambridge, MA: MIT Press, 1999.

KURZBAN, R. Does the Brain Consume Additional Glucose During Self-Control Tasks? *Evolutionary Psychology*, v. 8, p. 244-59, 2010. Disponível em: <doi.org/10.1177/147470491000800208>.

LANGFORD, D. J. *et al*. Social Modulation of Pain as Evidence for Empathy in Mice. *Science*, v. 312, n. 5782, p. 1967-70, 2006. Disponível em: <doi.org/10.1126/science.1128322>.

LASCH, C. *The Culture of Narcissism: American Life in an Age of Diminishing Expectations*. Nova York, NY: W. W. Norton, 1978.

LESTER, B. M; HOFFMAN, J.; BRAZELTON, T. B. The Rhythmic Structure of Mother-Infant Interaction in Term and Preterm Infants.

Child Development, v. 56, n. 1, p. 15-27, 1985. Disponível em: <doi.org/10.1111/j.1467-8624.1985.tb00081.x>.

LEVANT, R. F.; WONG, Y. J. *The Psychology of Men and Masculinities*. Washington, DC: American Psychological Association, 2017.

LEVINE, P. A. *Trauma and Memory: Brain and Body in a Search for the Living Past: A Practical Guide for Understanding and Working with Traumatic Memory*. Nova York, NY: North Atlantic Books, 2015.

LOCKE, J. *Two Treatises of Government*. Ed. Peter Laslett. Cambridge, U.K.: Cambridge University Press, 1960. [Ed. bras.: *Segundo tratado sobre o governo civil*. Trad. Marcely de Marco Dantas. São Paulo: Edipro, 2014.]

LUKES, S. *Individualism*. Reprint. ECPR Press, 2006 [1973].

MARIN, R. A.; CHRISTENSEN, A.; ATKINS, D. C. Infidelity and Behavioral Couple Therapy: Relationship Outcomes over 5 Years Following Therapy. *Couple and Family Psychology: Research and Practice*, v. 3, n. 1, 1-12, 2014. Disponível em: <https://psycnet.apa.org/record/2014-10019-001>.

MARSHALL, S. L. A. *Men Against Fire: The Problem of Battle Command in Future War*. Nova York, NY: Morrow, 1947.

MARVIN, C. Therapy Master Class. Palestra dada no Family Institute, Cambridge, MA, jun. 2020.

MCGILCHRIST, I. *The Master and His Emissary*. New Haven, CT: Yale University Press, 2019.

MCKNIGHT, S. A. *Science, Pseudo-Science, and Utopianism in Early Modern Thought*. Columbia: University of Missouri Press, 1992.

MELLODY, P. Community Lecture. Palestra dado no Meadows Institute, Phoenix, Ariz., 2003.

MELLODY, P. Post-Induction Training for Therapists. Palestra dado no Meadows, Wickenburg, Ariz., 1987.

MELLODY, P.; MILLER, A. W.; MILLER, K. *Facing Codependence: What It Is, Where It Comes From, How It Sabotages Our Lives*. São Francisco, CA: Perennial Library, 1989. [Ed. bras.: *Enfrentando a codependência afetiva: o que é, como surge, como prejudica nossas vidas*. Trad. Claudia Gerpe Duarte. Rio de Janeiro: Record: Rosa dos Tempos, 1995.]

MELLODY, P.; MILLER, A. W.; MILLER, K. *Facing Love Addiction: Giving Yourself the Power to Change the Way You Love*. São Francisco:

Harper San Francisco, 2003. [Ed. bras.: *O vício de amar: como superar o medo de não ser feliz no amor*. Trad. Luiz Fernando Martins Esteves. São Paulo: Círculo do Livro, 1992.]

MENAKEM, R. *My Grandmother's Hands: Racialized Trauma and the Pathway to Mending Our Hearts and Bodies*. Las Vegas, NV: Central Recovery Press, 2017.

MESSINA, M. America's Most Devastating Conflict: King Philip's War. *Connecticut History*, 12 ago. 2020. Disponível em: <https://connecticuthistory.org/americas-most-devastating-conflict-king-philips-war/>

METZINGER, T. *The Ego Tunnel: The Science of the Mind and the Myth of the Self*. Nova York, NY: Basic Books, 2009.

METZL, J. *Dying of Whiteness: How the Politics of Racial Resentment Is Killing America's Heartland*. Nova York, NY: Basic Books, 2019.

MILNE, A. A. *Winnie-the-Pooh: The Complete Collection of Stories and Poems*. Ed. Ernest H. Shepard. Londres: Methuen Children's Books, 1994. [Ed. bras.: *Ursinho Pooh*. Trad. Monica Stahel. 2. ed. São Paulo: Martins Fontes, 2018.]

MINUCHIN, S. *Families and Family Therapy*. Cambridge, Mass.: Harvard University Press, 1974. [Ed. bras.: *Técnicas de terapia familiar*. Trad. Claudine Kinsch e Maria Efigênia F. R. Maia. São Paulo: Editora Artes Médicas, 1990.]

MINUCHIN, S.; NICHOLS, M. P. *Family Healing: Tales of Hope and Renewal from Family Therapy*. Nova York: Free Press, 1993.

MITCHELL, S. (Ed.). *Tao Te Ching: A New English Version*. Nova York: HarperCollins, 2004. [Ed. bras.: *O segundo livro do Tao: uma leitura atual do clássico da arte de viver*. Trad. Marilene Cezarina Tombini. Rio de Janeiro: Best Seller, 2010.]

MORE, P. E. *Benjamin Franklin*. Boston: Houghton Mifflin, 1900.

MURTHY, V. H. *Together: The Healing Power of Human Connection in a Sometimes Lonely World*. Nova York, NY: Harper Wave, 2020. [Ed. bras.: *O poder curativo das relações humanas: a importância dos relacionamentos em um mundo cada vez mais solitário*. Trad. Débora Chaves. 1. ed. Rio de Janeiro: Sextante, 2022.]

NUGENT, J. K.; LESTER, B. M.; BRAZELTON, T. B. *The Cultural Context of Infancy*. Norwood, NJ: Ablex, 1989.

O'BRIEN, E.; KASSIRER, S. People Are Slow to Adapt to the Warm Glow of Giving. *Psychological Science*, v. 30, n. 2, p. 193-204, 2019. Disponível em: <doi.org/10.1177/0956797618814145>.

OGDEN, P.; MINTON, K.; PAIN, C. *Trauma and the Body: A Sensorimotor Approach to Psychotherapy*. Nova York, NY: W. W. Norton 2006.

OVERALL, N. C. Attachment and Dyadic Regulation Processes. *Current Opinion in Psychology*, v. 1, n. 1, p. 61-70, 2015.

PAINE, T. *Dissertations on Government, the Affairs of the Bank, and Paper Money*. Londres, 1817.

PAIS, A.; CREASE, R. P. *J. Robert Oppenheimer: A Life*. Nova York, NY: Oxford University Press, 2006.

PALEY, W. *Natural Theology; or, Evidences of the Existence and Attributes of the Deity, Collected from the Appearances of Nature*. Londres, 1802.

PANKSEPP, J. *Affective Neuroscience: The Foundations of Human and Animal Emotions*. Nova York, NY: Oxford University Press, 1998.

PANKSEPP, J.; BIVEN, L. *The Archaeology of the Mind: Neuroevolutionary Origins of Human Emotions*. Nova York, NY: W. W. Norton, 2012.

PANKSEPP, J. *et al.* Neuro-Evolutionary Foundations of Infant Minds: From Psychoanalytic Visions of How Primal Emotions Guide Constructions of Human Minds Toward Affective Neuroscientific Understanding of Emotions and Their Disorders. *Psychoanalytic Inquiry*, v. 39, n. 1, p. 36-51, 2019.

PAPP, P. *The Process of Change*. Nova York: Guilford Press, 1983.

PEREL, E. *The State of Affairs: Rethinking Infidelity*. Nova York: Harper, 2017. [Ed. bras.: *Casos e casos: repensando a infidelidade*. Trad. Débora Landsberg. São Paulo: Objetiva, 2018.]

PEREL, E.; TERRY, R. A Dialogue on Infidelity. Palestra no Annual Psychotherapy Networker Symposium, Washington DC, 24 mar. 2012.

PEREL, E; REAL, T.; FALLER, G. Learning from the Affair. Palestra no Annual Psychotherapy Networker Symposium, Washington DC, 28 mar. 2015.

PERRY, B. D. *et al.* Childhood Trauma, the Neurobiology of Adaptation, and "Use-Dependent" Development of the Brain: How "States" Become "Traits". *Infant Mental Health Journal*, v. 16, n. 4, 1995. Disponível em: <doi.org/10.1002/1097-0355(199524)16:4<271::AID-IMH-J2280160404>3.0.CO;2-B>.

PHILLIPS, A. T.; WELLMAN, H. M.; SPELKE, E. S. Infants' Ability to Connect Gaze and Emotional Expression to Intentional Action. *Cognition*, v. 85, n. 1, p. 53-78, 2002.

PIERCE, C. Offensive Mechanism. In: BARBOUR, F. B. (Ed.). *The Black 70's*. Boston, MA: Porter Sargent, 1970.

PINCUS, A. L.; LUKOWITSKY, M. R. Pathological Narcissism and Narcissistic Personality Disorder. *Annual Review of Clinical Psychology*, v. 6, n. 1, p. 421-46, 2010. Disponível em: <doi.org/10.1146/annurev.clinpsy.121208.131215>.

POLLAN, M. *How to Change Your Mind: What the New Science of Psychedelics Teaches Us About Consciousness, Dying, Addiction, Depression, and Transcendence*. Nova York, NY: Penguin Press, 2018. [Ed. bras.: *Como mudar sua mente: o que a nova ciência das substâncias psicodélicas pode nos ensinar sobre consciência, morte, vícios, depressão e transcendência*. Trad. Rogerio W. Galindo e Rosiane Correia de Freitas. Rio de Janeiro: Intrínseca, 2018.]

POLLAN, M. The Trip Treatment. *The New Yorker*, 2 fev. 2015.

PORGES, S. W. *The Polyvagal Theory: Neurophysiological Foundations of Emotions Attachment Communication Self-Regulation*. Nova York, NY: W. W. Norton, 2011.

PUTNAM, R. D. *Bowling Alone*. Nova York, NY: Simon & Schuster, 2000.

RADISKE, A. *et al*. Prior Learning of Relevant Non-Aversive Information Is a Boundary Condition for Avoidance Memory Reconsolidation in the Rat Hippocampus. *Journal of Neuroscience the Official Journal of the Society for Neuroscience*, v. 37, n. 40, p. 9675-85, 2017. Disponível em: <doi.org/10.1523/JNEUROSCI.1372-17.2017>.

REAL, T. *Fierce Intimacy: Standing Up to One Another with Love* (CD). Boulder, CO: Sounds True, 2018.

REAL, T. High Impact Couple's Therapy: How to Go Deep Quickly. On-line no Milton Erickson, Couples Institute, Menlo Park, CA, 5 jun. 2021.

REAL, T. *I Don't Want to Talk About It: Overcoming the Secret Legacy of Male Depression*. Nova York, NY: Fireside, 1998.

REAL, T. A Matter of Choice: Deciding: To Be Right or Be Married? *Psychotherapy Networker*, nov./dez. 2011. Disponível em: <https://terryreal.com/a-matter-of-choice/>.

REAL, T. *The New Rules of Marriage: What You Need to Know to Make Love Work*. Nova York, NY: Ballantine, 2008.

REAL, T. Staying in Love: The Art of Fierce Intimacy. Curso online.

REAL, T. Working with Infidelity in Couples Therapy: Conversations with Terrence Real. Curso webinário, 2012.

REAL, T; PEREL, E. The Relate 2 Day Workshop: Taught by Terrence Real and Esther Perel. Workshop no Millennium Harvest House, Boulder, CO, 3-4 mar. 2017.

REIS, H. T.; CLARK, M. S.; HOLMES, J. G. Perceived Partner Responsiveness as an Organizing Construct in the Study of Intimacy and Closeness. In: MASHEK, D.; ARON, A. (Eds.). *Handbook of Closeness and Intimacy*. Mahwah, N.J.: Lawrence Erlbaum Associates, 2004.

RIEFF, P. *The Triumph of the Therapeutic: Uses of Faith After Freud*. Nova York: Harper & Row, 1966. [Ed. bras.: *O triunfo da terapêutica*. 1 ed. São Paulo: Brasiliense, 1990.]

ROHRBAUGH, M. J.; SHOHAM, V. Brief Therapy Based on Interrupting Ironic Processes: The Palo Alto Model. *Clinical Psychology*, v. 8, n. 1, p. 66-81, 2001. Disponível em: <doi.org/10.1093/clipsy.8.1.66>.

ROSE, P. The Happy and Unhappy Faces of Narcissism. *Personality and Individual Differences*, v. 33, n. 3, p. 379-91, 2002. Disponível em: <doi.org/10.1016/S0191-8869(01)00162-3>.

RŪMĪ, J. al-D. *The Essential Rumi*. Trad. Coleman Barks *et al.* S.l.: Blackstone, 2018.

RUSSO, M. A.; SANTARELLI, D. M.; O'ROURKE, D. The Physiological Effects of Slow Breathing in the Healthy Human. *Breathe*, v. 13, n. 4, p. 298-309, 2017. Disponível em: <doi.org/10.1183/20734735.009817>.

SALAZAR, L. R. The Negative Reciprocity Process in Marital Relationships: A Literature Review. *Aggression and Violent Behavior*, v. 24, p. 113-9, 2015. Disponível em: <doi.org/10.1016/j.avb.2015.05.008>.

SAPOLSKY, R. M. *Behave: The Biology of Humans at Our Best and Worst*. Nova York, NY: Penguin, 2017. [Ed. bras.: *Comporte-se: A biologia humana em nosso melhor e pior*. Trad. Vanessa Barbara. São Paulo: Companhia das Letras, 2021.]

SBARRA, D. A.; HAZAN, C. Coregulation, Dysregulation, Self-Regulation: An Integrative Analysis and Empirical Agenda for Understanding Adult Attachment, Separation, Loss and Anxiety. *Personality and Social Psychology Review*, v. 12, n. 2, p. 141-67, 2008. Disponível em: <doi.org/10.1177/1088868308315702>.

SCHOEBI, D. The Coregulation of Daily Affect in Marital Relationships. *Journal of Family Psychology*, v. 22, n. 4, p. 595-604, 2008. Disponível em: <doi.org/10.1037/0893-3200.22.3.595>.

SCHWABE, L.; NADER K.; PRUESSNER, J. C. Reconsolidation of Human Memory: Brain Mechanisms and Clinical Relevance. *Biological Psychiatry Journal*, v. 76, n. 4, p. 274-80, 2014. Disponível em: <doi.org/10.1016/j.biopsych.2014.03.008>.

SCHWARTZ, R. C. *Internal Family Systems Therapy*. Nova York, NY: Guilford Press, 1995.

SCHWARTZ, R. C. *No Bad Parts: Healing Trauma and Restoring Wholeness with the Internal Family Systems Model* (CD). Boulder, CO: Sounds True, 2021.

SEGELL, M. The Pater Principle. *Esquire*, mar. 1995.

SELS, L. *et al*. Emotional Interdependence and Well-Being in Close Relationships. *Frontiers in Psychology*, v. 7, p. 283, 2016. Disponível em: <doi.org/10.3389/fpsyg.2016.00283>.

SESHADRI, K. G. The Neuroendocrinology of Love. *Indian Journal of Endocrinology and Metabolism*, v. 20, n. 4, p. 558-63, 2016. Disponível em: <doi.org/10.4103/2230-8210.183479>.

SHAPIRO, F.; FORREST, M. S. *EMDR: The Breakthrough Therapy for Overcoming Anxiety, Stress, and Trauma*. Nova York, NY: Basic Books, 1997.

SIEDENTOP, L. *Inventing the Individual*. Cambridge, MA: Harvard University Press, 2014.

SIEGEL, D. J. *The Developing Mind*. 2. ed. Nova York, NY: Guilford Press, 2012. [Ed. bras.: *A mente em desenvolvimento*. Trad. Aurora Narciso Rosa. Lisboa: Edições Piaget, 2004.]

SIEGEL, D. J. *Mind: A Journey to the Heart of Being Human*. Nova York, NY: W. W. Norton, 2017. [Ed. bras.: *Mente saudável: Uma jornada pessoal e global em busca da saúde e da conexão corpo e mente*. 1 ed. São Paulo: nVersos, 2018.]

SIEGEL, D. J. *The Mindful Therapist: A Clinician's Guide to Mindsight and Neural Integration*. Nova York, NY: W. W. Norton, 2010.

SIEGEL, D. J. *Mindsight: The New Science of Personal Transformation*. Nova York, NY: Bantam, 2010. [Ed. bras.: *O poder da visão mental: O caminho para o bem-estar*. Trad. Fátima Santos. 1 ed. Rio de Janeiro: Best Seller, 2012.]

SIEGEL, D. J.; MCNAMARA, S. S. *The Neurobiology of "We": How Relationships, the Mind, and the Brain Interact to Shape Who We Are* (CD). Boulder, CO: Sounds True, 2008.

SILVERSTEIN, O. *Who's Depressed?* Ackerman Institute for the Family, 2012.

SIMMEL, G. *The Sociology of Georg Simmel*. Ed. e trad. Kurt Wolff. Nova York, NY: Free Press, 1950.

SINGER, P. (Ed.). *Does Anything Really Matter? Essays on Parfit on Objectivity*. Nova York, NY: Oxford University Press, 2017.

SLAVERY IN THE PRESIDENT'S NEIGHBORHOOD FAQ. White House Historical Association, n.d. Disponível em: <https://www.whitehousehistory.org/slavery-in-the-presidents-neighborhood-faq>.

SPITZ, R. A. Hospitalism: An Inquiry into the Genesis of Psychiatric Conditions in Early Childhood. *Psychoanalytic Study of the Child*, v. 1, n. 1, p. 53-74, 1945. Disponível em: <doi.org/10.1080/00797308.1945.11823126>.

SPOCK, B.; NEEDLMAN, R. *Dr. Spock's Baby and Child Care*. 8. ed. Nova York, NY: Pocket Books, 2004. [Ed. bras.: *Meu filho, meu tesouro*. Trad. Valerie Rumjanek. 22. ed. Rio de Janeiro: Record, 1975.]

STEUP, M.; SOSA, E. (Eds.). *Contemporary Debates in Epistemology*. Malden, Mass.: Blackwell, 2005.

STEVENS, L.; GAUTHIER-BRAHAM, M.; BUSH, B. The Brain That Longs to Care for Itself: The Current Neuroscience of Self-Compassion.

In: STEVENS, L.; WOODRUFF, C. (Eds.). *The Neuroscience of Empathy, Compassion, and Self-Compassion*. Cambridge, MA: Academic Press, 2018.

SUZUKI, S. *Zen Mind, Beginner's Mind: Informal Talks on Zen Meditation and Practice*. Ed. Trudy Dixon. Boston, MA: Shambhala, 2011. [Ed. bras.: *Mente Zen, mente de principiante*. Trad. Odete Lara. São Paulo: Palas Athena, 1994.]

SWAIN, J. E. *et al*. Brain Basis of Early Parent-Infant Interactions: Psychology, Physiology, and *In Vivo* Functional Neuroimaging Studies. *Journal of Child Psychology and Psychiatry, and Allied Disciplines*, v. 48, n. 3-4, p. 262-87, 2007. Disponível em: <doi.org/10.1111/j.1469-7610.2007.01731.x>.

SZALAVITZ, M.; PERRY, B. D. *Born for Love: Why Empathy Is Essential – And Endangered*. Nova York, NY: William Morrow, 2010.

TAGORE, R. *Stray Birds*. Nova York, NY: Macmillan, 1916. [Ed. bras.: *Pássaros perdidos*. Trad. Ivo Storniolo. São Paulo: Paulus, 1991.]

TANNEN, D. *You Just Don't Understand: Women and Men in Conversation*. Nova York: William Morrow, 1990. [Ed. bras.: *Você simplesmente não me entende: o difícil diálogo entre homens e mulheres*. 1 ed. Rio de Janeiro: Best Seller, 1990.]

TATKIN, S. *Wired for Love*. Oakland, CA: New Harbinger, 2011.

TEUTSCH, D. A. *A Guide to Jewish Practice: Community, Gemilut Hesed, and Tikkun Olam*. Wyncote, PA: Reconstructionist Rabbinical College Press, 2009.

THOREAU, H. D. *Walden, or, Life in the Woods*. Boston, 1854. [Ed. bras.: *Walden, ou A vida nos bosques*. Trad. Alexandre Barbosa de Souza. São Paulo: Edipro, 2018.]

THUROW, J. C. The Implicit Conception and Intuition Theory of the A Priori, with Implications for Experimental Philosophy. In: CASULLO, A.; THUROW, J. C. (Eds.). *The A Priori in Philosophy*. Nova York, NY: Oxford University Press, 2013.

TOCQUEVILLE, A. *Democracy in America*. Ed. J. P. Mayer. Garden City, NY: Doubleday, 1969. [Ed. bras.: *A democracia da América*. Trad. Eduardo Brandão. 2. ed. São Paulo: Martins Fontes, 2005.]

TOLSTÓI, L. *Anna Karenina*. Trad. R. Pevear e L. Volokhonsky. Nova York, NY: Penguin, 2003 [1878]. [Ed. bras.: *Anna Kariênina*. Trad. Rubens Figueiredo. São Paulo: Companhia das Letras, 2017.]

TRONICK, E. *The Neurobehavioral and Social-Emotional Development of Infants and Children*. Nova York, NY: W. W. Norton, 2007.

TRONICK, E. *Still Face Experiment* (vídeo). UMass Boston, 30 nov. 2009, Disponível em: <https://www.youtube.com/watch?v=vmE3NfB_HhE>

TRONICK, E.; GOLD, C. M. *The Power of Discord: Why the Ups and Downs of Relationships Are the Secret to Building Intimacy, Resilience, and Trust*. Nova York, NY: Little Brown Spark, 2020.

TRONSON, N. C. et al. Fear Conditioning and Extinction: Emotional States Encoded by Distinct Signaling Pathways. *Trends in Neuroscience*, v. 35, n. 3, p. 145-55, 2012. Disponível em: <doi.org/10.1016/j.tins.2011.10.003>.

TURNER, J. American Individualism and Structural Injustice: Tocqueville, Gender, and Race. *Polity*, v. 40, n. 2, p. 197-215, 2008. Disponível em: <doi.org/10.1057/palgrave.polity.2300088>.

UCHINO, B. N.; CACIOPPO, J. T.; KIECOLT-GLASER, J. K. The Relationship Between Social Support and Physiological Processes: A Review with Emphasis on Underlying Mechanisms, and Implications for Health. *Psychological Bulletin*, v. 119, n. 3, p. 488-531, 1996. Disponível em: <https://psycnet.apa.org/doiLanding?doi=10.1037%2F0033-2909.119.3.488>.

VAN DER KOLK, B. The Body Keeps Score: Integration of Mind, Brain, and Body in the Treatment of Trauma. Apresentação na conferência Evolution of Psychotherapy, Milton H. Erickson Foundation, Phoenix, AZ, 2013.

VAN DER KOLK, B. *The Body Keeps the Score: Brain, Mind, and Body in the Healing of Trauma*. Nova York, NY: Penguin Books, 2015. [Ed. bras.: *O corpo guarda as marcas: cérebro, mente e corpo na cura do trauma*. Trad. Donaldson M. Garschagen. Rio de Janeiro: Sextante, 2020.]

VAREENE, H. *Americans Together: Structured Diversity in a Midwestern Town*. Nova York, NY: Teachers College Press, 1977.

VEROFF, J.; DOUVAN, E.; KULKA, R. A. *The Inner American: A Self-Portrait from 1957 to 1976*. Nova York, NY: Basic Books, 1981.

WANG, Q. Why Should We All Be Cultural Psychologists? Lessons From the Study of Social Cognition. *Perspectives on Psychological Science: A Journal of the Association for Psychological Science*, v. 11, n. 5, p. 583-96, 2016. Disponível em: <doi.org/10.1177/1745691616645552>.

WEST, K.; EATON, A. A. Prejudiced and Unaware of It: Evidence for the Dunning-Kruger Model in the Domains of Racism and Sexism. *Personality and Individual Differences*, v. 146, n. 1, p. 111-9, 2019. Disponível em: <doi.org/10.1016/j.paid.2019.03.047>.

WHITAKER, C. A.; MALONE, T. P. *The Roots of Psychotherapy*. Nova York, NY: Brunner/Mazel, 1981.

WHITTAKER, T. *The Theory of Abstract Ethics*. Cambridge, UK: Cambridge University Press, 1916.

WILKERSON, I. *Caste: The Origins of Our Discontents*. Nova York, NY: Random House, 2020. [Ed. bras.: *Casta: as origens de nosso mal-estar*. Trad. Denise Bottmann e Carlos Alberto Medeiros. São Paulo: Zahar, 2021.]

WINNICOTT, D. W. The Theory of the Parent-Infant Relationship. *International Journal of Psycho-Analysis*, v. 41, p. 585-95, 1960.

WINTHROP, D. Tocqueville's American Woman and "The True Conception of Democratic Progress". *Political Theory*, v. 14, n. 2, p. 239-61, 1986. Disponível em: <doi.org/10.1177/0090591786014002004>.

WRIGHTSMAN, L. S. *Adult Personality Development: Theories and Concepts*. Thousand Oaks, CA: Sage, 1994.

YANG, Y. *et al.* A Novel Method to Trigger the Reconsolidation of Fear Memory. *Behavior Research and Therapy*, v. 122, p. 1-9, 2019. Disponível em: <doi.org/10.1016/j.brat.2019.103461>.

YATES, F. A. *Giordano Bruno and the Hermetic Tradition*. Chicago, IL: University of Chicago Press, 1964. [Ed. bras.: *Giordano Bruno e a tradição hermética*. Trad. Yolanda Steidel de Toledo. São Paulo: Cultrix, 1995.]

YOUNGER, J. *et al.* Viewing Pictures of a Romantic Partner Reduces Experimental Pain: Involvement of Neural Reward Systems. *PLOS ONE*, v. 5, n. 10, e13309, 2010. Disponível em: <https://doi.org/10.1371/journal.pone.0013309>.

ZAJENKOWSKI, M. *et al.* Vulnerable Past, Grandiose Present: The Relationship Between Vulnerable and Grandiose Narcissism, Time Perspective and Personality. *Personality and Individual Differences*, v. 98, p. 102-6, 2016. Disponível em: <doi.org/10.1016/j.paid.2016.03.092>.

Este livro foi composto com tipografia Adobe Garamond Pro e impresso em papel Off-White 70 g/m² na Formato Artes Gráficas.